工业和信息化普通高等教育
"十三五"规划教材立项项目

高等院校**电子商务**
新 形 态 系 列 教

淘宝网店运营

全能一本通

开店装修 运营推广 管理售后

视频指导版 第3版

肖凯 黄效文 / 主编
胡辉 吴珍 陶婉琪 / 副主编

Taobao online
store operation

人 民 邮 电 出 版 社
北 京

图书在版编目（CIP）数据

淘宝网店运营全能一本通 ： 开店装修　运营推广
管理售后 ： 视频指导版 / 肖凯，黄效文主编. -- 3版
. -- 北京 ： 人民邮电出版社，2023.4（2024.6重印）
高等院校电子商务类新形态系列教材
ISBN 978-7-115-61222-9

Ⅰ. ①淘… Ⅱ. ①肖… ②黄… Ⅲ. ①电子商务－商
业经营－中国－高等学校－教材 Ⅳ. ①F724.6

中国国家版本馆CIP数据核字(2023)第032949号

内 容 提 要

淘宝网作为电子商务模式的代表平台之一，在电子商务网站中具有相当广泛的影响力。它一方面为消费者提供了非常多样的网络购物服务，另一方面为各大商家提供了良好的销售平台。本书共 11 章，包括开通淘宝网店、选择并发布商品、网店管理、拍摄并美化商品素材、设计与装修网店、搜索引擎排名与优化、利用站外和站内资源推广网店、网店数据分析、网店物流与仓储、网店客服与客户服务等内容。本书内容层层深入，能够高效地引导读者完成淘宝网店的开通和运营等基本操作，并树立正确的淘宝网店运营及营销理念。

本书可作为高等院校电子商务、市场营销等相关专业的教材，也可供从事淘宝网店运营工作的相关人员学习和使用。

◆ 主　　编　肖　凯　黄效文
副 主 编　胡　辉　吴　珍　陶婉琪
责任编辑　孙燕燕
责任印制　李　东　胡　南

◆ 人民邮电出版社出版发行　　北京市丰台区成寿寺路 11 号
邮编　100164　　电子邮件　315@ptpress.com.cn
网址　https://www.ptpress.com.cn
大厂回族自治县聚鑫印刷有限责任公司印刷

◆ 开本：700×1000　1/16
印张：13.75　　2023 年 4 月第 3 版
字数：293 千字　　2024 年 6 月河北第 4 次印刷

定价：54.00 元

读者服务热线：(010)81055256　印装质量热线：(010)81055316
反盗版热线：(010)81055315
广告经营许可证：京东市监广登字 20170147 号

前言
PREFACE

随着电子商务市场的发展，淘宝网的政策及淘宝网店运营的方法在不断发生变化。为了让广大读者更好地了解这些变化，并将新方法和新思维运用到淘宝网店的运营中，同时满足院校开设淘宝网店运营相关课程的需要，我们在2019年出版的《淘宝网店运营全能一本通（视频指导版　第2版）》的基础上，修订编写了本书。

修订策略

本书在第2版的基础上补充了一些新知识，包括抖音推广、小红书推广、淘宝直播、智能客服等。同时，本书在每章末尾均增设了“课后练习”板块，以帮助读者更好地理解书中所讲述的知识并将其运用到淘宝网店的实际运营中。

此外，为适应新时代教育改革的需要，本书增设了“素养课堂”板块，旨在努力提高读者的思想素养，培养“德才兼备、全面发展”的高素质人才。

本书内容

本书内容分为网店开张、网店装修、运营推广和管理售后4篇。本书主要内容如下表所示。

本书主要内容

篇	章	主要内容
网店开张	第 1 章 ~ 第 3 章	1. 开通淘宝网店 2. 选择并发布商品 3. 网店管理
网店装修	第 4 章 ~ 第 5 章	1. 拍摄并美化商品素材 2. 设计与装修网店
运营推广	第 6 章 ~ 第 9 章	1. 搜索引擎排名与优化 2. 利用站外资源推广网店 3. 利用站内资源推广网店 4. 网店数据分析
管理售后	第 10 章 ~ 第 11 章	1. 网店物流与仓储 2. 网店客服与客户服务

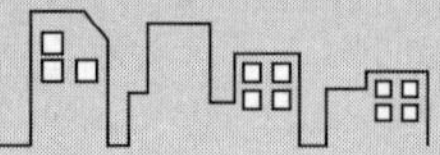

本书特色

作为淘宝网店运营的学习教材，与目前市场上的其他同类教材相比，本书具有以下特色。

（1）结构合理，内容全面

本书针对淘宝网店运营的实际需求，以“本章引入→学习目标→知识框架→知识讲解→素养课堂→课后练习→拓展阅读”的结构展开教学，由浅入深，层层深入地介绍了淘宝网店的开通、装修、运营推广和管理售后等知识，知识点丰富，内容全面，可以帮助读者加强对淘宝网店运营的理解与运用。

（2）案例丰富，实操性强

本书案例丰富，图文并茂，并且针对淘宝网店后台操作和运营推广等实践操作，提供了对应的步骤讲解。同时，每章末尾设置了“课后练习”板块，包括选择题、填空题、简答题、操作题等多种题型，帮助读者快速理解与掌握相关知识。

（3）融入素养，提升综合能力

本书注重培养读者的综合素养，每章均设置了“素养课堂”板块，根据淘宝网店运营的实际需求，介绍了相关法律法规、职业道德等内容，助力培养德才兼备的新时代电子商务人才。

（4）配套资源丰富

本书配备了丰富的教学资源，包括展示操作步骤的微课视频、教学大纲、PPT课件、电子教案、模拟试题库、课后习题答案和拓展素材等。用书教师可以登录人邮教育社区（www.ryjiaoyu.com）下载教学资源。

本书由肖凯、黄效文担任主编，胡辉、吴珍、陶婉琪担任副主编。由于编者水平有限，书中难免存在不足之处，欢迎广大读者、专家批评指正。

编者

2023年1月

目录

CONTENTS

第 2 篇　网店装修

第 3 篇　运营推广

第 7 章 利用站外资源推广网店…………………118

第 8 章 利用站内资源推广网店 …………… 130

第 9 章 网店数据分析 … 160

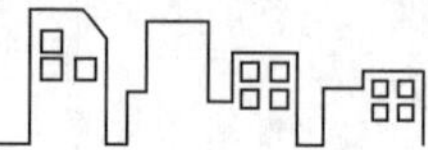

第4篇 管理售后

第1篇 网店开张

开通淘宝网店

本章引入

网上购物是一种十分方便快捷的购物模式。随着电子信息技术的逐渐发展和普及，网上购物的范围和方式也在不断丰富和完善。网上开店是基于网上购物这个大时代背景而快速发展起来的活动，具有成本低、方式灵活等特点。网店经营得当，可以为商家带来非常可观的利润。在开店之前，商家需要对网上开店有一个整体的了解，为之后网店的正常运营打下基础。

学习目标

1. 了解网上开店的方式与平台。
2. 掌握开通淘宝网店的具体流程。

知识框架

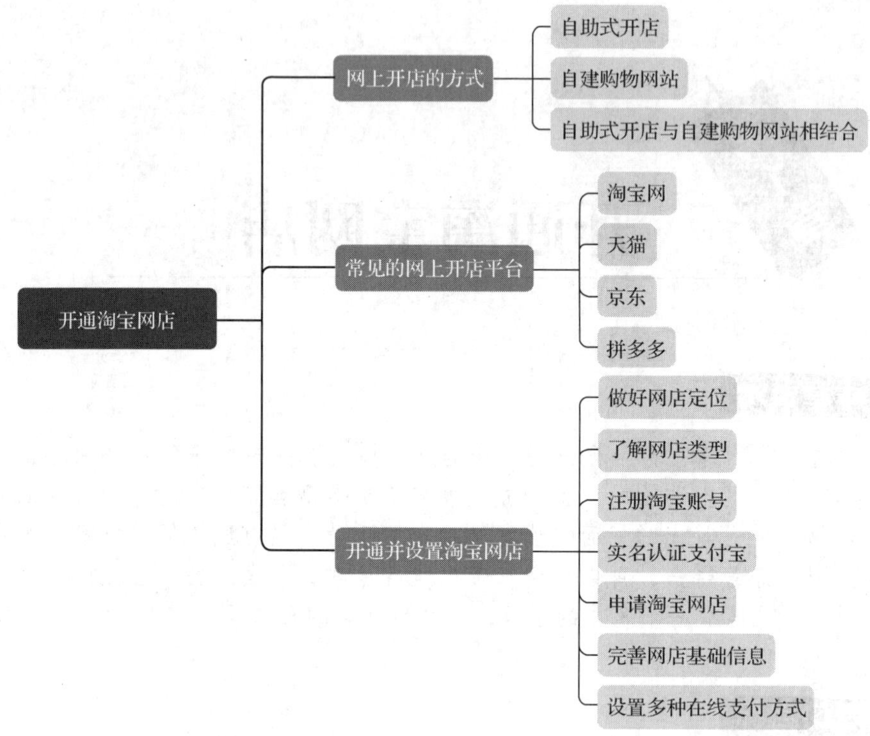

1.1　网上开店的方式

网上开店是商家通过互联网建立虚拟商店，并利用该商店出售商品或服务的一种销售方式。在网店中，消费者无法直接接触商品，只能通过商品图片、商品描述、商品评价等了解商品。消费者下单购买后，再由商家通过邮寄等方式将商品提供给消费者。网上开店的方式主要有3种：第一种是自助式开店，即依附电子商务平台开设网店；第二种是自建购物网站，即商家自行申请域名，设计网站；第三种是将前面两种方式结合起来开店。

1.1.1　自助式开店

自助式开店是指通过提供网上商店服务的平台进行自助开店，是一种非常主流的开店方式。这类平台包括淘宝网、闲鱼等个人与个人之间的交易（Customer-to-Customer，C2C）网站，天猫、京东、苏宁易购等企业与消费者之间的交易（Business-to-Customer，B2C）网站。淘宝网既涉及个人与个人的交易，也涉及企业与消费者之间的交易，因此，淘宝网既属于C2C网站又属于B2C网站。自助式开店类似于在商城中租用一个柜台出售商品，其操作比较简单。提供这类服务的平台大都提供了自助开店服务，商家一般只需支付给平台相应的费用即可。

现在有很多网上购物与交易平台，不同平台对商家的入驻要求不同。例如，淘宝网对商家的入驻要求较低，个人或企业都可入驻；而天猫、京东等平台对商家的入驻要求较高，一般是企业才可入驻，且入驻时需提供企业基本信息并缴纳一定的保证金。

1.1.2　自建购物网站

自建购物网站是指商家根据自己商品的经营情况，自行制作网站或委托专人制作网站。独立网站一般都有一个独立域名，不依附其他的大型购物商城，由商家自主进行经营。自建购物网站需要完成域名注册、空间租用、网页设计、程序开发、网站推广、服务器维护等工作。由于是自主设计，网站可以体现出独特的设计风格，这一点与会受限于平台模板的自助式开店不同。图1-1所示为某自建购物网站。

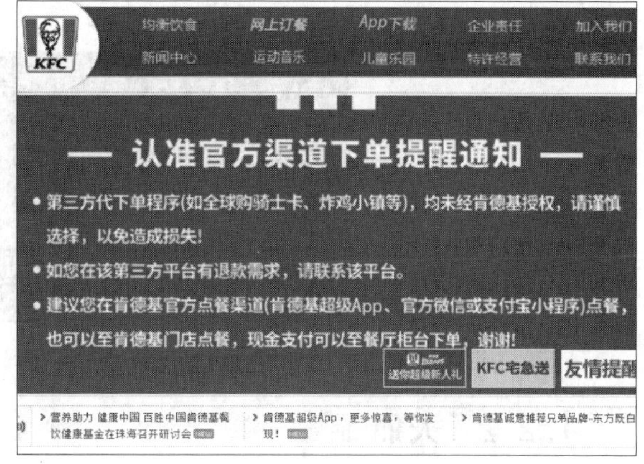

▲ 图1-1　某自建购物网站

自建购物网站的经营推广比较困难，还需要有一定经验的团队来维护网站的运作。同时，由于这类网站不挂靠其他平台，虽然商家不需要缴纳保证金，但推广及维护的费用成本较高，且新的独立网站较难取得消费者的信任。

1.1.3　自助式开店与自建购物网站相结合

除此之外，还有将以上两种方式结合起来开店的方式，即不仅在大型网上平台中开设网店，还建立独立网站进行运营。这种方式的投入成本较高，但集合了以上两种开店方式的优势。新品牌可以先依靠大型网上平台的人气慢慢积累知名度，再建立自己的独立网站。现在很多知名品牌都采用了这种方式进行销售，如小米既成立了官网，在官网售卖商品；又在天猫、京东等平台上开设网店。

1.2　常见的网上开店平台

目前，网上开店平台非常多，部分平台已经积累了相当高的人气。选择一个好的平台，对于商家而言非常重要。如今常见的网上开店平台主要有淘宝网、天猫、京东和拼多多。

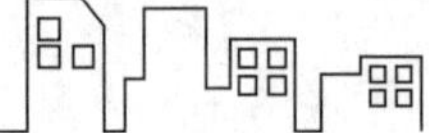

1.2.1　淘宝网

淘宝网由阿里巴巴在2003年5月创立，是我国受众非常多的一个网购零售平台。自创建后，随着规模的不断扩大和用户数量的快速增加，淘宝网逐渐由原本的C2C网络集市变成了集C2C、B2C、团购、分销、拍卖等多种电子商务模式于一身的综合性零售商圈。

淘宝网的入驻门槛较低，开设普通网店只需要提供申请人的个人身份证，同时淘宝网的审核也没有那么严格，对于实力较为薄弱的中小商家而言更为适合。图1-2所示为淘宝网首页。

▲ 图1-2　淘宝网首页

1.2.2　天猫

天猫原名淘宝商城，是一个综合性购物平台。天猫整合了众多品牌商和生产商，为消费者提供品质保证、7天无理由退货以及购物积分返现等优质服务。另外，天猫还为国内消费者直供原装进口商品。商家入驻天猫需要缴纳较高的保证金和软件服务年费等费用，且对于不同的网店类型、经营类目、商家类型等，商家所缴纳的资费也不同。图1-3所示为天猫首页。

▲ 图1-3　天猫首页

1.2.3 京东

京东也是知名的专业综合网上购物平台，商城中集合了数万品牌的商品，包括家电、食品、服装等多个品类。京东与天猫一样，是B2C类型的电子商务平台。图1-4所示为京东首页。消费者可以根据实际需求，在京东自营店铺或京东第三方店铺中购买商品。一般来说，京东自营店铺采用京东自建的物流体系，可以保证商品快速送达消费者，并且京东自营店铺中的商品的质量、品质等也相对更有保障。

▲ 图1-4 京东首页

1.2.4 拼多多

拼多多也是当前较为主流的电子商务平台之一，专注于移动端。目前，拼多多覆盖的商品品类包括快消、3C、家电、农产品、家居等，其中，农产品是优势品类。拼多多主打高性价比商品，广受下沉市场消费者的欢迎。此外，拼多多独特的拼购模式也使其用户量得以快速增长。图1-5所示为拼多多App首页和拼团购物界面。

▲ 图1-5 拼多多App首页和拼团购物界面

此外，国内主流的网上开店平台还包括苏宁易购、当当网等。苏宁易购是苏宁易购集团股份有限公司于 2009 年创立的线上购物平台，是全品类的 B2C 类型的电子商务平台，其特色商品是家电品类。当当网是综合性网上购物商城，在图书品类方面具有一定优势。

1.3　开通并设置淘宝网店

网店与线下实体店的开店流程比较类似，从网店定位到售后服务，这个过程十分漫长，商家需要慎重考虑。下面介绍开通并设置淘宝网店的流程。

1.3.1　做好网店定位

开店前，商家需要根据网店所要经营的商品类型、目标消费群体、商品市场环境等因素进行分析，做好网店定位，并制定有效的网店发展策略。

- **选择商品类型：**商家主要可通过两种方式选择商品类型，一是选择熟悉的商品；二是选择不熟悉的领域，从头做起。如果选择前者，显而易见，网店的发展往往更加顺利；如果选择后者，则商家在开店前需要先了解行业环境、市场需求、消费者特征和竞争对手等，然后为网店做出准确定位。
- **预测市场前景：**预测市场前景通常是指通过各种手段获取该行业的大量信息，包括当前的社会热点、人们的生活方式、商家的商业行为等。商家可以通过百度指数、巨量引擎等数据分析工具或艾瑞网等专业数据报告平台获取数据，并分析预测行业在未来一段时间内的发展趋势、供求变化，以更好地组织货源、扩展业务，从而提高经济效益。
- **分析消费群体：**消费群体是网店定位中非常重要的考虑因素，商家可以通过分析消费者的年龄、职业、所在地域、收入水平、消费偏好等更好地进行商品定位。
- **市场分析：**市场分析是网店定位中比较重要的步骤。市场分析不仅需对行业市场进行分析，还需对自己的商品进行分析。一般来说，市场分析主要包括分析商品或网店的优点和特色，了解自己的优势，选择最利于发展的商品定位，然后将优势作为推广重点，为网店发展打好基础。同时，市场分析还需分析竞争对手，了解竞争对手的优点、商品信息、数量、分布、营销策略等，然后根据分析结果制定适合自己商品发展的策略，即是选择参与竞争还是选择避开竞争对手，单独开辟市场。
- **确定网店形象：**确定了行业、商品等内容后，商家还需合理规划网店的形象。好的网店形象可以突出自己的优势，使自己从竞争对手中脱颖而出。在树立网店形象时，商家需对商品风格与网店风格的统一性进行考虑，同时应该选择正确的经营策略，在商品质量和服务质量方面打造出自己的特色。

1.3.2 了解网店类型

淘宝网和天猫都是阿里巴巴旗下的网上开店平台，但是两者的网店经营方式有很大的差异。按照商家经营性质、收费标准、入驻标准的不同，网店可以划分为个人/企业店和天猫店。

1. 个人/企业店

个人/企业店是淘宝网中的主体经营模式，收取费用较少、门槛较低，无论是个人还是企业，只需要进行相关的身份认证就可以创建网店。由于经营和销售的成本可控性较大，创建这类网店的个人和企业较多。图1-6所示为个人店和企业店。

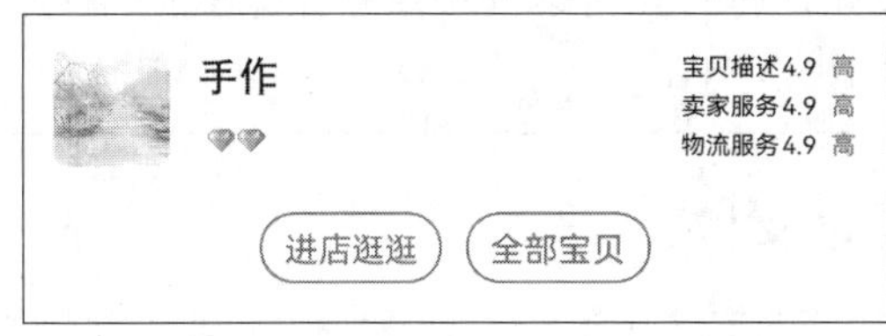

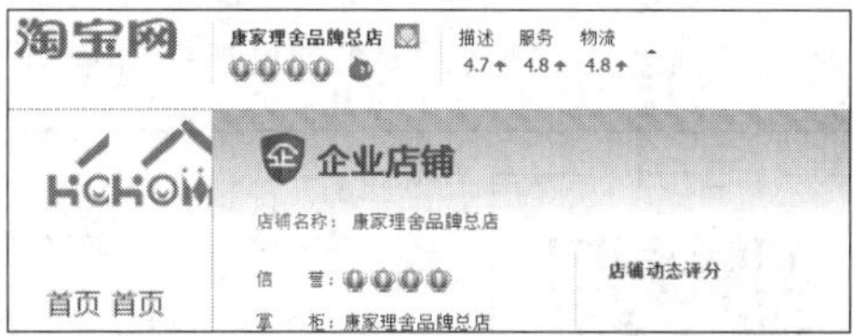

▲ 图1-6 个人店和企业店

2. 天猫店

天猫店是天猫中的网店，店铺信誉普遍更好，但投入也相对较高。天猫店的入驻流程大致分为图1-7所示的4个阶段。天猫只接受合法登记的企业用户入驻，不接受个体工商户入驻。在入驻之前，企业用户还需提供天猫入驻要求的所有相关文件。

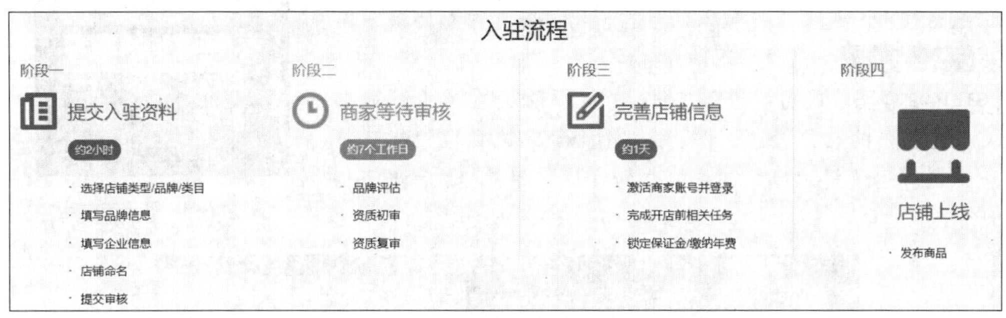

▲ 图1-7 天猫店入驻流程

天猫店的类型主要分为旗舰店、专卖店和专营店3类。

- **旗舰店**：商家以自有品牌（商标为R或TM状态），或由权利人独占性授权，入驻天猫开设的网店。
- **专卖店**：商家持他人品牌（商标为R或TM状态）授权文件在天猫开设的网店。
- **专营店**：经营天猫同一经营大类下两个及以上他人或自有品牌（商标为R或TM状态）商品的网店。一个经营大类下，专营店只能有一家。

对于天猫店而言，不同类目商品的入驻要求是不一样的，想要入驻天猫的商家需仔细阅读相关规定和资费说明。

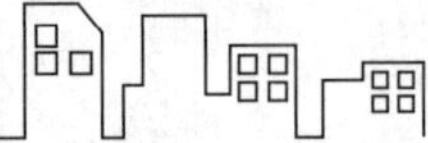

1.3.3　注册淘宝账号

注册淘宝账号的操作比较简单，只需根据注册系统的提示进行相关操作即可，具体操作为：在淘宝网首页单击“免费注册”超链接，打开“用户注册”页面，然后输入手机号码和验证码，并根据提示完成注册。商家可选择与网店相关且适合记忆的名称，以方便消费者记忆。

经验之谈

淘宝账号注册有个人账号注册和企业账号注册之分，个人账号注册一般使用手机号码注册，企业账号注册可使用电子邮箱注册。

扫一扫

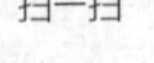

实例演示

1.3.4　实名认证支付宝

支付宝是淘宝网店主流的支付方式之一，淘宝商家必须开通支付宝认证。注册淘宝账号后，商家直接使用该账号即可登录支付宝。登录支付宝账号后，商家还需要进行支付宝实名认证，其具体操作如下。

STEP 01 在浏览器中搜索支付宝，打开支付宝官网，单击官网右上角的“快速登录”超链接，在打开的页面中单击“账密登录”选项卡，输入账号和密码，勾选隐私协议，单击 登录 按钮，如图1-8所示。

STEP 02 登录成功后进入支付宝个人页面，在其中可查看支付宝账户的相关信息，将鼠标指针移到“未认证”超链接上，在弹出的提示框中单击“立即认证”超链接，如图1-9所示。

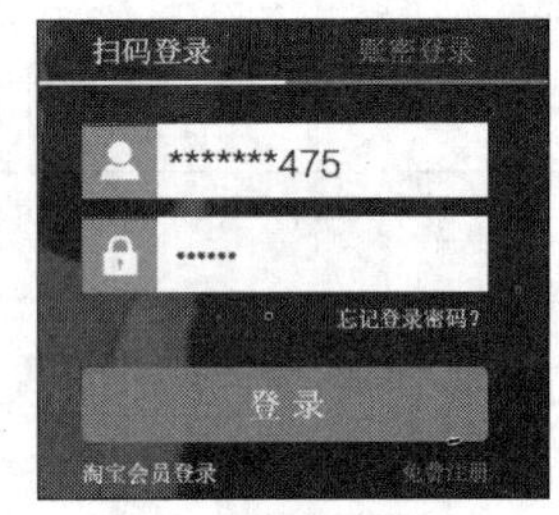

▲ 图1-8　登录支付宝

▲ 图1-9　单击“立即认证”超链接

STEP 03 在打开的“设置身份信息”页面中输入支付密码和身份信息，如图1-10所示，输入完成后单击 确定 按钮。

STEP 04 打开“设置支付方式”页面，在页面中输入银行卡号、持卡人姓名、证件、手机号码等信息，然后单击 获取校验码 按钮获取验证码，如图1-11所示，输入验证码后单击 同意协议并确定 按钮即可完成支付宝认证。

▲ 图1-10 设置支付密码和身份信息

▲ 图1-11 设置支付方式

1.3.5 申请淘宝网店

申请淘宝网店的操作比较简单，登录淘宝网后根据提示进行操作即可完成淘宝网店的申请。具体操作为：登录淘宝网，在首页上方单击“免费开店”超链接，打开“淘宝招商”的“0元开店”页面，在该页面中选择网店类型，这里单击个人开店按钮（见图1-12），然后根据提示完成身份信息等的填写，完成后即可开通淘宝网店。

▲ 图1-12 单击“个人开店”按钮

1.3.6 完善网店基础信息

扫一扫

实例演示

淘宝网店申请成功后，店铺名称、店铺标志等都是默认的未设置状态，需要商家自行设置。现有一家刚开设的日用品网店，需要设置店铺名称并上传店铺标志，其具体操作如下。

STEP 01 在淘宝网首页右上方单击“千牛卖家中心”超链接，在打开页面的左侧导航栏中单击“店铺”选项卡，在展开的列表中选择“店铺信息”选项。打开“店铺信息”页面，单击编辑信息按钮，如图1-13所示。

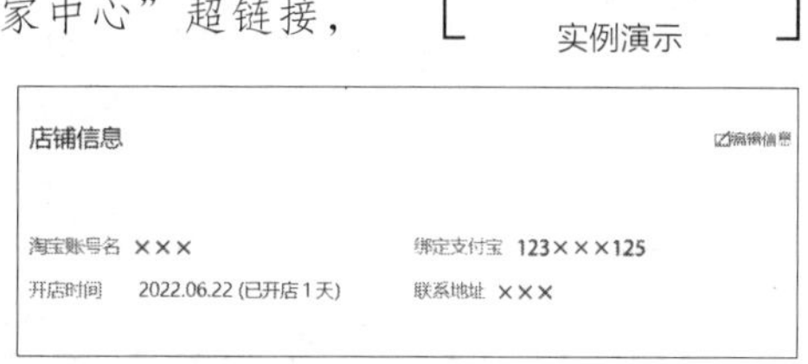

▲ 图1-13 单击“编辑信息”按钮

STEP 02 打开“基础信息”页面，在“店铺名称”文本框中输入“林记日用品店”，单击“店铺标志”栏的“上传图片”按钮＋，如图1-14所示。

STEP 03 在打开的“选择图片”对话框中依次单击上传图片按钮和上传按钮。打开

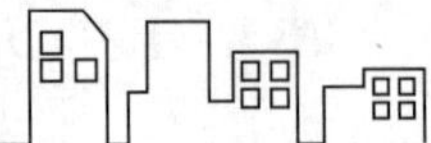

“打开”对话框，选择素材图片（配套资源：\素材\第1章\店铺标志.png），然后单击 打开(O) 按钮，如图1-15所示。

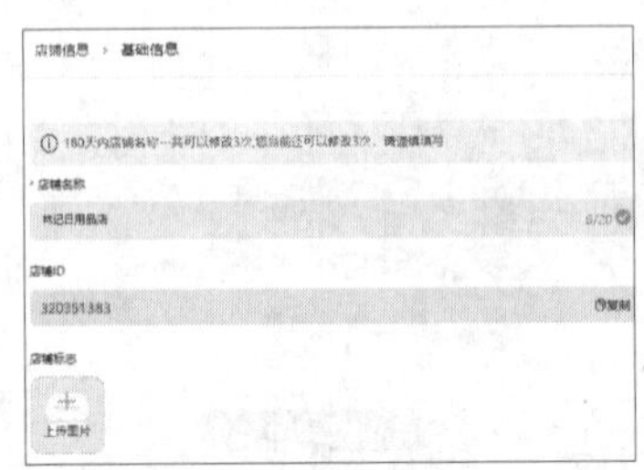

▲ 图1-14　设置店铺名称和上传店铺标志

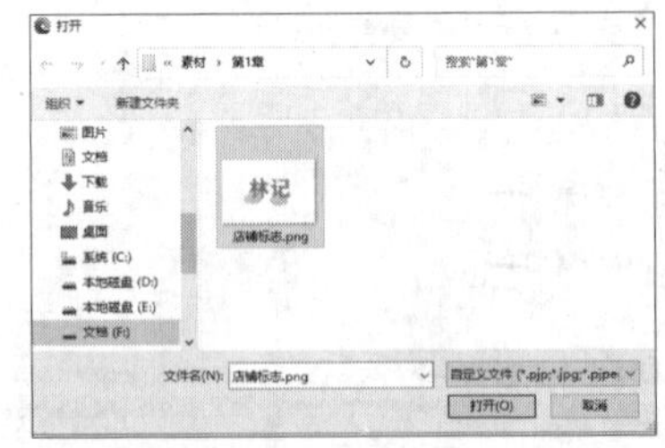

▲ 图1-15　选择图片

STEP 04 返回“选择图片”对话框，裁剪图片，调整裁剪区域的大小和位置，确认后单击 保存 按钮，如图1-16所示。

STEP 05 在“联系地址”栏中单击各下拉列表框右侧的下拉按钮，在打开的下拉列表中选择网店经营地址，完成后单击 保存 按钮，如图1-17所示。

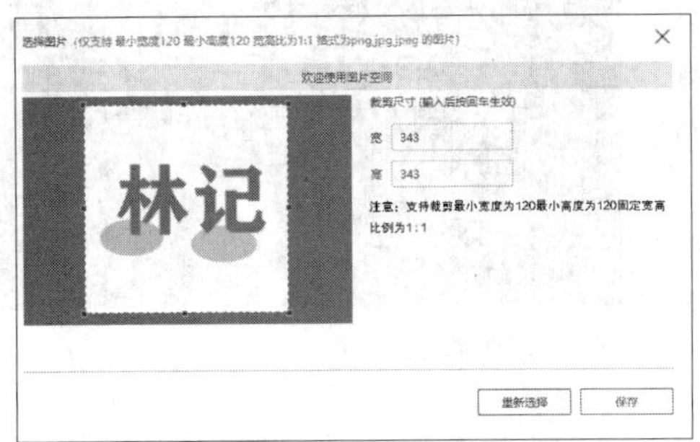

▲ 图1-16　裁剪图片

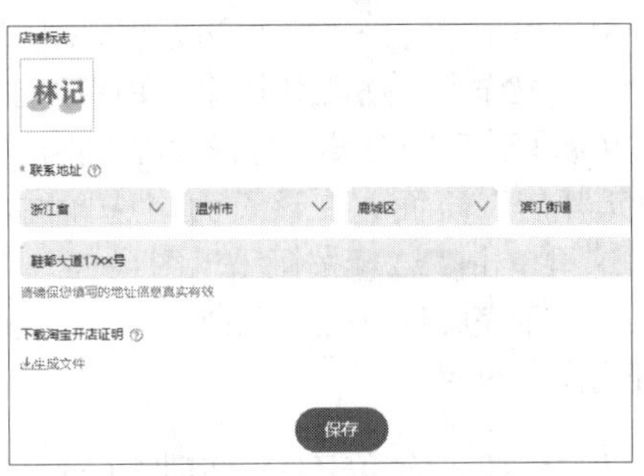

▲ 图1-17　设置联系地址

经验之谈

在设置网店基础信息时，商家可以在千牛卖家中心左侧导航栏中单击“效果预览”选项卡，预览信息在个人计算机（Personal Computer，PC）端网店和移动端网店中的显示效果。

1.3.7　设置多种在线支付方式

淘宝网提供了多种在线支付方式，包括蚂蚁花呗、分期免息、信用卡等。根据消费者的不同经济情况和支付习惯，商家可以设置多种在线支付方式。商家可在千牛卖家中心左侧导航栏中单击“服务”选项卡，打开“服务市场”页面，在其中搜索想要设置的在线支付方式。例如，商家要设置信用卡支付，可直接搜索“信用卡支付”，然后订购该服务。

设置后的支付方式将显示在淘宝PC端网店商品详情页的“支付方式”栏（见图1-18）及淘宝移动端网店商品详情页的“基础服务”栏中。

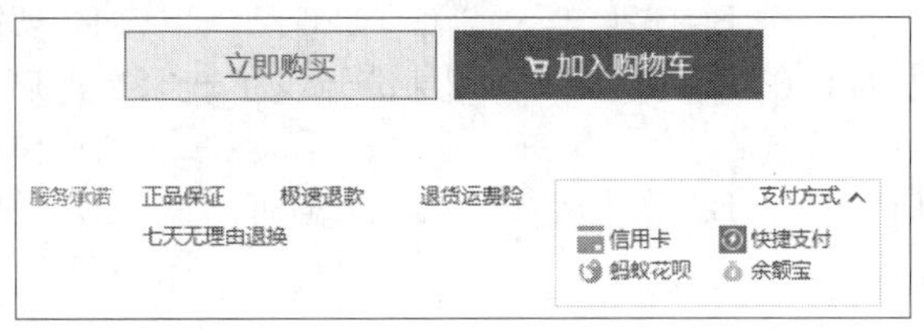

▲ 图1-18　支付方式

素养课堂：遵守平台规则，维护交易秩序

规则意味着责任、义务，淘宝网交易秩序的稳定需要平台规则来维系。作为平台的入驻者，商家需要遵守淘宝网的规则，包括网店管理规则、商品管理规则、营销推广规则、交易管理规则、争议处理规则等，践行商业道德和社会责任，实现共生共赢、规范发展。

商家一旦违背相关规则，淘宝网将依规处置，严重者将被查封账户。例如，张某心血来潮在淘宝网上开设了一家服装店，但是没有主动了解淘宝网的规则。开店后，张某在当地批发市场购买了一批时下流行的服装，并开始了正式售卖。在有了成交订单的第2天，张某发现，在千牛卖家中心有缴纳2000元保证金的提醒，但是他觉得补缴2000元的保证金太多了，只补缴了1000元，并将支付宝中的钱转移到了别的银行卡上。结果，张某的网店被延长了交易账期。网店的成交订单越来越多，但张某却没能及时收到钱。同时，网店被禁止参加平台的营销活动。这时，张某后悔不已。于是，张某连忙补缴了保证金，并暗自下定决心再也不违反平台规则了。

缴纳保证金是平台保障消费者合法权益的手段。当商家出现违规、被消费者投诉等情况时，淘宝网将通过处罚、增加保证金额度等方式维护消费者权益。根据淘宝网的规则，商家开店后出现首个成交日的，以当天订单商品对应的类目额度取最高值作为其保证金额度。淘宝网在每月6日，会根据网店上个自然月成交订单商品对应的类目额度取最高值作为其保证金额度，若上个自然月无成交则以1000元作为其保证金额度。

总结：淘宝网的交易秩序需要大家共同维护，商家更要主动了解并遵守淘宝网平台规则，恪守商业道德。

课后练习

1. 选择题

（1）【单选】淘宝网的开店方式属于（　　）。

A. 自助式开店　　B. 自助式开店与自建购物网站相结合

C. 自建购物网站　　　　　　　D. 共享式开店

（2）【多选】淘宝网属于什么类型的平台（　　）。

A. B2B　　B. B2C　　C. C2C　　D. C2B

（3）【单选】刘某在淘宝网上以个人身份开设了一家特产店，该店的类型属于（　　）。

A. 企业店　　B. 个人店　　C. 天猫店　　D. 独有店铺

2. 填空题

（1）商家以__________或__________，入驻天猫开设的网店为旗舰店。

（2）需要商家自行完善的网店基础信息主要有__________、__________。

3. 简答题

（1）常见的网上开店平台有哪些？

（2）开设淘宝网店的流程是什么？

4. 操作题

（1）注册淘宝网账号。

（2）通过账号密码登录淘宝网。

（3）根据需要，对店铺名称、店铺标志等进行设置，完善网店基础信息。

（4）设置蚂蚁花呗支付方式。

拓展阅读

设置网店基础信息时，商家或运营人员需要注意以下事项。

- **店铺名称**：一般来说，个人店的名称的自由度比较高，但需遵循简洁、便于记忆、与商品相关、具有特点等原则。企业店和天猫店的名称比较固定，通常以企业或品牌名称为基础进行设置，如小米的天猫店名称就叫作小米官方旗舰店。
- **店铺标志**：店铺标志代表网店的形象，图片素材的大小为80像素×80像素。店铺标志需要凸显网店或商品的特点，彰显网店或商品的文化内涵。店铺标志必须醒目，易于辨识，且具有一定的视觉冲击力，要能给消费者留下深刻的印象。

选择并发布商品

本章引入

与经营线下实体店一样，在经营网店之前，商家需要先分析市场、行业和消费者等，然后选择商品，并做好商品定价。为了确保商品的质量，商家还要选择合适的进货渠道。最后，商家还要发布商品，设置商品的基础信息、销售信息等。

学习目标

1. 了解选择商品的方法。
2. 掌握常见的进货渠道。
3. 掌握发布商品的方法。

知识框架

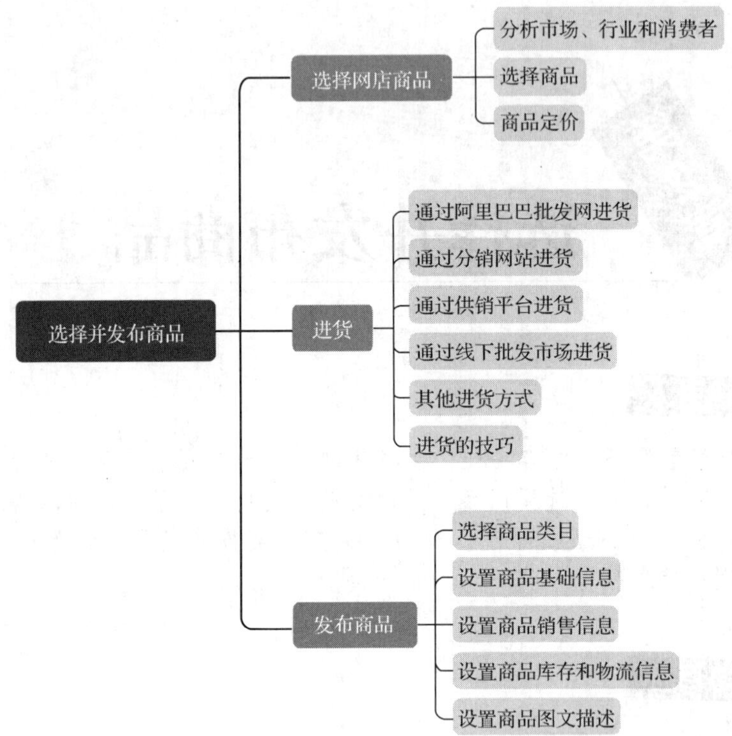

2.1　选择网店商品

选择合适的商品是运营网店非常重要的一个步骤。商家需要基于对市场、行业和消费者的分析来选择适合在网上销售的商品，选择完成后，即可在网店中发布商品。

2.1.1　分析市场、行业和消费者

近几年，随着网店的快速增加，在网上销售的商品类型也越来越多样化，盲目地选择商品非常不利于网店的后续发展。一般来说，商家首先需要分析电商市场、行业和消费者，然后根据分析结果选择合适的商品。

1. 分析电商市场

近几年，我国电子商务市场呈蓬勃发展之势。根据《中国年轻用户电商消费洞察报告2021》（以下简称《消费洞察报告》），我国是当前全球最大的电子商务市场，市场交易额逐年增长，在2021年1—11月，我国电子商务市场交易额达11.9万亿元，且呈持续增长之势，如图2-1所示。这表明我国电子商务市场仍然有巨大的发展潜力。

2. 分析行业

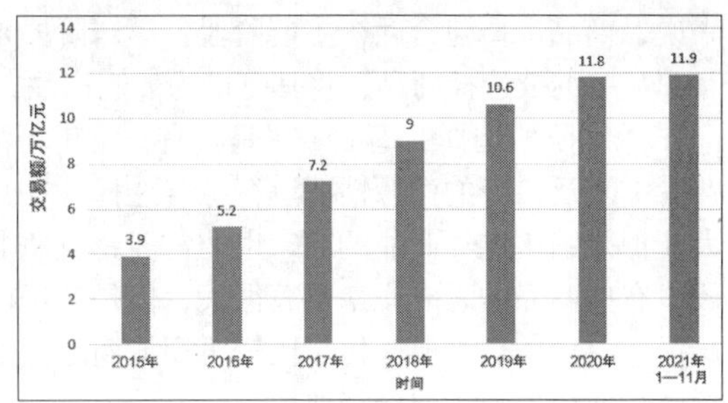

▲ 图2-1　我国电子商务市场交易额

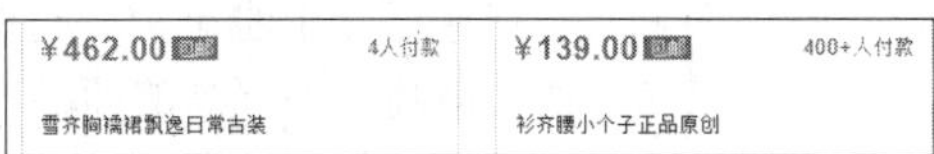

▲ 图2-2　同一类目商品的销售量

分析行业即分析某行业的热门程度、发展前景、竞争力等。通过正确分析一个行业的前景，商家可以预测和规划网店的发展方向、发展水平等。行业的热门程度常常与总销售额密切相关。以淘宝网商品的销售情况为例，女装作为热门类目，不论是总销售额、成交量、关注度，还是搜索量都比较大，而五金电子类商品的总销售额、成交量、关注度、搜索量都低于女装。但是女装作为热门类目，竞争对手多，同类型商品也多。图2-2所示的商品同为女装汉服类目，但两者的销售量存在较大差异。

电子商务网站中的商品非常丰富，同一类目的商品成千上万，商家不能以某一类商品的销售量来衡量其发展前景。在电子商务环境中，选择热门类目并不代表一定可以成功，选择冷门类目也不代表没有发展前景。

分析行业行情必须全面。商家在做出商品选择的决策时，也需要有一定的市场敏感度，谨慎决策究竟是选择热门行业的商品参与竞争，还是选择非热门行业的商品来打造特色。不管选择哪一个方向，商家都应时刻关注行业信息、行业展会，留意行业最新消息、热点、商品、厂家和趋势等。

3. 分析消费者

网店基于互联网开设，因此在选择商品时，商家有必要对互联网用户进行分析。当前，年轻消费者正逐步成为互联网消费主力军。根据《消费洞察报告》，在消费者年龄层面，“Z世代”（一般指1995—2009年出生的人）消费者是互联网消费主力军，占比为47.2%。他们的消费观念将在很大程度上影响电子商务市场的走向。因此，商家可以选择符合“Z世代”消费者消费观念的商品。

“Z世代”消费者对中华传统文化有着强烈的认同感和归属感，也注重科技。因此，商家可以选择融入了我国优秀传统文化元素或富有地方文化特色的商品，展现民族自信和文化自信，打造优秀国产品牌。同时，有能力的商家也可以开发和创造科技产品、虚拟产品，不具备这方面能力的商家可以选择采用了新科技、新理念的商品。

根据《消费洞察报告》，淘宝网等传统电子商务平台在一线城市和新一线城市的消费者均过百万人，这类消费者更愿意为高品质的商品或服务买单，以这类消费者为目标消费群体的商家可以选择高品质、有质感、体现生活态度的商品。从消费者的性别占比来看，男、女消费群体比例趋于平衡，分别为50.9%、49.1%，这意味着男性消费群体也是一股重要的消费力量。因此，以男性消费群体为目标对象，选择其喜欢的商品类目也是一种不错的方法。

2.1.2　选择商品

完成对市场、行业和消费者的分析后，商家即可考虑选择网店需要销售的商品。一般

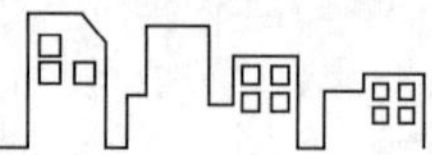

来说，商品选择包含两个主要阶段：第一阶段是选择网店所经营的商品；第二阶段是从已有商品中继续选择商品，将其打造为热销商品。

第一阶段选择的商品一般是具有一定市场潜力的商品，商家需要结合市场、行业、消费者需求及自身的资源情况进行综合选择。在众多商品类型中，有些商品的总成交量非常大，但是销售这类商品的商家也非常多，竞争非常激烈，商家需要采用成熟的营销推广手段。有些商品的总成交量不算很大，但是市场前景好，竞争小，所以部分商家另辟蹊径，选择一些竞争较小但销售量比较可观的商品。如果具备一定的资源，建议商家选择熟悉的领域和商品，或者选择经典商品、品牌商品，打造更专业的网店。总之，商家应优先选择更适合自己、更方便经营的商品或服务。

第二阶段是在第一阶段的基础上，有选择性地打造热销商品。热销商品是指在商品销售中供不应求、销售量高、人气高的商品。当商品有了一定的基础销售量后，商家可以采用一定的推广手段将其转化为热销商品。选择热销商品的方法有很多，常用方法主要包括以下3种。

- **按销售量选款**。按销售量选款是一种比较简单的选款方式。按照销售量选择的商品通常都是热销款式，受大众欢迎，竞争力比其他商品更强，但这类商品的同款比较多，竞争环境也比较激烈。
- **搜索选款**。搜索选款指根据消费者搜索的热门关键词来分析和判定商品，并选择热门款。例如，商家查看连衣裙的搜索词，发现碎花、蕾丝是热搜词，于是可以选择碎花蕾丝连衣裙进行打造。搜索选款和按销售量选款区别较大，按销售量选款注重商品之前的销售数据，而搜索选款则着眼于商品未来的数据。
- **直通车选款**。采用直通车选款时，商家首先需要选定一个主要关键词，以便在淘宝网首页搜索。采用直通车选款时，商家需要分析直通车商品。商家可先找出直通车推广商品中排行前100的商品，然后分析并筛选上架时间短但收藏数高于2000的商品。这些商品既是大众喜欢的商品，也是一些大型网店的热销款式，具有较大潜力。

扫一扫

拓展阅读：选款注意事项

从商品选择到打造热销商品有一个过程。在选定商品后，商家首先需分析该商品的访问量、收藏量和购买量等，观察其是否可能成为热销商品；其次，商家还需观测商品的总成交率、点击转化率等，并监测商品的实际销售情况；最后，商家将销售量大、转化率理想，以及评价不错的商品确定为热销款。

2.1.3　商品定价

商品定价对商品的销售量有着重要影响，因此，商家需要谨慎定价。商品定价是有策略可循的，以这些策略为出发点，定价就变得相对简单。

1. 基于成本定价

基于成本定价是比较简单的定价策略。商家以商品的成本为基础进行定价，并创造利润，即商品价格=成本+期望的利润额。

基于成本定价可以让商家避免亏损，但有时会导致利润下降，如当消费者愿意为商品支付更多的费用时，采用这种定价策略会减少利润。另外，如果定价太高，也可能降低商品的销售量，从而降低利润。采用这种定价策略的重点是成本的核算。有的商家在核算成本时仅仅计算了采购成本和运费，然后在此基础上进行定价，结果就导致没有利润甚至亏损。实际上在核算成本时，除了采购成本和运费，还涉及人工成本、固定成本、营销成本等。

2. 基于竞争对手定价

商家可以根据竞争对手对商品的定价来适当调整商品定价，即购买竞争对手售卖的商品，然后比较该商品与本店商品在材质、质量、包装、规格等方面的不同，如果本店商品在某一方面优于对方，则可以适当提高价格，反之则降低价格。例如，5斤装的进口新鲜山竹在其他网店的售价分别为59.8元、45.9元，商家在比较这两款山竹与本店山竹后发现，本店山竹的口感和新鲜度均优于这两款山竹，那么本店的山竹定价可以高于59.8元。

3. 基于商品价值定价

对于消费者而言，商品所带来的使用价值、社会价值等是切合其实际需要的，因此，基于商品价值定价也是非常可取的。基于商品价值定价是一种复杂的定价策略。商家需要进行市场研究和消费者分析，了解消费群体的关键特征，考虑他们购买的原因，了解哪些商品功能对他们最为重要，掌握价格因素在购买过程中的影响程度等。

2.2 进货

网上商品的进货渠道很多，如分销网站、供销平台、线下批发市场等。其中，阿里巴巴批发网就是很多淘宝网店重要的商品来源。

2.2.1 通过阿里巴巴批发网进货

阿里巴巴批发网是一个网上采购批发市场，很多淘宝网商家喜欢通过阿里巴巴批发网进货。阿里巴巴批发网对各类商品进行了详细的分类，并且提供了搜索功能，可以帮助商家快速准确地找到所需商品。

1. 进货前的准备

在参与各类电子商务平台的活动时，商家首先需要注册账号，其注册流程一般比较简单，根据提示进行操作即可。阿里巴巴批发网的账户与淘宝网的账户可以通用，因此商家可以直接使用淘宝账号登录阿里巴巴批发网。

此外，在阿里巴巴批发网寻找货源时，为了保证商品的质量，商家需要事先对供货商做以下分析。

- 查看供货商的资质、联系方式、综合服务等。
- 查看供货商的信用评分，信用评分高的供货商更值得信任。
- 查看商品的图片、销量及评价，也可事先小额订货，了解其供货速度。

2. 搜索并选购商品

在阿里巴巴批发网中进货的操作很简单，只需搜索商品并货比三家。“简行”女鞋网店准备以阿里巴巴批发网为进货渠道选购帆布鞋，操作时可以先通过“品类市场”列表选择“帆布鞋”商品，并将价格区间设置为“50~80元”，然后进入商品详情页，查看商品详细信息，将心仪的商品加入进货单，最后一次性支付所有选购商品的费用，其具体操作如下。

STEP 01 在浏览器中搜索“阿里巴巴”，进入阿里巴巴批发网首页。在左侧的“品类市场”列表中选择所需商品类目，这里单击“鞋靴”超链接，如图2-3所示。

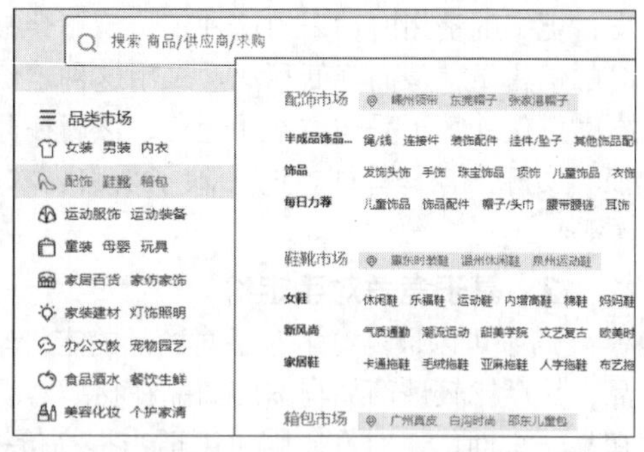

▲ 图2-3　单击“鞋靴”超链接

将鼠标指针移动到“品类市场”列表中对应的类目超链接上，将展开当前类目下的二级类目，如“配饰 / 鞋靴 / 箱包”类目下包括“女鞋”“家居鞋”等二级类目，单击这些类目的超链接，也可进入相应的页面，以便选择商品。

STEP 02 打开“鞋靴市场”页面，在左侧的“类目导航”列表中选择需要搜索的商品类目，这里单击“女鞋”类目下的“帆布鞋”超链接，如图2-4所示。

STEP 03 打开“帆布鞋”的搜索结果页面，查看搜索结果，如图2-5所示。

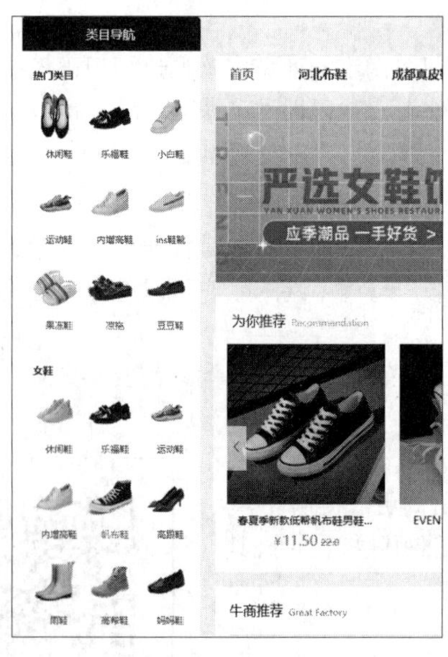

▲ 图2-4　选择“帆布鞋”

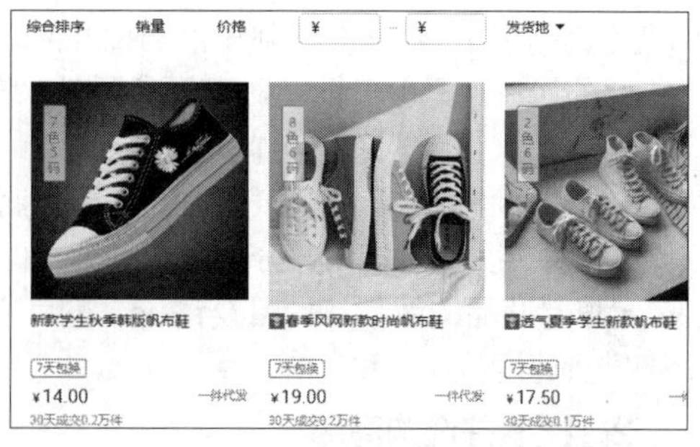

▲ 图2-5　查看搜索结果

在阿里巴巴批发网首页的搜索文本框中输入关键词，如“帆布鞋 女”，此时搜索文本框下方将自动弹出与搜索关键词相关的下拉列表，下拉列表中列举了所搜索商品的相关分类，选择所需选项或直接单击搜索按钮，可以快速搜索到所需商品。

STEP 04 在商品搜索结果页面中，将价格设置为“50~80元”，单击确定按钮，如图2-6所示。

STEP 05 单击商品主图或商品名称，进入商品详情页，滚动鼠标滚轮查看商品的图片、价格、材质等信息。浏览并对比各个供货商的商品。确认选择后，在该商品的详情页中设置商品的颜色、尺码等订购信息，如图2-7所示，然后单击加进货单按钮。

经验之谈

在阿里巴巴批发网的购买操作与在淘宝网的购买操作非常相似，商家也可单击立即订购按钮直接订购商品，完成商品的购买。

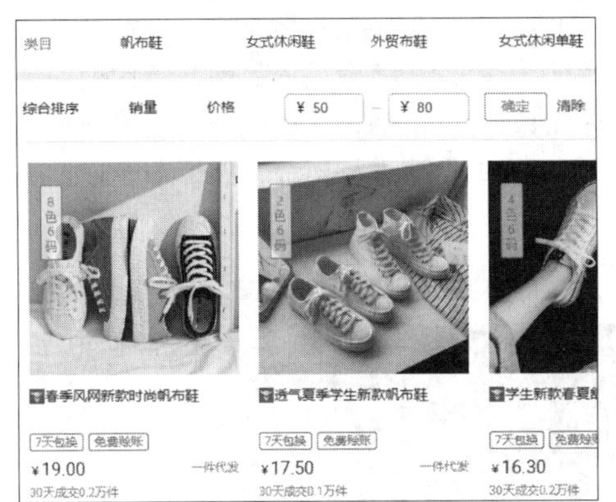

▲ 图2-6 设置价格

▲ 图2-7 订购商品信息

STEP 06 弹出“添加成功”提示框，如图2-8所示，单击去结算超链接可结算当前所选商品的支付金额，单击继续购物超链接可继续加购商品。

▲ 图2-8 “添加成功”对话框

2.2.2 通过分销网站进货

除阿里巴巴批发网之外，网上还有很多提供批发服务的分销网站，如搜物网、衣联网、慧聪网等。其中，衣联网主要提供女装批发，图2-9所示为衣联网首页，在搜索文本框中直接输入商品关键词进行搜索，即可进行后续订货操作。

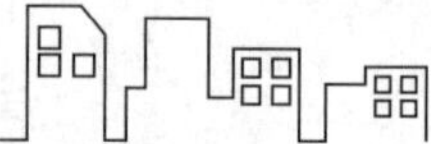

▲ 图2-9　衣联网首页

通过第三方分销网站进货，可能会存在一些风险。为了降低进货风险，商家可以提前查询了解供应商的网站信息及公司信息。

2.2.3　通过供销平台进货

供销平台是淘宝网为商家提供代销、批发的平台，通过该平台可以帮助商家快速找到分销商或成为供应商，如天猫供销平台，图2-10所示为天猫供销平台首页。供销平台由代销和批发两部分组成。代销是指供货商与代销商达成协议，将商品的品牌授予代销商，为其提供商品图片等数据，而不提供实物，并与代销商协议价格，代销商赚取差价。批发则与其他批发网站相似。要成为供销平台的代销商，首先需要进行申请，然后才能通过供销平台选择供应商进行代销。

▲ 图2-10　天猫供销平台首页

网络代销的资金投入比较少，比较适合新商家或小商家。同时，网络代销的操作要简单一些，不需要仓库，商品图片、商品描述等基本都由供货商准备，商家甚至不需要邮寄，只需将定金和资料提供给供货商即可。但因为商家不能直接接触商品，所以很难把控商品质量，在选择供货商时一定要选择正规公司。

2.2.4 通过线下批发市场进货

与线下实体店的进货方式一样，网店也可通过线下批发市场进货。线下批发市场的商品价格比较便宜，而且商家可以直接查看商品的质量、样式等，因此受到很多商家的青睐。线下批发市场一般具有以下特点。

- 本地货源成本更低，还可以节约部分运输和仓储成本。
- 商品数量更多，品种更齐全，可选择范围更大。
- 进货时间和进货量都比较自由，补货时间更短。

商家如果与本地批发市场的供应商建立了良好的供求关系，通常可以拿到更便宜、更新、质量更好的商品，甚至可以等消费者下单以后再前往取货，不必占用过多的资金，也不会积压商品。

除了亲自前往本地批发市场选择商品之外，商家还可以登录阿里巴巴产业带网查找热门的产业带，然后亲自前往该产业带挑选合适的商品。在该网站首页选择热门的产业带，在打开的页面中可查看该产业带的优势商品，如图2-11所示。另外，将鼠标指针移动到该网站首页的“热门产地一手货”选项栏对应的商品类目上，在展开的列表中可以查看热门产地的优势商品，如图2-12所示。

▲ 图2-11 查看产业带的优势商品

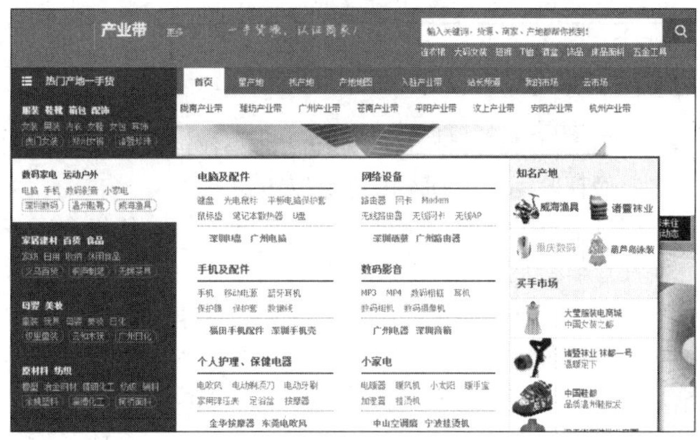

▲ 图2-12 查看热门产地的优势商品

2.2.5 其他进货方式

网店的进货方式非常多，除了阿里巴巴批发网、分销网站、供销平台和线下批发市场外，商家还可以通过品牌积压库存，换季、拆迁与清仓商品，外贸尾单货，国外打折商品

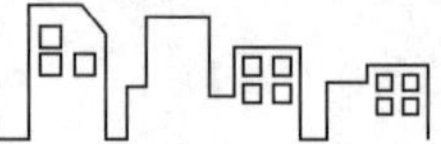

等途径获得商品。

- **品牌积压库存**。品牌积压库存一般是指品牌商积压在仓库中，不能快速售完的商品。对于很多商家而言，品牌商品更具有吸引力，也更容易得到消费者的信任。一般来说，品牌商为了清理积压库存，可能会选择低价出售或选择代销商进行代销。商家如果有途径，即可通过网店销售品牌积压库存。
- **换季、拆迁与清仓商品**。很多线下实体店在换季、拆迁或清仓商品的时候，都会低价出售大量库存商品，这些清仓商品通常价格较低，品种也较为丰富。商家亦可买进这些低价商品，通过网店销售。需要注意的是，清仓商品的质量大多参差不齐，商家需要仔细检查商品质量、有效期等，注意辨别是否为店家促销手段，尽可能赢得大的价格空间。
- **外贸尾单货**。外贸尾单货是指厂家在生产外贸订单时的多余商品。商品在生产过程中难免会出现次品，而为了保证外贸订单中商品的质量，厂家一般会多生产一些商品以作备用，而这些商品就变成了网店可获得的货源。外贸尾单货的性价比一般都较高，但可能颜色、尺码不齐全。此外，商家还需要在外贸市场中仔细辨认外贸尾单货的真伪，确保商品质量。
- **国外打折商品**。寻找货源并非仅仅局限于国内，很多国外一线品牌在换季、节日期间，也可能会打折出售商品，商家也可通过国外官方网站、跨境电商平台等购买来获得商品。

二手市场也是获得商品的一种途径，但是二手市场商品的不确定性太大，可能尺码不全，或者品质得不到保证。

2.2.6　进货的技巧

对于商家而言，商品并不是盲目选择的，进货时不仅需要考虑商品的热度、质量等因素，还需要考虑成本、库存等问题。基本的进货技巧如下。

- **选择好商品**。好商品一般需具备消费者喜爱、质量好、价格合理等特点，因此商家在进货时，要注意辨别商品是否热门、是否有市场、价格是否合理，以能满足消费者需求为准。为了保证商品质量，商家可以货比三家后再与供货商建立合作关系。
- **合理进货**。对于新商品而言，试销时进货量不宜过大。对于畅销商品而言，商家则需要检查和分析库存，提前进货，保证供应量，但库存不宜过大。对于季节性商品而言，可以季初多进，季中少进，季末补进。此外，商家还要注意进货时机，一般大部分商品需要提前进货。
- **控制成本**。成本高低会对盈利高低产生直接影响，同时成本高低也直接影响着价格策略的实施。为了合理控制成本，商家需要充分了解商品和市场。另外，商家还可以与供货商建立良好的长期合作关系，尽量以最低价格拿到商品。

2.3 发布商品

发布商品是指将商品信息上传至网店中。商家在发布商品之前需要做一些准备工作，如了解商品信息、准备商品图片等。准备工作做好后，商家就可以通过千牛卖家中心或千牛工作台、千牛App发布商品了。现某女装店准备在千牛卖家中心发布商品——连衣裙，发布时需要先选择商品类目，再设置商品基础信息、商品销售信息、商品库存和物流信息及商品图文描述。

2.3.1 选择商品类目

发布商品的第一步是选择商品类目，只有选对了商品类目，商品才会获得更多关注。为避免出现商品类目选择错误的情况，淘宝网在商家上传商品图片后将自动为商家填写部分商品类目属性。其具体操作如下。

STEP 01 进入千牛卖家中心，在左侧的导航栏中单击“商品”选项卡。在展开的“商品管理”栏中选择“发布宝贝”选项，如图2-13所示。

STEP 02 打开商品发布页面，在“1.上传商品主图”栏中单击“商品主图”对应的“添加上传图片”按钮＋，如图2-14所示。

STEP 03 打开“图片空间”面板，依次单击上传图片按钮和上传按钮，如图2-15所示。

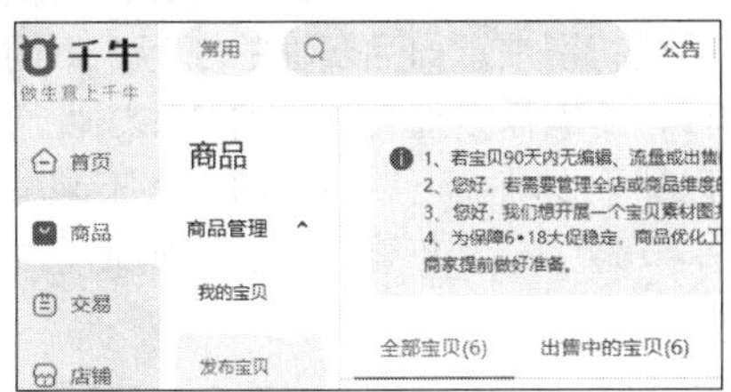

▲ 图2-13 选择“发布宝贝”选项

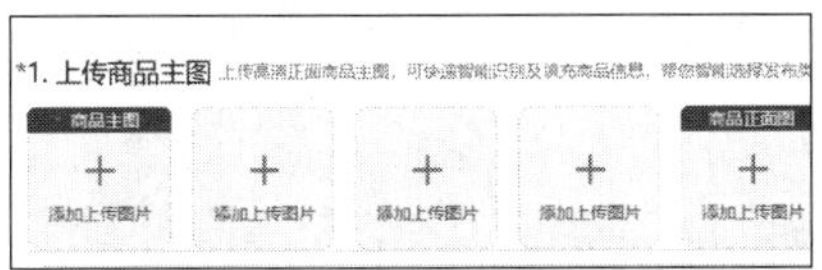

▲ 图2-14 单击“添加上传图片”按钮

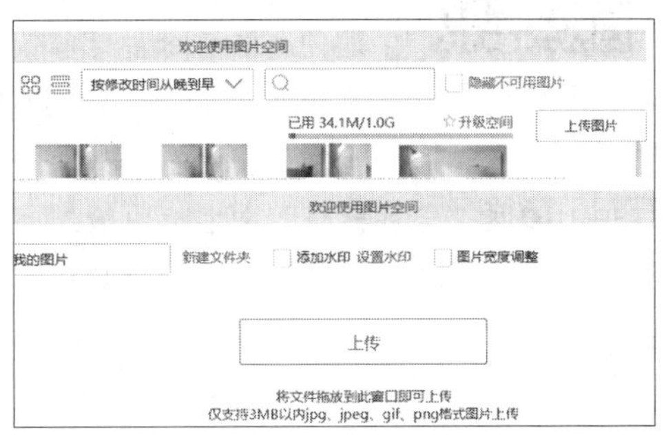

▲ 图2-15 依次单击“上传图片”按钮和“上传”按钮

图片空间是淘宝网为商家提供的免费图片存储空间，以便商家管理图片素材。除了在发布时上传商品图片外，商家还可以预先将商品图片上传到图片空间中，以便在发布时可以直接在图片空间中选择图片。

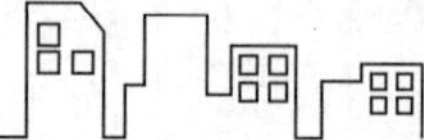

STEP 04 打开“打开”对话框，选择“连衣裙1.jpg”图片（配套资源：\素材\第2章\连衣裙1.jpg），单击 打开(O) 按钮。

STEP 05 使用相同的方法依次上传其他商品主图（配套资源：\素材\第2章\连衣裙2.jpg、连衣裙3.jpg、连衣裙4.jpg、连衣裙5.jpg）。上传商品主图后的效果如图2-16所示。

STEP 06 在“2.确认商品类目”栏中确认或修改默认选择的商品类目，无误后单击 确认类目，继续完善 按钮，如图2-17所示。

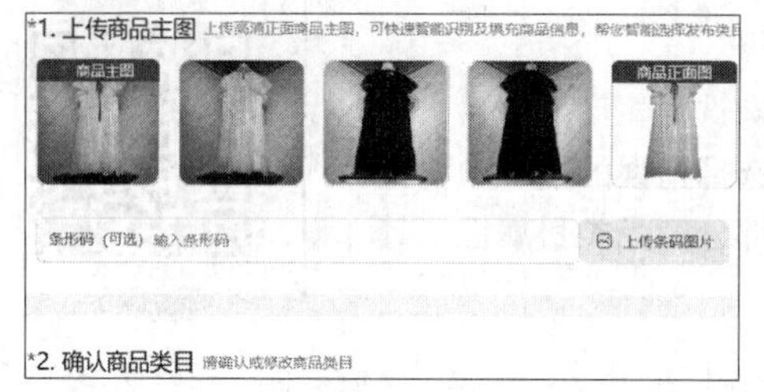

▲ 图2-16　上传商品主图后的效果

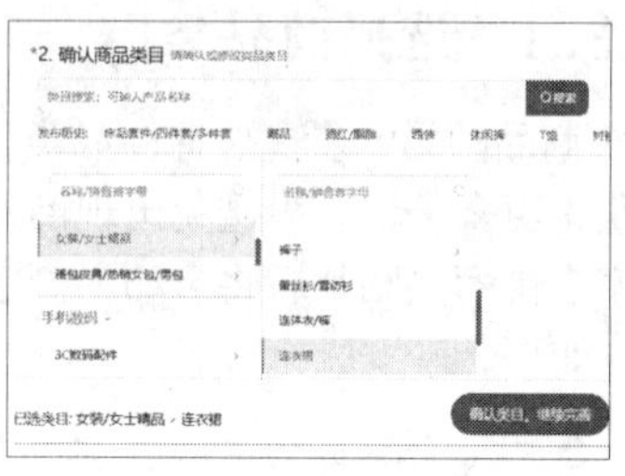

▲ 图2-17　确认商品类目

扫一扫

实例演示

2.3.2　设置商品基础信息

选择商品类目后，商家可以进入下一步——编辑商品基础信息。商家在编辑商品基础信息时，要特别注意商品属性的填写。不同的商品类目所要填写的属性不一样，商家需要查看商品的具体属性选项，避免属性与商品实际不符，以免引发商品下架等问题。接下来输入连衣裙商品标题，并设置年份季节为“2022年夏季”、材质成分为“聚酯纤维”。其具体操作如下。

STEP 01 在“宝贝标题”文本框中输入商品标题，这里输入“荷叶边连衣裙2022夏季小众温柔甜美宽松连衣裙”，如图2-18所示。

STEP 02 在“重要属性”栏中单击“年份季节”下拉按钮，在打开的下拉列表中选择“2022年夏季”选项，如图2-19所示。

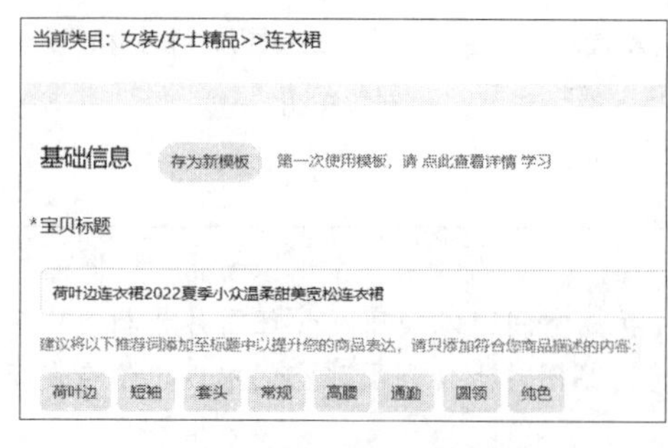

▲ 图2-18　输入商品标题

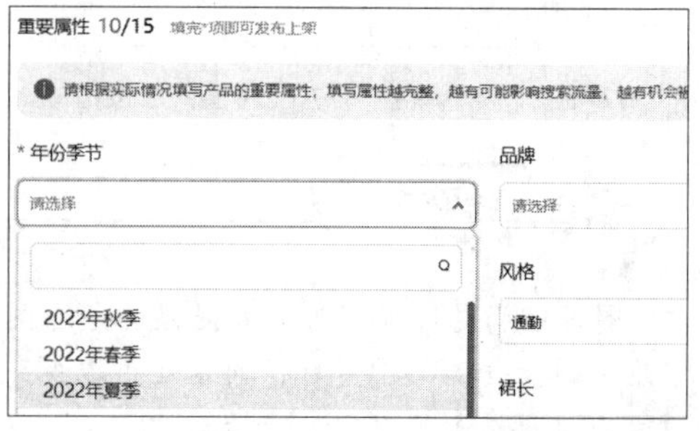

▲ 图2-19　设置年份季节

STEP 03 继续单击“材质成分”下拉按钮☑，在打开的下拉列表中选择“聚酯纤维”选项，并输入含量为“98%”，如图2-20所示。

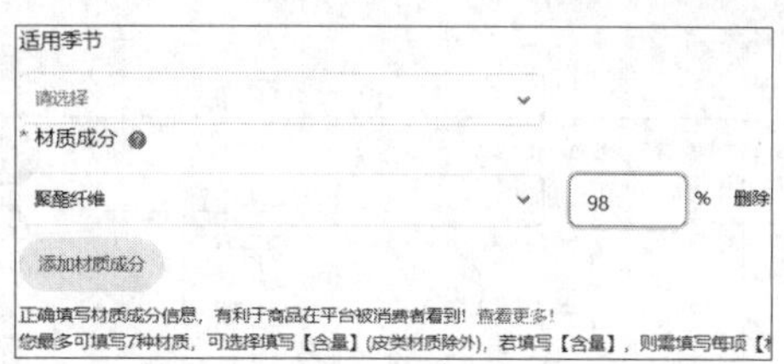

▲ 图2-20 设置材质成分

2.3.3 设置商品销售信息

商品销售信息主要包括颜色分类、尺码、价格、数量等，在一定程度上决定着消费者是否会购买商品。下面设置连衣裙的销售信息，颜色为“白色”和“黑色”，尺码为“均码”，价格为“169.00”元，数量为黑、白两色各200件，并批量填充商品价格和数量。其具体操作如下。

STEP 01 在“颜色分类”栏中，单击[选择或输入主色]下拉框，在默认打开的“白色系”选项卡中选中“白色”选项，如图2-21所示。然后使用相同的方法选中“黑色系”选项卡中的“黑色”。

STEP 02 在“尺码”栏中选中“均码”单选项，再选中“均码”复选框，如图2-22所示。

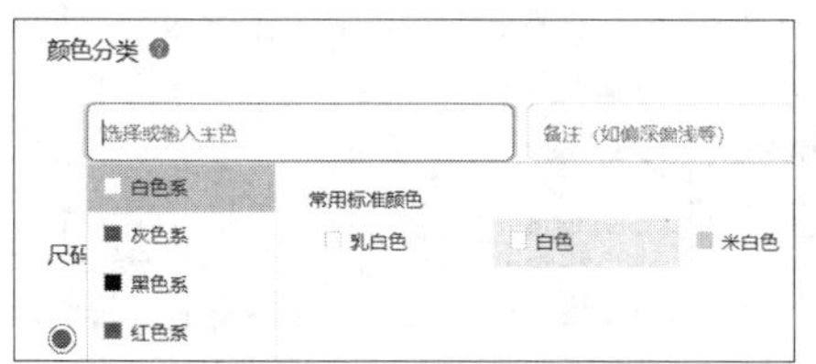

▲ 图2-21 设置颜色分类

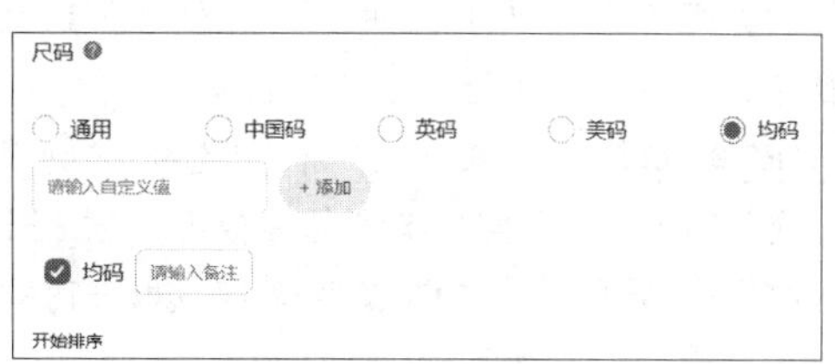

▲ 图2-22 设置尺码

STEP 03 打开“宝贝销售规格”列表，单击“白色”所在行的“选择图片”超链接，如图2-23所示。

宝贝销售规格

在标题栏中输入或选择内容可以进行筛选和批量填充

颜色分类	尺码	颜色分类图	价格(元)	数量(件)
白色	均码	选择图片		0
黑色	均码	选择图片		0

▲ 图2-23 单击“选择图片”超链接

STEP 04 打开“多媒体”对话框，选择“连衣裙1.jpg”图片，如图2-24所示。然后使用相同的方法为“黑色”选择“连衣裙3.jpg”图片。

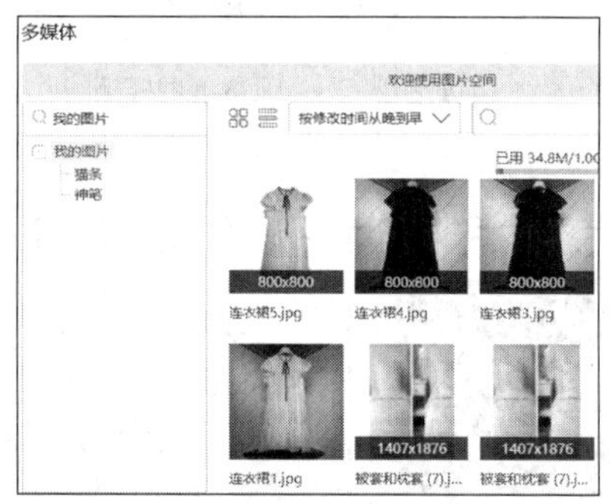

▲ 图2-24 选择图片

STEP 05 在“价格（元）”数值框中输入“169.00”，在“数量（件）”数值框中输入“200”，单击[批量填充]按钮批量设置价格和数量，如图2-25所示。

STEP 06 系统将自动填充“一口价”为“169.00”元、“总数量”为“400”件，查看商品一口价和总数量如图2-26所示。

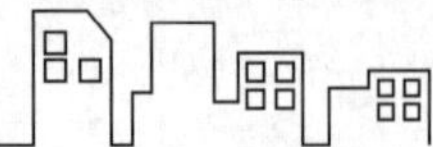

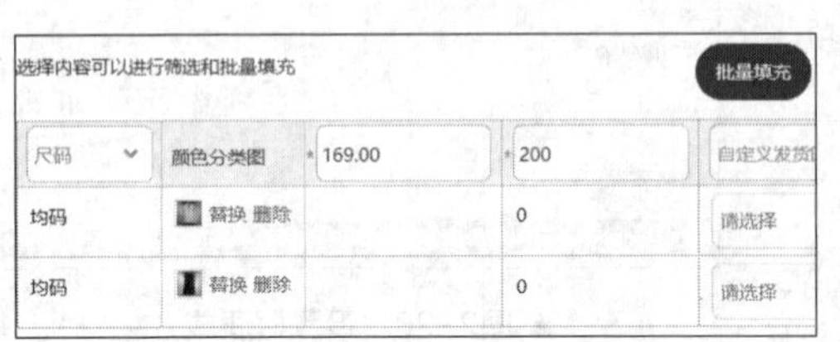

▲ 图2-25　设置商品价格和数量

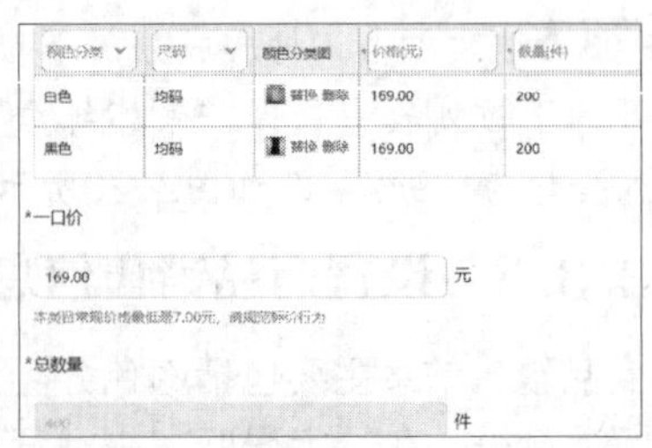

▲ 图2-26　查看商品一口价和总数量

扫一扫

实例演示

2.3.4　设置商品库存和物流信息

完成商品销售信息的设置后，商家还要设置商品库存和物流信息，包括库存扣减方式、提取方式等。这里设置连衣裙的库存扣减方式为“买家付款减库存”，并使用系统默认的运费模板。其具体操作如下。

STEP 01 在“库存扣减方式”栏中选中“买家付款减库存”单选项，如图2-27所示。默认售后服务为“退换货承诺”。

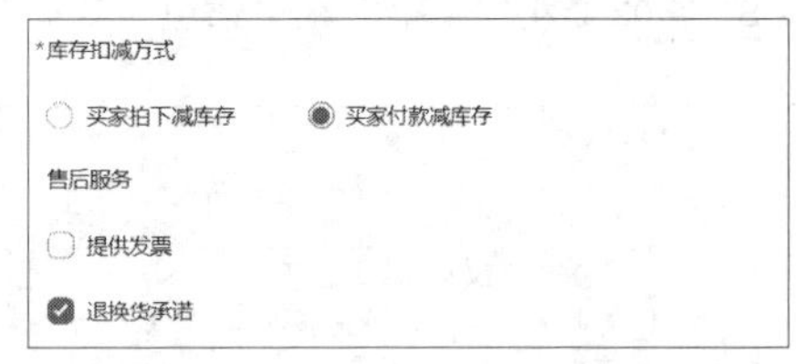

▲ 图2-27　选中“买家付款减库存”单选项

STEP 02 在“提取方式”栏中选中“使用物流配送”复选框，单击“运费模板”下拉按钮，在打开的下拉列表中选择“系统模板-商家默认模板”选项，如图2-28所示。

STEP 03 在“区域限售”栏中默认选中“不设置商品维度区域限售模板”单选项，如图2-29所示。如果想要设置某地区不能购买，可以选中“选择商品维度区域限售模板”单选项，并进行设置。

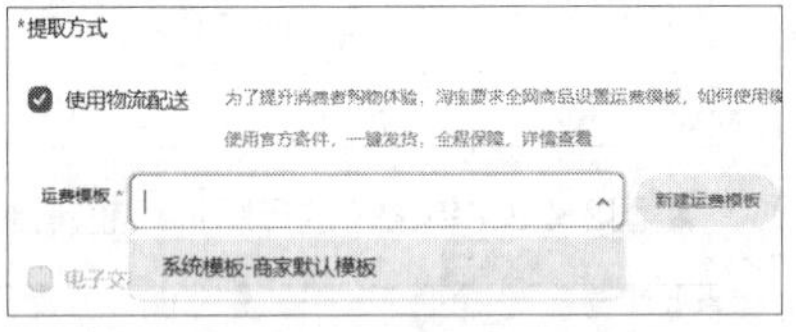

▲ 图2-28　设置运费模板

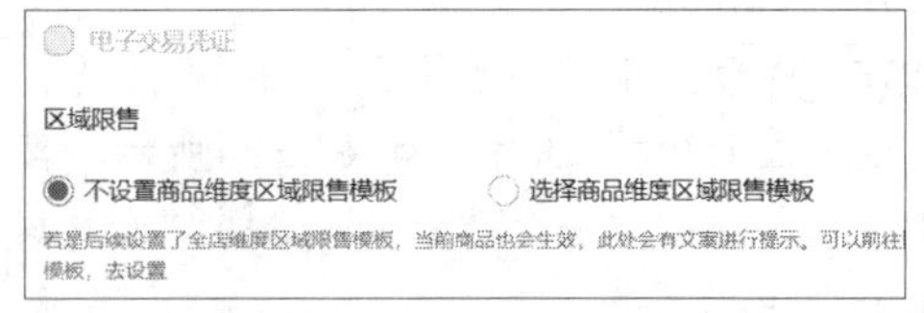

▲ 图2-29　设置区域限售

扫一扫

实例演示

2.3.5　设置商品图文描述

接下来，商家将进入发布商品中非常重要的阶段——设置商品图文描述。商品图文描述关乎商品展现在消费者面前的信息是否有吸引力。下面上传连衣裙白底图及详情描述图片。其具体操作如下。

STEP 01 在“主图图片”栏中单击“宝贝白底图”对应的“添加上传图片”按钮＋，打开“图片空间”面板，在其中选择“连衣裙5.jpg”图片，如图2-30所示。

STEP 02 在“详情描述”栏中单击图片按钮，如图2-31所示。打开“图片空间”面板，依次单击上传图片按钮和上传按钮。打开“打开”对话框，选择“商品详情图.png”图片（配套资源：\素材\第2章\商品详情图.png），单击打开(O)按钮，如图2-32所示。

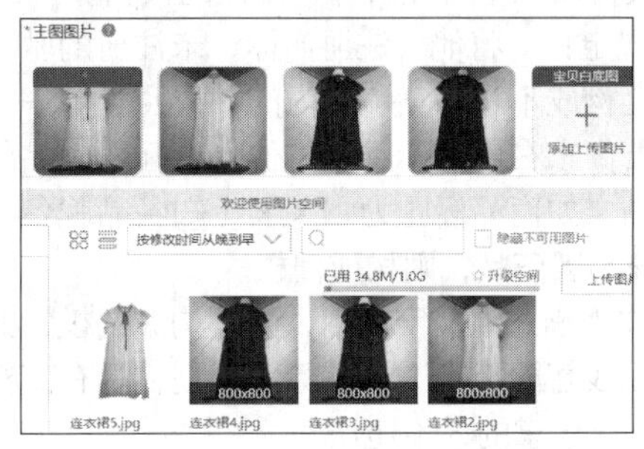

▲ 图2-30　上传白底图

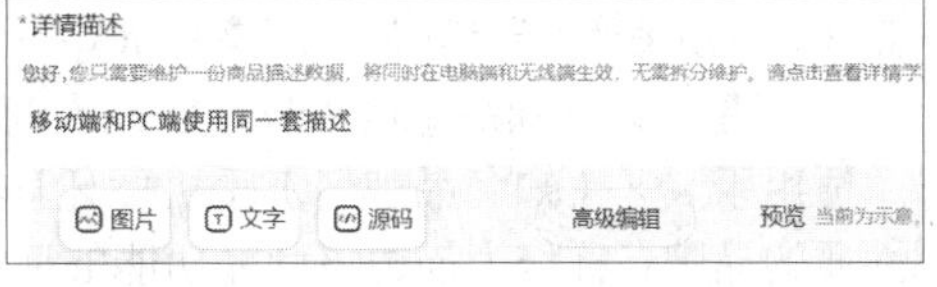

▲ 图2-31　单击“图片”按钮

STEP 03 返回“图片空间”面板，选中“商品详情图.png”复选框，单击确认按钮，如图2-33所示。上传后，商家可在右侧的“预览”板块中预览详情效果。

▲ 图2-32　选择“商品详情图.png”图片

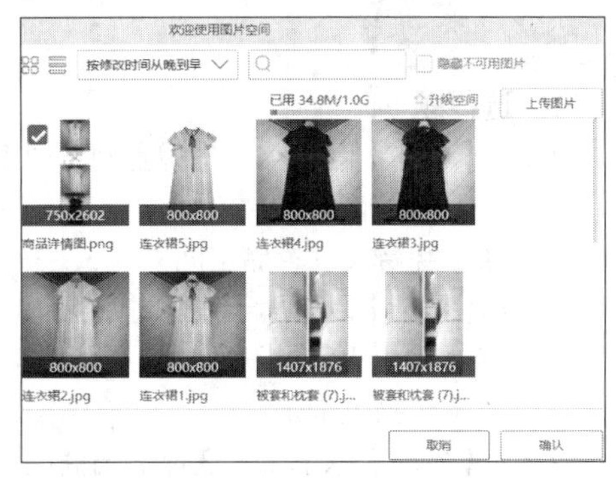

▲ 图2-33　选中“商品详情图.png”复选框

STEP 04 在“上架时间”栏中选中“立刻上架”单选项，单击发布上架按钮完成商品的发布，如图2-34所示。发布后的效果如图2-35所示。

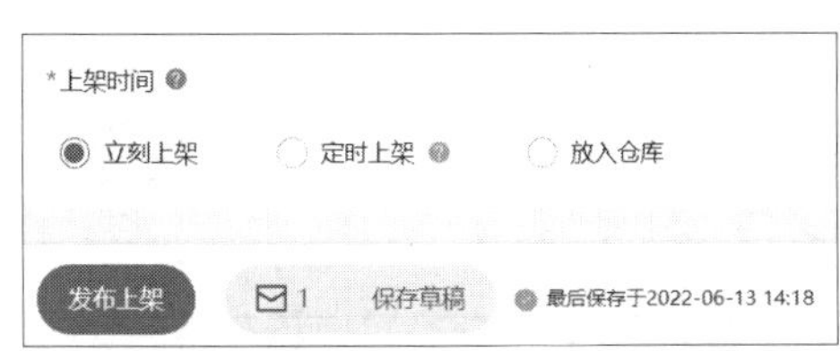

▲ 图2-34　设置上架时间并发布商品

▲ 图2-35　发布后的效果

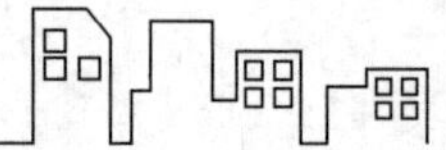

素养课堂：谨慎使用他人商标，以免造成侵权

很多商家在设置商品标题时，为了扩大商品标题的吸引力，可能会使用带有重要标识的知名品牌名称等，而这些字样一般是商标，如果运用不当，商家容易造成侵权。商标是用于区别商品、服务等的不同来源的标志，具有商业价值，通常由文字、图像、数字、三维标志等组成，商标的所有人对商标享有独占的、排他的权利。

《中华人民共和国商标法》第五十八条规定："将他人注册商标、未注册的驰名商标作为企业名称中的字号使用，误导公众，构成不正当竞争行为的，依照《中华人民共和国反不正当竞争法》处理。"因此，若商家在商品标题中将他人商标作为品牌名称，误导公众认为该商品为该商标所属商品，如商品标题为"××（知名品牌名）蓝牙耳机无线智能降噪"，而该耳机并不是该品牌商品，则构成侵权。

但是，如果商品标题中只是将他人商标作为描述性文字使用，则不构成侵权，如"适用于××（知名品牌名）手机蓝牙耳机无线智能降噪"，该标题只是将具有商标性质的品牌名称作为描述该商品功能的话语，是善意的，不违法。

总结：在设置商品标题时，商家的用语要谨慎，不能随意使用他人商标，同时也要注意保护自己的商标权不被侵害。

课后练习

1. 选择题

（1）【单选】图片空间是淘宝网为商家提供的（　　）。

A. 免费图片存储空间　　B. 有偿图片存储空间

C. 免费文件存储空间　　D. 有偿文件存储空间

（2）【单选】以下属于线下进货渠道的是（　　）。

A. 阿里巴巴批发网　　B. 衣联网

C. 天猫供销平台　　D. 本地批发市场

（3）【多选】以下属于选择热销商品的方法是（　　）。

A. 按销售量选款　　B. 搜索选款

C. 直通车选款　　D. 活动选款

2. 填空题

（1）上传图片到图片空间的方式主要有两种，分别是________、________。

（2）__________关乎商品销售时展现在消费者面前的信息是否具有吸引力。

3. 简答题

（1）如何通过阿里巴巴批发网进货？

____

（2）发布商品的流程是怎样的？

____

4. 操作题

（1）在阿里巴巴批发网中搜索并选购"拼图"商品，将搜索价格区间设置为"5~15

元”，然后设置商品颜色，每个颜色的数量为2，并加入进货单中。

（2）进入千牛卖家中心，发布油画DIY商品（配套资源：\素材\第2章\油画DIY\），设置价格为36元、数量为各100幅，并批量填充价格和数量；然后设置提取方式为“使用物流配送”、上架时间为“立即上架”。

拓展阅读

1. 新商家应掌握的进货技巧

进货不仅仅是单纯地购买和储存商品，在进货的过程中，进货的数量、质量、品种选择，以及补货时机和补货数量等都有一定的规律。

选择商品是进货的第一步。要想选择易销售、好口碑的商品，商家首先需要对网店的经营方向有个明确的定位，然后还需要分析经营领域中的消费群体、消费者喜好偏向性，这样才能保证商品的发展空间。

确定了商品类型后，接下来需要确定商品的数量、品种等。为了使进货价格合理，商家一般会同时咨询多家供货商，对比并挑选最经济实惠的商品。此外，商家不能为了压低成本，一味提高进货数量，商品积压不仅不利于资金周转，还会增加库存、维护等方面的成本。投入资金较少、商品种类齐全、商品周转较快才是网店理想的经营状态。这意味着商家需要熟悉商品情况，及时了解交易状态、库存信息、货源状态，选择合理的进货方式，从而保证商品及时供给，不出现断货的情况。

不管是在线下批发市场进货，还是在网上批发平台进货，商家都需要与供货商保持良好的关系。在网上批发平台选择商品时，最好选择商品实拍的供货商。如果不敢保证供货商的供货质量，第一次进货时应尽量少进。此外，商家在进货过程中要警惕价格陷阱，应洞悉市场动向。

2. 商品定价应考虑的因素

商品定价需要考虑很多方面的因素，如市场竞争情况、商品形象、市场习惯、销售策略等。

- **市场竞争情况**。商品定价应该参考和分析竞争对手的定价，特别是对于同样质量、同样品牌的商品而言，消费者在选择时一般都会选择价格更低的商品。此外，商品本身的好坏也是消费者优先考虑的因素之一，商家不能一味采用低价策略，还需考虑成本因素。
- **商品形象**。商品的价格与商品的形象息息相关。口碑好、影响力大、历史悠久、形象好的商品，其价格也比一般商品略高。
- **市场习惯**。市场习惯指某类型商品在市场中的一贯价格，如很多小型的生活类商品，其价格都固定在一定的区间值内，消费者对这类商品的价格已形成了习惯认知，不宜差异过大。
- **销售策略**。商家根据商品销售的时期和性质制定不同的销售策略时，商品的价格也会随之产生变化。例如，某种口碑较好的新品，在刚上市时可能价格稍高，经过一段时间的销售后，商家则会将其价格调低；某商品分为常规版和定制版，而定制版的价格一般都会高于常规版。

网店管理

本章引入

随着电子信息技术的发展，人们对于网上购物的接受度逐步提高，网店的数量也越来越多。要想在激烈的竞争中脱颖而出，商家就要保证网店的正常运营，做好网店管理，包括商品管理、交易管理、使用支付宝管理账目等，保证销售工作合理有序地开展。

学习目标

1. 掌握商品推荐的原则、使用店铺推荐模块推荐商品的方法等。
2. 掌握商品管理、交易管理、使用支付宝管理账目等相关知识。

知识框架

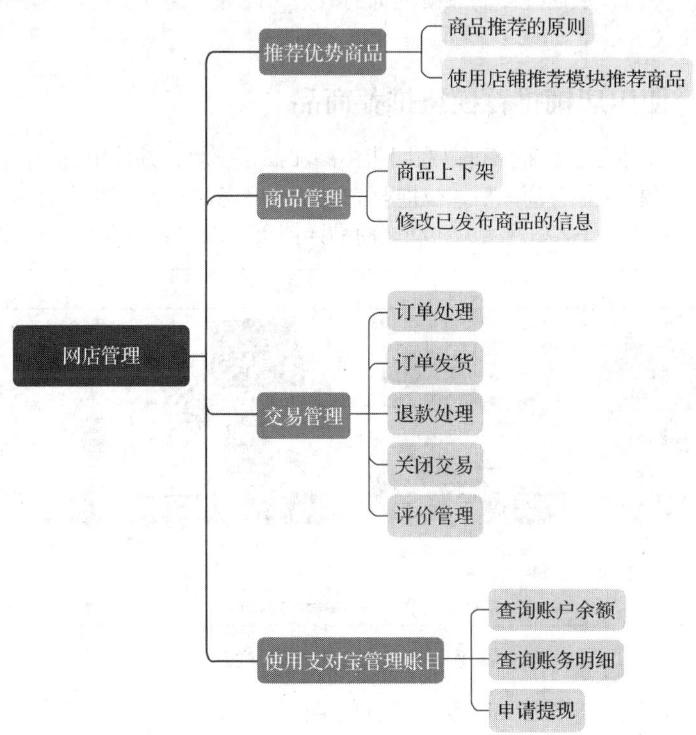

3.1 推荐优势商品

为了促进网店的发展，商家可以向消费者推荐优势商品。推荐优势商品可以带动被推荐商品的销售，进而促进网店整体销售量的提升，有助于网店的发展壮大。

3.1.1 商品推荐的原则

优势商品是在价格、人气、图片设计等方面存在一定优势的商品。这类商品不仅展示了商品自身的优势，而且可以吸引消费者长时间在网店里浏览，为其他商品带来流量。商家在挑选优势商品时，可以遵循以下原则。

- **性价比高的商品。**性价比高的商品即物美价廉的商品，这类商品会吸引很多具有实惠购买心理的消费者。
- **人气高的商品。**很多消费者在网上购物时都非常关注商品的人气和销量，人气高的商品更容易被消费者信任。因此，选择人气高的商品不仅可以吸引消费者，也更容易促进消费者下单。
- **活动商品。**活动商品即网店中用于开展优惠、促销活动的商品。选择好活动商品，

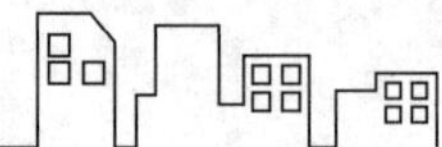

利用商品原价和活动价格之间的较大差异，可以进一步促使消费者下单。

- **图片精美的商品。**图片是消费者了解网店商品的主要途径，精美的图片更容易获得消费者的关注，从而提高商品被浏览的概率。此外，图片也与消费者的后续购买行为息息相关。

3.1.2　使用店铺推荐模块推荐商品

选择好优势商品之后，商家可以在网店中添加推荐模块，并使用这一模块推荐优势商品。使用店铺推荐模块推荐商品后，被推荐的商品将出现在网店的PC端首页（以“宝贝推荐”栏目显示，见图3-1）和网店的移动端商品详情页（以“店铺推荐”栏目显示）。

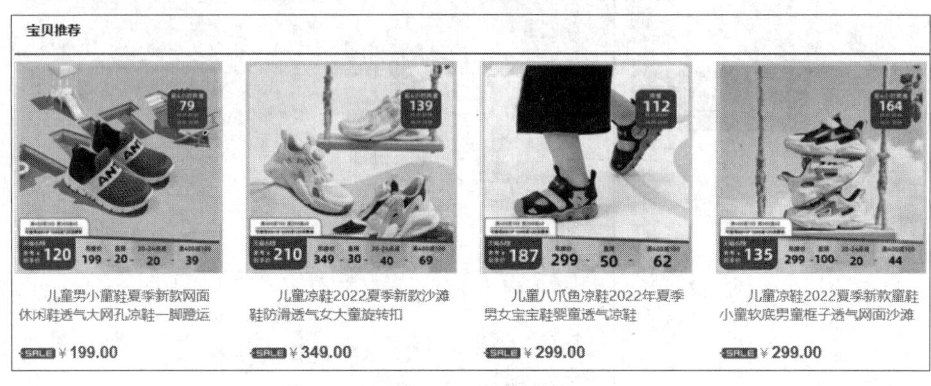

▲ 图3-1　“宝贝推荐”栏目

扫一扫

实例演示

为了向消费者推荐优势商品，现某女装店准备在网店的移动端添加“店铺推荐”模块，并添加衬衫、直筒长裤、T恤作为推荐商品，推荐时间为“2022/06/14 16:00—2022/06/30 16:00”。其具体操作如下。

STEP 01 进入千牛卖家中心，在左侧导航栏中单击“商品”选项卡，选择“商品管理”栏下的“商品装修”选项，在打开的页面中单击批量投放按钮，如图3-2所示。

STEP 02 打开“批量投放”页面，单击“投放模块”下的+按钮，如图3-3所示。

STEP 03 打开“选择模块”对话框，单击“店铺推荐”选项卡，单击+新增店铺推荐模块按钮，如图3-4所示。

STEP 04 打开“详情编辑器”页面，在左侧默认打开的“官方模块”选项卡中单击“营销模块”下拉按钮，在打开的下拉列表中选择“店铺推荐”选项，如图3-5所示。

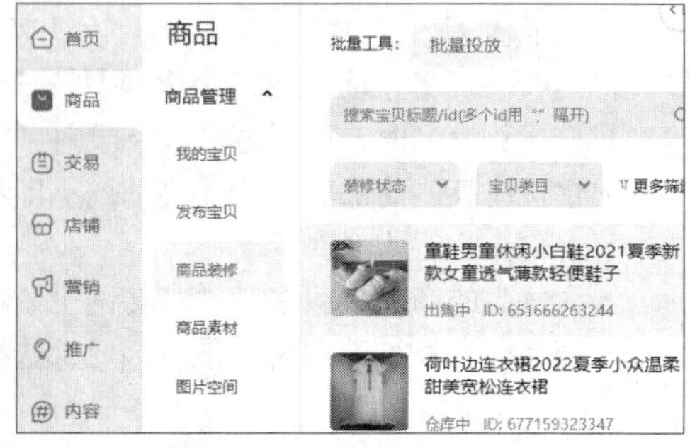

▲ 图3-2　单击“批量投放”按钮

STEP 05 打开“模块编辑器”页面，在右侧的“排序方法”栏中选中“商品添加顺序”单选项，在“选择商品”栏中单击+更换商品按钮，如图3-6所示。

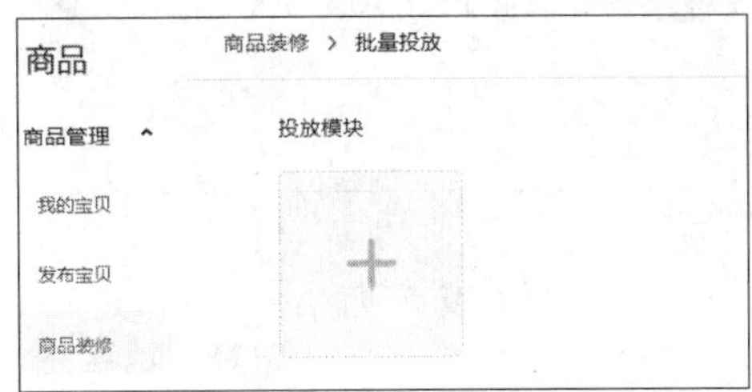

▲ 图3-3 单击+按钮

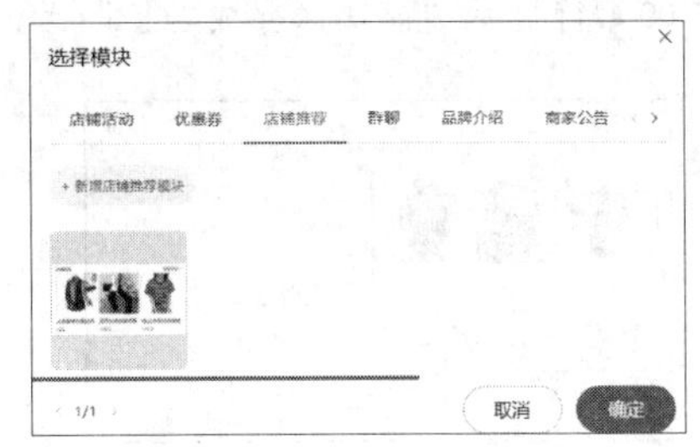

▲ 图3-4 单击“新增店铺推荐模块”按钮

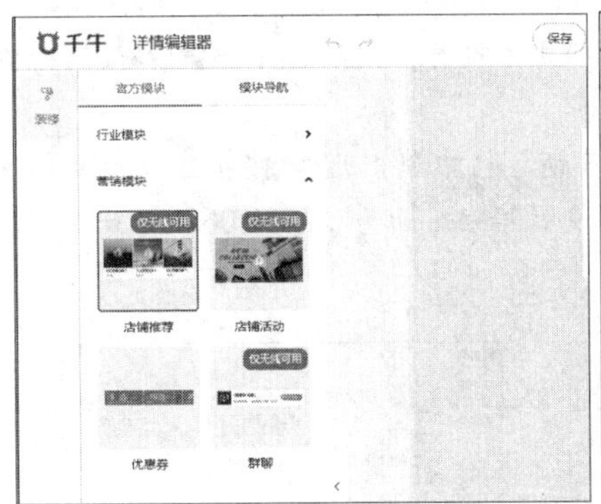

▲ 图3-5 选择“店铺推荐”选项

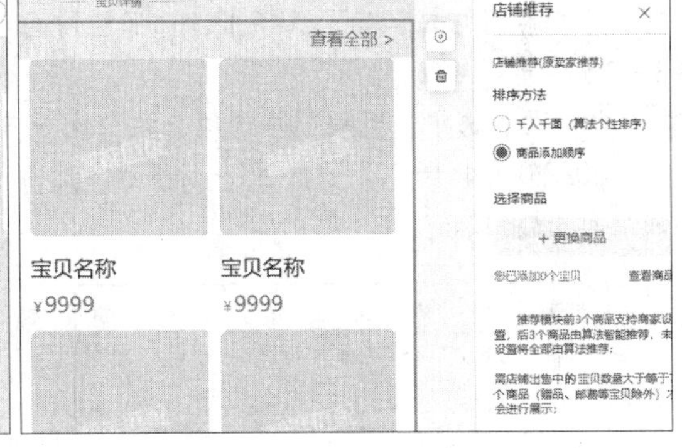

▲ 图3-6 单击“更换商品”按钮

STEP 06 打开“商品”对话框，在其中依次选择推荐的商品，单击确定按钮，如图3-7所示。

STEP 07 在“店铺推荐”模块中查看推荐效果，单击页面顶部的保存按钮，如图3-8所示。

▲ 图3-7 选择商品

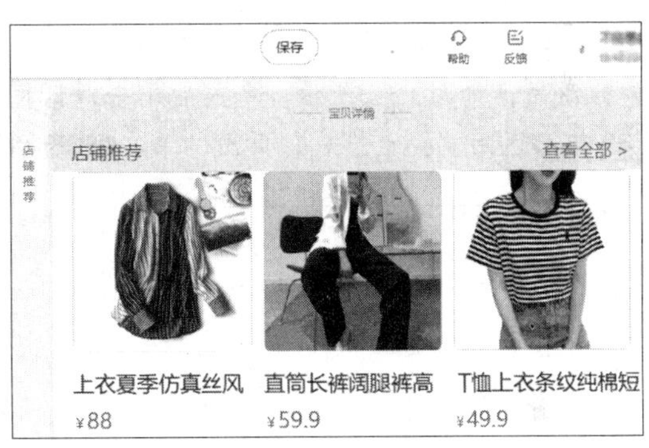

▲ 图3-8 单击“保存”按钮

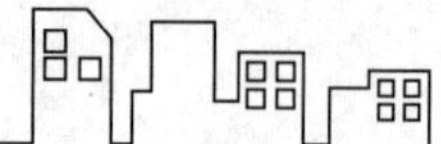

STEP 08 打开“设置模块分类”对话框，在“模块名称”文本框中输入模块名称，这里输入“商品推荐”，单击确认按钮，如图3-9所示。

STEP 09 待提示“模块保存成功！”后，单击去投放按钮，如图3-10所示。

▲ 图3-9　输入模块名称

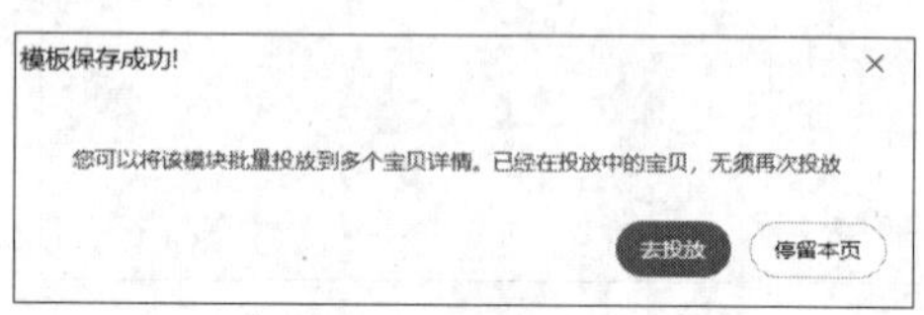

▲ 图3-10　单击“去投放”按钮

STEP 10 返回“批量投放”页面，单击“投放模块”按钮+。在打开的“选择模块”对话框中单击“店铺活动”选项卡，选择新增的“商品推荐”选项，单击确定按钮，如图3-11所示。

STEP 11 默认选中“置顶”单选项，在“生效日期”栏中单击起始日期按钮，设置起始时间为“2022/06/14 16:00”，如图3-12所示。然后设置结束时间为“2022/06/30 16:00”，完成后单击确定按钮。

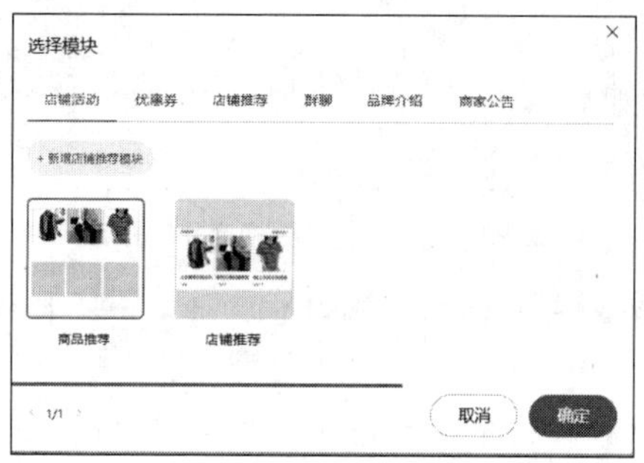

▲ 图3-11　选择“商品推荐”选项

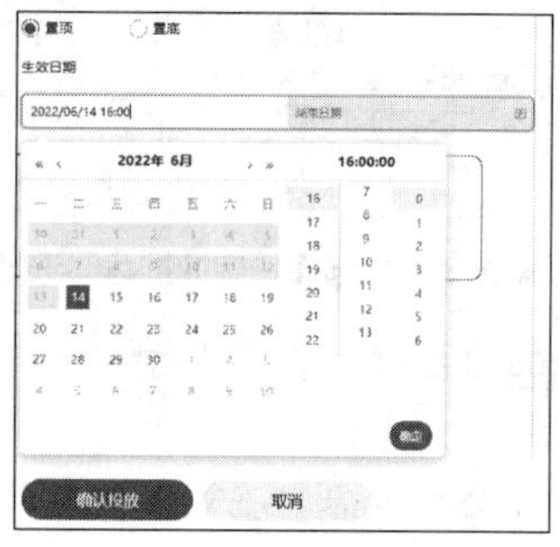

▲ 图3-12　设置生效日期

STEP 12 在“投放商品”栏中单击选择商品按钮。在打开的“选择商品”对话框中选择要投放的商品，如图3-13所示。完成后单击对话框右下角的确认按钮。

STEP 13 返回“批量投放”页面，单击确认投放按钮完成投放，如图3-14所示。

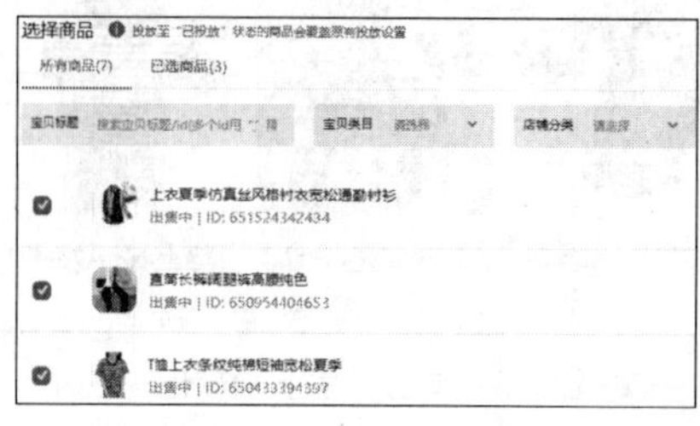

▲ 图3-13　选择要投放的商品

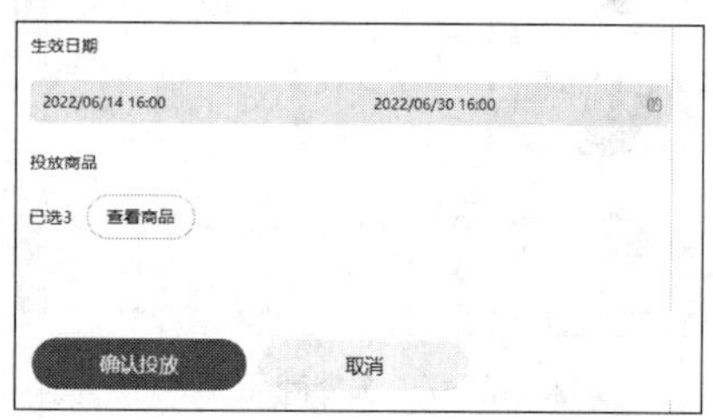

▲ 图3-14　单击“确认投放”按钮

3.2 商品管理

除了推荐优势商品外，商家还需要做好商品管理，包括商品的上下架、已发布商品信息的修改等，以促进网店的顺利运转，并与消费者保持稳定、和谐的交易关系。

3.2.1 商品上下架

商品上下架可通过千牛卖家中心的“出售中的宝贝”页面进行管理，也可通过千牛工作台进行管理。现某女装店准备在千牛卖家中心将之前发布的荷叶边连衣裙下架，然后将已下架的泡泡袖连衣裙重新上架。其具体操作如下。

STEP 01 进入千牛卖家中心，在左侧导航栏中单击“商品”选项卡，在“商品管理”栏选择“我的宝贝”选项，在打开的页面中单击“出售中的宝贝”选项卡，如图3-15所示。

STEP 02 在商品列表中选中荷叶边连衣裙前的复选框，如图3-16所示。单击其对应的更多超链接，在打开的下拉列表中选择“立即下架”超链接。

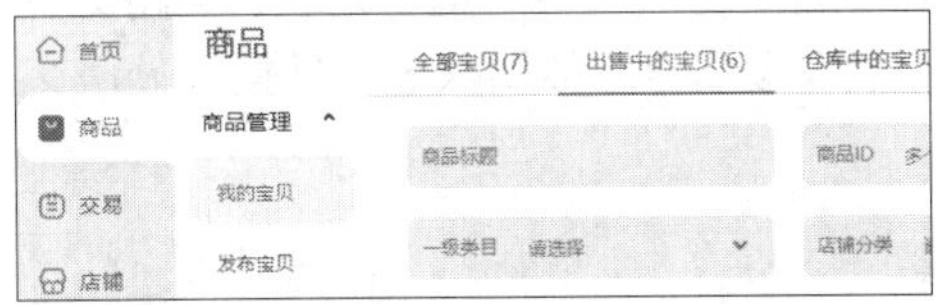

▲ 图3-15 单击“出售中的宝贝”选项卡

▲ 图3-16 选择下架商品

STEP 03 在弹出的“立即下架”提示对话框单击确认按钮，完成商品下架，如图3-17所示。

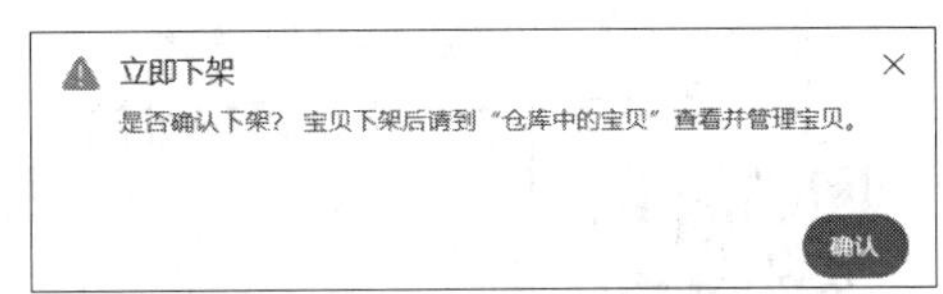

▲ 图3-17 确认下架商品

STEP 04 单击“仓库中的宝贝”选项卡，查看下架后存放于仓库中的商品。选中泡泡袖连衣裙前的复选框，如图3-18所示。

STEP 05 单击其对应的更多超链接，在打开的下拉列表中选择“立即上架”超链接，如图3-19所示。在弹出的对话框中单击确认按钮，重新上架商品。

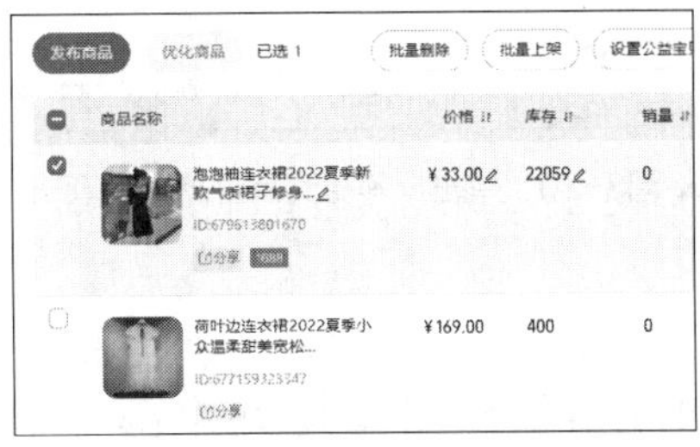

▲ 图3-18 选择泡泡袖连衣裙

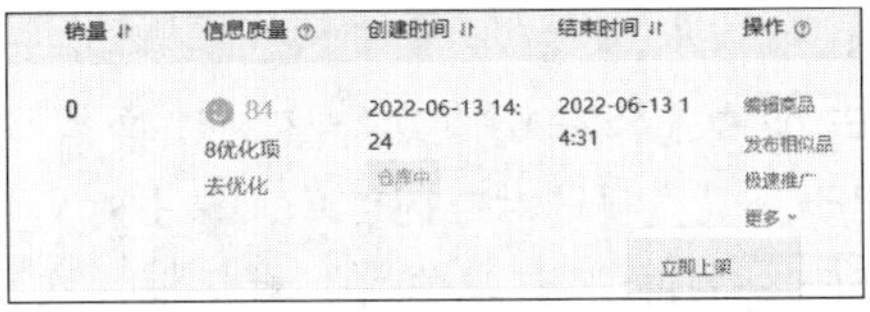

▲ 图3-19 重新上架商品

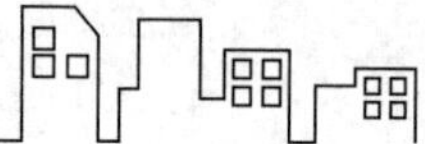

一般不建议删除淘宝网店中的商品，可将商品下架放入仓库中，等到需要时再重新上架。对于不再售卖的商品，确实需要将其删除时，可在“出售中的宝贝”选项卡或“仓库中的宝贝”选项卡中将其批量删除。

3.2.2　修改已发布商品的信息

商家如果想要修改商品信息，可以在“出售中的宝贝”选项卡中修改已发布商品的信息。具体操作为：单击“出售中的宝贝”选项卡，在商品列表中单击需修改信息的商品右侧的“编辑商品”超链接，打开“商品发布”页面，在其中修改商品基础信息、销售信息等。

3.3　交易管理

交易管理是网店管理的一大重点，涉及订单处理、订单发货、退款处理、关闭交易、评价管理等内容。商家可以借助千牛卖家中心进行交易管理，以更快速、便捷地处理交易事宜。

3.3.1　订单处理

消费者在提交订单后，可能会出现想要修改订单价格、修改收货地址或添加备注信息等情况，这时商家可以通过千牛卖家中心进行处理。

1. 修改订单价格

修改订单价格只针对交易状态为“等待买家付款”的订单，当消费者提交订单但取消支付时，订单的状态就会变成“等待买家付款”。现某消费者反映刚下单的贝壳项链的价格是原价，不是商家承诺的9.5折，商家收到消息后，将订单价格修改为原价的9.5折。其具体操作如下。

STEP 01 进入千牛卖家中心，在左侧的导航栏中单击“交易”选项卡，在默认打开的“已卖出的宝贝”页面中单击“等待买家付款”选项卡，如图3-20所示。

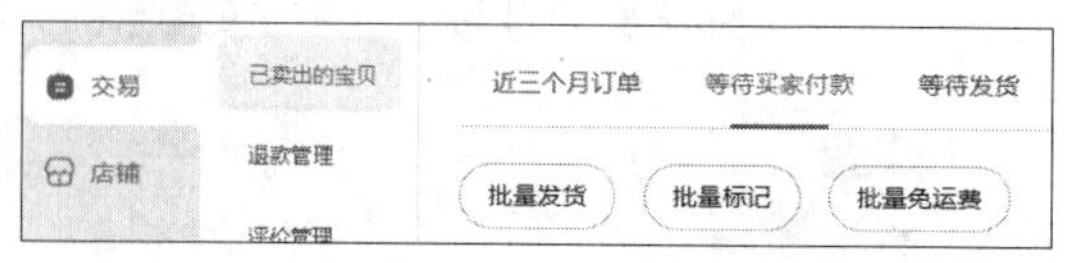

▲ 图3-20　单击“等待买家付款”选项卡

STEP 02 选择需要修改价格的订单，这里选择贝壳项链对应的订单，单击对应的“修改价格”超链接，如图3-21所示。

STEP 03 打开“订单原价”对话框，在“折”前面的数值框中输入“9.5”，单击 确定 按钮完成订单价格修改，如图3-22所示。

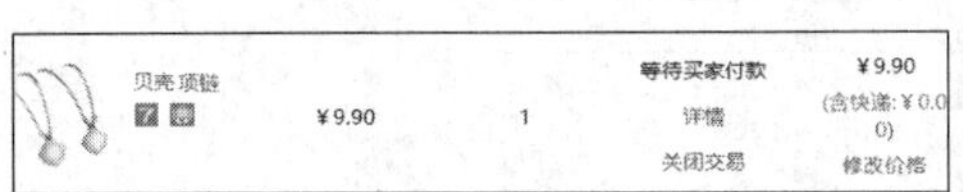

▲ 图3-21 单击“修改价格”超链接

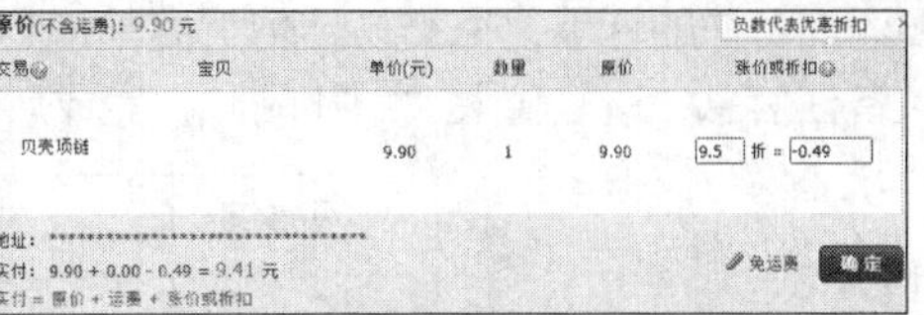

▲ 图3-22 修改订单价格

2. 修改收货地址

扫一扫

实例演示

修改收货地址仅适用于“等待发货”的订单，商家可以利用订单编号查找该订单，然后在订单交易详情页面将订单地址修改为消费者提供的新地址。购买了贝壳项链的某消费者需要修改收货地址，商家进入订单交易详情页面修改了订单收货地址。其具体操作如下。

STEP 01 在“已卖出的宝贝”页面单击“等待发货”选项卡，选择贝壳项链对应的订单，单击“详情”超链接，如图3-23所示。

STEP 02 打开交易详情页面，单击修改收货地址按钮，如图3-24所示。

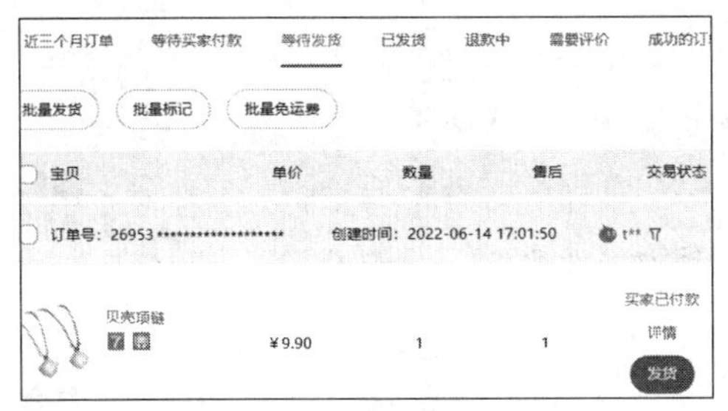

▲ 图3-23 单击“详情”超链接

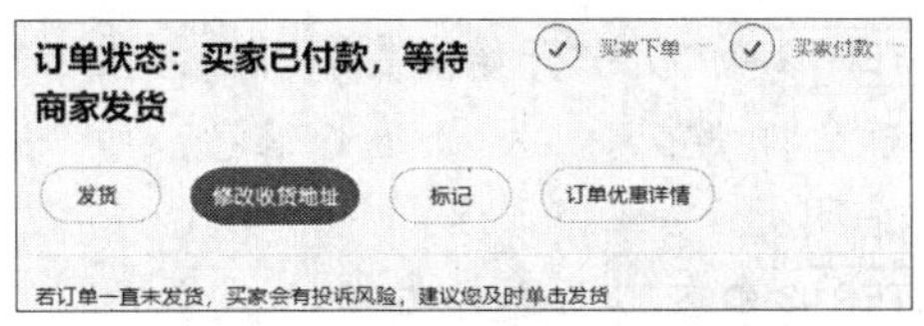

▲ 图3-24 单击“修改收货地址”按钮

STEP 03 打开修改收货地址的对话框，在“智能粘贴地址”文本框中粘贴消费者发送的新地址，单击一键识别按钮，后台将自动填充“手动修改”栏中的地址，如图3-25所示。

STEP 04 在“手动修改”栏中输入收货人姓名、电话，单击确认修改按钮，完成收货地址的修改。

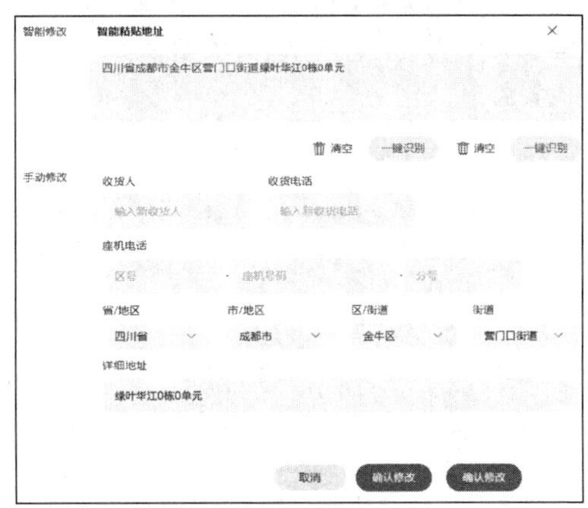

▲ 图3-25 修改收货地址

3. 添加备注信息

备注信息即用文字标注的消费者提出的相关要求。若消费者在付款时忘记备注信息，可以联系商家，由商家添加备注。具体操作为：在“已卖出的宝贝”页面中找到需

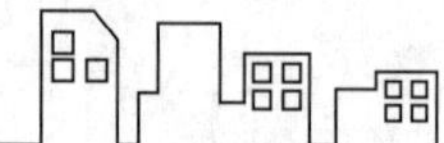

要添加备注的订单，在交易详情页面单击标记按钮。在打开的“主订单备忘”对话框中输入备注信息，这里输入“赠礼品”，完成后单击确定按钮，如图3-26所示。

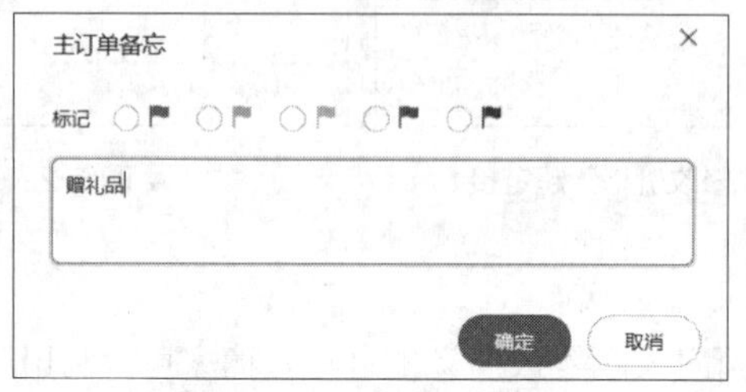

▲ 图3-26　添加备注信息

扫一扫

实例演示

3.3.2　订单发货

发货速度是影响消费者购物体验的一大因素。为了在消费者心中保持良好的形象，商家在消费者付款后应尽快安排发货，并使用淘宝网官方寄件服务发货。其具体操作如下。

STEP 01 打开“已卖出的宝贝”页面，单击“等待发货”选项卡，单击订单对应的发货按钮，如图3-27所示。

STEP 02 打开“开始发货”页面，依次确认订单信息、发货/退货信息，如图3-28所示。

STEP 03 在“3.选择发货方式”栏单击“官方寄件”选项卡，查看寄件费用，单击确认并发货按钮，完成发货，如图3-29所示。之后快递员会上门揽货。

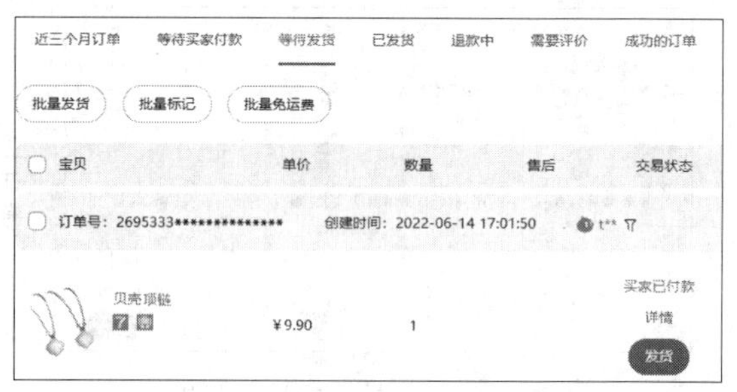

▲ 图3-27　单击“发货”按钮

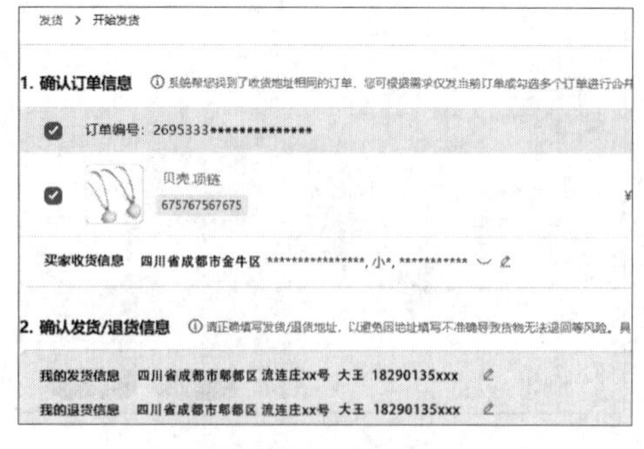

▲ 图3-28　确认信息

▲ 图3-29　单击“确认并发货”按钮

3.3.3　退款处理

在商品交易的过程中，当消费者对已购买的商品不满意，或申请退货或者退款时，一般会向商家提出退款申请，双方协商一致即可进行退款操作。现某购买了银饰清洗服务的消费者申请了退款，经协商后商家同意退款，并在“退款售后详情”页面处理了退款。其具体操作如下。

STEP 01 打开“已卖出的宝贝”页面，查看出现退款情况的订单，单击订单售后栏下方的“请卖家处理”超链接，如图3-30所示。

STEP 02 打开“退款售后详情”页面，查看退款金额、原因及要求等信息。确认无误后直接单击同意退款按钮，如图3-31所示。

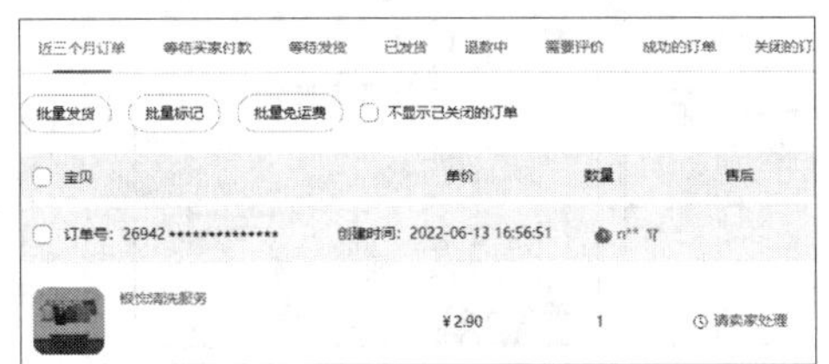

▲ 图3-30　单击“请卖家处理”超链接

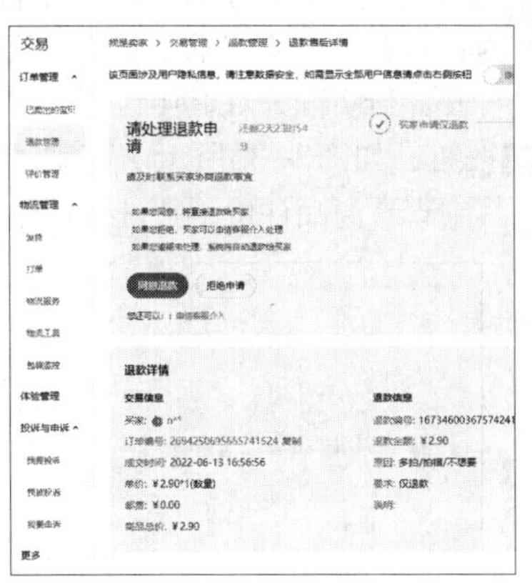

▲ 图3-31　单击“同意退款”按钮

STEP 03 在打开的页面中输入支付宝支付密码后，单击确定按钮，如图3-32所示。稍后将会出现退款成功的消息提示，如图3-33所示。

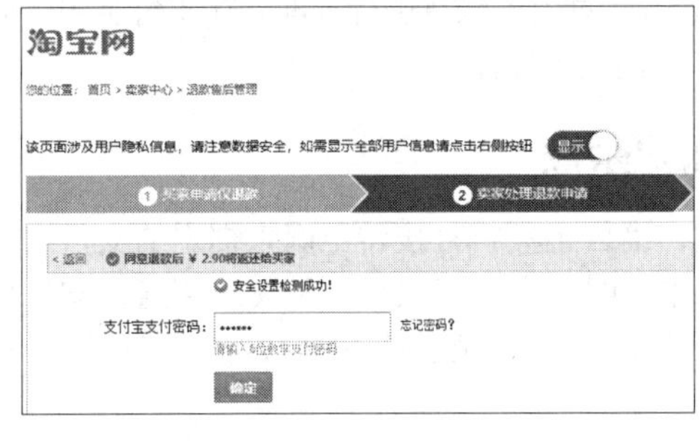

▲ 图3-32　输入支付宝支付密码

▲ 图3-33　提示退款成功

3.3.4　关闭交易

当出现消费者取消购买、消费者需要重新下单等情况时，商家可以在“已卖出的宝

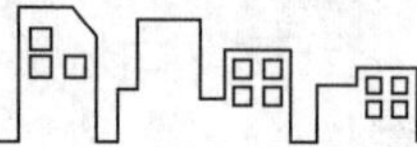

贝”页面关闭该订单。具体操作为：打开“已卖出的宝贝”页面，在需要关闭交易的订单的“交易状态”栏单击“关闭交易”超链接，在打开的提示框中设置交易关闭的原因，单击确定按钮即可，如图3-34所示。

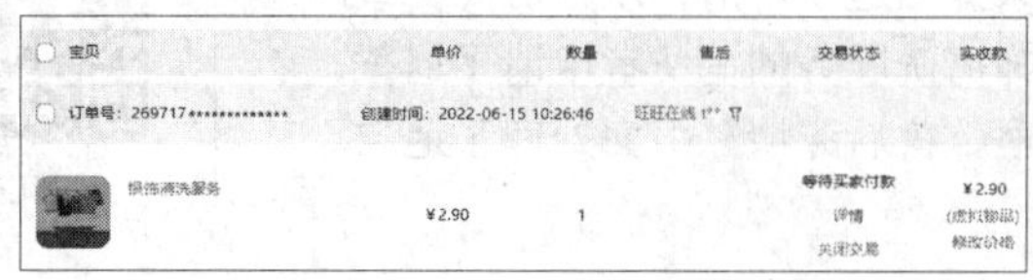

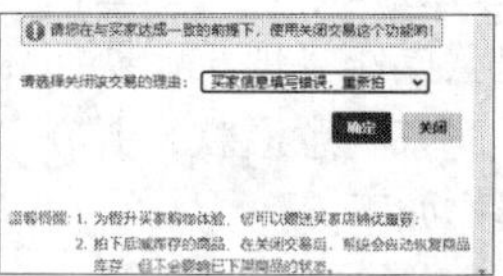

▲ 图3-34　关闭交易

3.3.5　评价管理

交易完成之后，消费者可以对商品做出评价，同时商家也可以对消费者进行评价。具体操作为：打开“已卖出的宝贝”页面，在需评价的订单的“评价”栏中单击“评价”超链接，打开评价页面，在其中设置“好评”“中评”“差评”，并输入评价内容，然后单击发表评论按钮，如图3-35所示。商家还可以通过“交易/评价管理”打开“评价管理”页面，在其中查看商品评价，并进行管理。

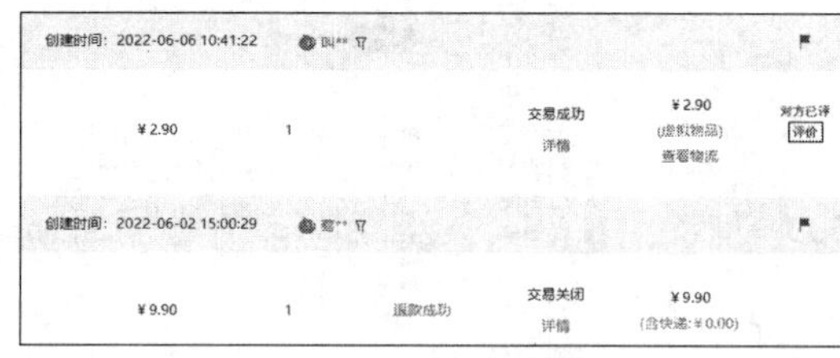

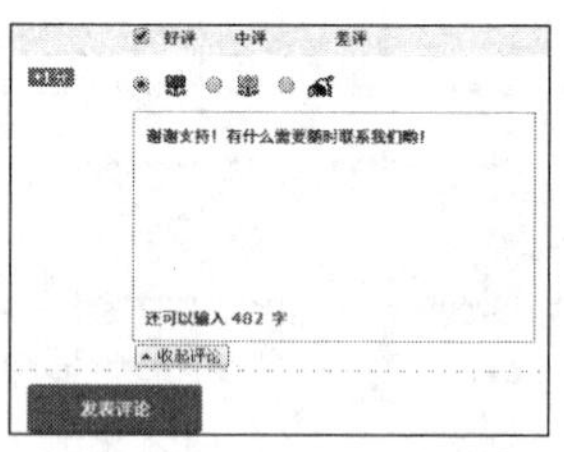

▲ 图3-35　评价消费者

3.4　使用支付宝管理账目

当网店中的商品交易逐渐增多时，商家就需要对相关账目进行管理。在支付宝中，商家可以进行查询账户余额、查询账务明细、申请提现等操作。

扫一扫

实例演示

3.4.1　查询账户余额

消费者确认收货后，销售金额将直接转至商家绑定的支付宝账户中，并显示账目的具体明细。为管理账目，某女装店通过支付宝查询了账户余额，包括昨日成交金额、成交笔数等。其具体操作如下。

STEP 01 进入千牛卖家中心，在页面右上角的网店信息板块单击支付宝按钮，如图3-36所示。

STEP 02 打开支付宝商家平台，在页面上方的导航栏中选择“资金管理”选项。在打开的页面中单击“资金总览”右侧的按钮，可查看具体余额，如图3-37所示。在右上角单击“下载30天账单明细”超链接，可以下载网店最近30天的账单明细数据。

▲ 图3-36　单击“支付宝”按钮

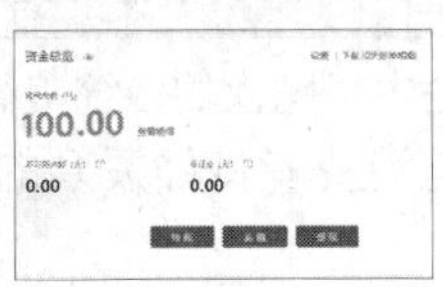

▲ 图3-37　查看余额

3.4.2　查询账务明细

支付宝会记录每一笔交易的详细情况，包括交易时间、交易原因、交易金额、交易状态等。查询账务明细的具体操作为：在支付宝商家中心首页单击“成交金额”中的“更多交易”超链接，或直接单击“对账中心”选项卡，在打开页面的左侧单击“账户资金”栏的“账务明细”选项卡，可以查询账务明细，如图3-38所示。

▲ 图3-38　查询账务明细

3.4.3　申请提现

当商家想将支付宝中的金额提取至绑定的银行卡中时，可使用支付宝的提现功能。具体操作为：在支付宝商家中心首页的“我的余额”栏中单击提现按钮。在打开的支付宝提现页面选择提现账目转入的银行卡，输入提现金额，并设置到账时间，单击下一步按钮，如图3-39所示。在打开的页面中输入支付宝密码即可完成提现操作。

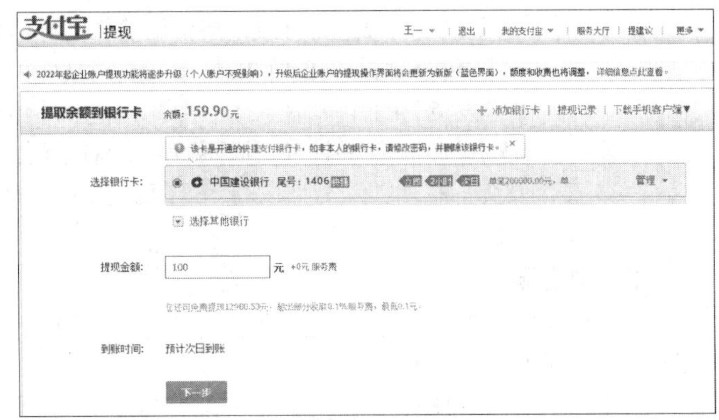

▲ 图3-39　申请提现

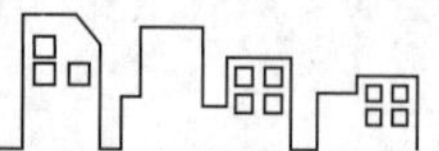

素养课堂：诚信交易才能长久经营

诚信是中华民族的传统美德，是立人之本，也是立业之基。对于商家而言，诚信也是维系与消费者良好关系的重要纽带。要做好诚信交易，商家需要做到以下两方面。

（1）按时发货。大部分商家都会承诺在特定的发货时限内发货，有的商家承诺购买24小时内发货，有的商家承诺购买48小时内发货。如果是预售商品，商家可能会延迟一周甚至半个月发货。发货时限体现了一定的契约精神，既是商家给予消费者的发货时间答复，也是消费者能够接受的发货时间底线。因此，商家应当在发货时限内按时发货，否则就违背了与消费者的时间约定，这样不仅会导致消费者退款退货，还会损害网店在消费者心中的形象。

（2）评价真实。真实的评价不仅能够为消费者购买商品提供参考依据，还有利于商家更全面地了解商品。因此，商家要鼓励消费者分享真实的评价内容，不能采用各种手段虚构商品评价。商家通过不当手段获得虚假评价不仅违反道德，而且会受到淘宝网官方的处罚。为构建健康、真实、公正的评价体系，淘宝网发布了《2022年第一季度评价治理公告》，处罚了100多个商家账号和200多个消费者账号，警告了5万多个商家账号、22万多个消费者账号。

总结：诚信交易是每一个商家的责任，构建健康、和谐的电子商务交易市场离不开每一个商家的努力。

课后练习

1. 选择题

（1）【单选】以下不符合优势商品推荐原则的是（　　）。

A. 性价比高的商品　　B. 人气高的商品

C. 质量好的商品　　D. 活动商品

（2）【单选】以下可以进行修改订单价格操作的订单是（　　）。

A. “等待买家付款”的订单　　B. “等待发货”的订单

C. “已发货”的订单　　D. 退款中的订单

（3）【单选】在订单交易详情页面不可以进行的操作是（　　）。

A. 发货　　B. 修改收货地址

C. 标记　　D. 退款

2. 填空题

（1）当消费者____________，或____________时，一般会向商家提出退款申请，双方协商一致即可进行退款操作。

（2）当商品订单出现____________、____________等情况时，商家可以关闭交易。

3. 简答题

（1）商品推荐的原则是什么？

______

（2）支付宝可以进行哪些账目管理操作？

______

4. 操作题

（1）使用“店铺推荐”模块推荐网店中的热销商品，要求通过“商品装修”批量投放该模块至网店移动端的商品详情页。

（2）通过千牛卖家中心选择一个未付款的订单，将订单价格修改为8折。

（3）根据消费者需求修改收货地址和联系方式，要求首先智能粘贴地址，然后使用“一键识别”填充“手动修改”栏的地址。

（4）为订单添加备注，备注信息为“直播间下单”。

（5）选择已下单的商品批量发货，要求发货方式为官方寄件。

（6）登录支付宝商家中心，查看支付宝余额和近期交易记录，然后将支付宝的余额提现。

拓展阅读

在经营网店的过程中，网店管理是既基本又重要的一项工作，新商家在经营网店的过程中经常会遇到各种各样的问题和误区。下面针对网店管理中的部分疑难问题提出解决办法。

1. 实时查看库存

商家需要时刻关注商品库存。一般来说，在“出售中的宝贝”和“仓库中的宝贝”页面可查看商品库存。通过千牛卖家中心的“商品管理”栏进入“出售中的宝贝”页面或“仓库中的宝贝”页面，在其中的商品“库存”栏和“销量”栏即可查看当前商品的库存和销量。

2. 商家互相学习、交流

淘宝网为广大商家提供了非常丰富的学习平台，如淘宝论坛、阿里智库等网站都可以供商家进行学习。除此之外，商家也可以选择加入旺旺交流群，与其他商家交流学习。加入旺旺交流群的方法是，通过千牛工作台进入接待中心页面，然后在搜索框中搜索群号并进行添加。

第2篇 网店装修

拍摄并美化商品素材

本章引入

商品图片、短视频在网店运营的过程中起着展示商品的作用，可以吸引消费者进店查看，引导消费者购买。对于网店而言，清晰、美观的商品图片以及流畅、有趣的短视频可吸引消费者点击和购买，因此商家应该掌握拍摄和美化商品图片以及拍摄和制作短视频的基本方法。

学习目标

1. 掌握商品拍摄的方法、技巧。
2. 掌握处理商品图片的原则和软件操作方法。
3. 掌握拍摄和制作商品短视频的流程、工具和方法。

知识框架

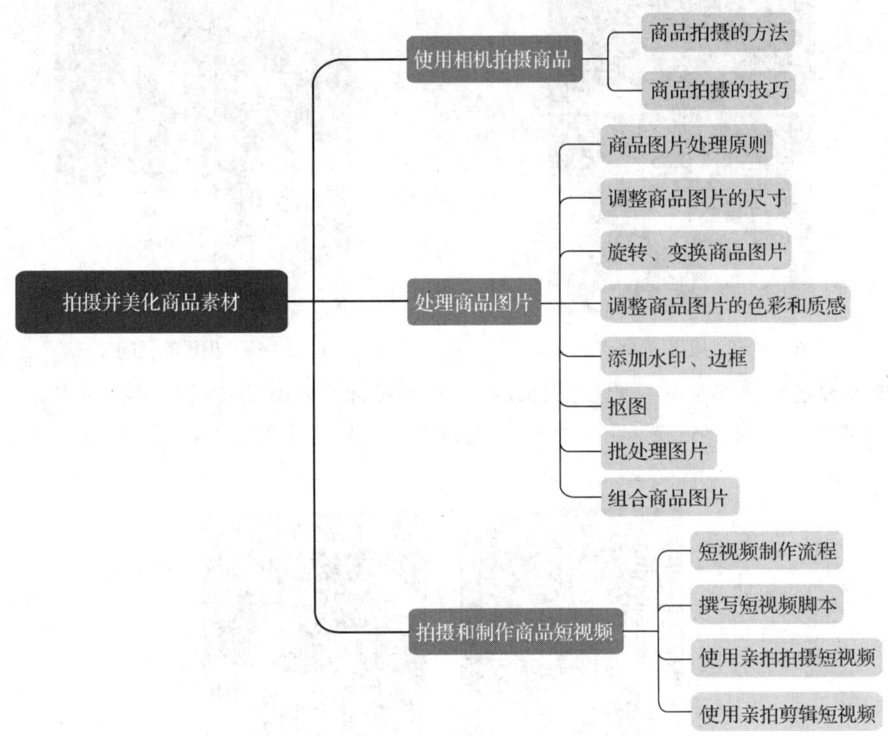

4.1 使用相机拍摄商品

在网上购物的消费者主要通过商品图片来了解商品的外观、颜色等，因此商家需要将商品真实清晰地拍摄和展现出来，而要拍摄出符合要求的图片，拍摄者则需要掌握商品拍摄的方法和技巧。

4.1.1 商品拍摄的方法

在拍摄照片时，正确的持推姿势能够保证相机的平稳，防止出现手抖的现象，有助于拍摄出更加清晰的画面。一般来说，拍摄者可以通过横向或纵向的方式进行拍摄。其具体操作如下。

STEP 01 右手抓握相机机身的右侧部分，右手食指轻放于快门上。左手托住镜头下部，左手手肘贴紧身体做稳定支撑。将相机贴紧面部，双臂和双肘轻贴身体，双脚略微分开站立，保持稳定的姿势。图4-1所示为相机的横向握法。

STEP 02 右手将相机竖起，食指轻放于快门上。左手从底部托住相机镜头，让相机的重心落于左手上。拍摄时，注意不要挡住镜头。图4-2所示为相机的竖向握法。

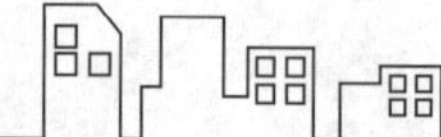

▲ 图4-1　相机的横向握法

▲ 图4-2　相机的竖向握法

STEP 03 把相机腕带挂在脖子上，或将相机腕带缠在右臂上，再通过横向或竖向持机的方法握住相机进行拍摄，可以起到一定的防摔和稳定作用。图4-3所示为相机腕带的使用。

▲ 图4-3　相机腕带的使用

经验之谈

拍摄时，拍摄者可通过倚靠墙壁、柱子、树木等物体保持身体平衡。当拍摄低矮的物体时，拍摄者还可通过蹲、坐等方式来调节身体重心，如下蹲时，可用膝点地，用腿支撑手臂，以获得稳定的支撑。

STEP 04 在相机底部的螺丝孔上安装一个快装板；将三脚架稳定地放在地面上，调节到适当的高度；然后将相机固定在三脚架上，这样拍摄会更加平稳。图4-4所示为相机固定在三脚架上的效果。

▲ 图4-4　相机固定在三脚架上的效果

4.1.2 商品拍摄的技巧

扫一扫

拓展阅读：相机的功能和设置

对于网店商品而言，要拍摄出优秀的照片，拍摄者需要为商品搭建或选择一个优质的拍摄环境，人为地创造出场景优势，以提升商品图片的质量。

1. 室内商品拍摄技巧

室内拍摄是网店商品十分常用的一种拍摄方式。为了在室内拍摄出清晰美观的照片，需要同时考虑光影、色彩、角度、摆放、搭配等多个因素。

（1）室内拍摄的基本要求

由于室内空间有限，拍摄者通常需使用广角镜头，因此室内拍摄对拍摄者的要求较高。室内拍摄时，为了布置出适合拍摄的环境，拍摄者一般需要借助遮光罩、三脚架、静物台、柔光箱、闪光灯、无线引闪器、照明灯、反光板、反光伞、背景纸等辅助工具对光影进行控制。下面主要介绍室内拍摄的一些基本要求。

- **补光和布光**。补光是室内拍摄的主要工作之一。室内补光的手段比较多，如闪光灯、照明灯、反光板、反光伞等都可以用于补光。反光板是室内和室外拍摄必备的拍摄配件之一，主要用于对被摄物在外部光源难以涉及的部分进行光线补偿，使被摄物整体受光均衡。室内拍摄时，光线主要有顺光、逆光、侧光、顶光和底光之分，拍摄者需根据不同的光线变化进行补光。闪光灯能在短时间内发出很强的光线，可用于在光线较暗的场合下瞬间照明，也可用于在光线较亮的场合下对被摄物进行局部补光。布光是指通过对主光和辅助光有效地配合应用，营造有质感的光影效果，完美呈现商品的材质和细节。
- **室内背景**。室内背景主要是指背景色，使用不同的背景色呈现出的拍摄效果会存在很大的差异。一般来说，室内背景主要分为单色背景和题材背景。对于单色背景而言，背景色要与被摄物有颜色上的对比，增强被摄物的光感。为了达到良好的拍摄效果，拍摄者可通过灯光辅助拍摄出明暗、虚实对比明显的图片。此外，背景色的选择最好能与被摄物的风格接近。对于题材背景而言，设置的背景应当符合拍摄主题，且要达到凸显被摄物的作用，不要喧宾夺主。
- **相机设置**。室内拍摄的快门速度一般设置为1/125s；感光度一般设置为低感光度，或者统一设置为ISO100；曝光方式设置为M挡（手动挡）；光圈则根据摄影灯的闪光系数，以及与被摄物的距离远近来进行调整，光圈范围一般为f/5.6～f/11。
- **镜头**。室内拍摄如果没有广角镜头，则难以拍摄出全景角度的照片，因此采用标准广角变焦镜头比较合适。

经验之谈

光圈是一个用来控制光线透过镜头进入机身内感光面光量的装置。快门是一个用来控制光线照射感光元件时间的装置。感光度表示感光组件对进入机身光线的敏感程度，感光度越大，感光组件对光越敏感。

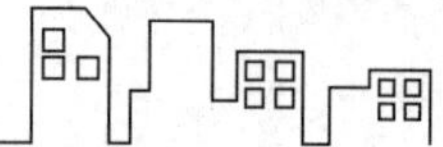

（2）商品的摆放和组合

为了展现出更好的拍摄效果，在拍摄商品之前，拍摄者需合理地摆放和组合商品，设计最佳的拍摄角度，从而使拍摄出的商品图片刺激消费者的视觉感受并激发购买欲。常见的商品摆放方式如下。

- 多角度摆放商品，完整拍摄商品的正面、背面、45°侧面、内部结构、局部细节、标识、说明书、防伪标签等。
- 多角度摆放商品包装，完整拍摄包装正面、背面、45°侧面及商品和包装的组合。
- 多件商品的组合摆放。

不管使用哪种摆放方式，都要使商品更具美感，且尽可能展现出商品的特点。为了提高商品图片的美观性，在进行商品拍摄时，拍摄者可添加一些饰品，点缀和烘托主体商品，以增强视觉感染力。图4-5所示为拍摄花朵时用花盆进行的搭配和装饰。商品搭配不仅是对商品的二次包装，在很多时候也能从侧面体现出商品的使用环境，更多地展示出商品的实用性。图4-6所示为展示花藤的使用环境。

▲ 图4-5　拍摄花朵时用花盆进行的搭配和装饰

▲ 图4-6　展示花藤的使用环境

2. 室外商品拍摄技巧

为了使商品更贴近实际的使用状态，显得更真实，很多时候拍摄者都会选择室外拍摄。室外拍摄都是自然光拍摄，对光影和场景的要求较高。

（1）室外拍摄的光影处理

室外的自然光十分多变，且不易把握，拍摄者需要借助其他工具进行布光，如反光板、反光伞等。室外拍摄时，光线会随着时间的变化而发生变化。光线根据性质可分为直射光、散射光和反射光3种类型。

- **直射光。**照射到被摄物上能产生清晰投影的光线叫作直射光。在直射光下，受光面和阴影面之间有一定的明暗反差，很容易表现出被摄物的立体感与质感，自然光中的太阳的光、人工光中的聚光灯的光等均属于直射光。
- **散射光。**阴天的时候，阳光被云层遮挡，不能直接投向被摄物，被摄物被天空反射的光照射，这种光叫作散射光。在散射光下，被摄物不会形成明显的光面、阴影面和投影，光线效果较平淡柔和，因此散射光也叫作柔光。
- **反射光。**反射光并不是由光源直接发出照射到被摄物上，而是先照射到具有一定反光能力的辅助工具上，然后经反射对被摄物进行照明。反光板或反光伞反射后形成的反射光与散射光一样，比较柔和。

拍摄商品最重要的一点是对光线的把握。室外自然光总是在不停地发生变化，因此在不同的时段，拍摄者通常需要在不同的拍摄方向采用不同的方式。下面对室外自然光拍摄时的一些要求进行介绍。

- **拍摄时间**。在自然光条件下进行拍摄时，应尽量避免阳光直射的情况。阳光直射时，被摄物不仅受光面和阴影面会存在明暗反差，还可能出现不均匀的光斑，影响商品图片的整体效果。一般来说，上午9:00—11:00和下午3:00—5:00比较适合室外拍摄。
- **拍摄用光**。室外拍摄多依靠散射光和反射光，通过自然光加反光板补光的方式拍摄出来的商品图片效果更好。另外，室外拍摄时，拍摄者需要对光圈、快门速度、感光度进行适当调整，以捕捉更好的光影效果。
- **背景选择**。商品是拍摄的主体，背景主要起到烘托装饰的作用。一般来说，背景的选择主要以不喧宾夺主、不杂乱无章为原则。拍摄者可以选择反差相对大一些的背景，使主体更突出；也可以通过拍摄角度和方式的改变来淡化背景；还可以选择一些趣味背景，增加商品图片的亮点和特点。
- **拍摄角度**。因为室外自然光不可控，所以拍摄角度非常重要。角度不同，拍摄出来的商品图片效果就不同。例如，在清晨或傍晚时分进行拍摄时，逆光拍摄得到的商品图片可以呈现出一种日式的写真风格，而顺光拍摄得到的商品图片的光影感更加真实。

室外拍摄时，由于光线比较充足，一般不使用闪光灯来补充，补光尽量通过辅助工具来实现。

（2）室外拍摄的场景布置

在室外拍摄商品时，一般选择风景优美的环境作为背景，合理利用反光板对光线进行调节，这样拍摄出来的商品图片风格将更加明显，能形成独有的个性特色并营造出商业化的购物氛围。此外，室外大件商品拍摄可根据商品特性选择相应的场景，如度假飘逸风格的服饰可在海边拍摄，时尚潮流服饰可在临街的商场、街道等地方拍摄，运动用品可在运动过程中拍摄等，如图4-7所示。

▲ 图4-7　商品的室外场景

小件商品适合在单纯的环境里拍摄，因此网店的小件商品多以室内拍摄为主。如果要在室外拍摄小件商品，则可以为商品选择好看的参照物和装饰物，对商品环境进行设计，

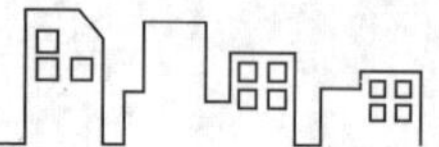

如将商品的环境塑造成文艺风等具有特色的风格。为了凸显商品主体，背景应该尽量干净简单。此外，也可以将商品的使用环境作为背景，如拍摄足球时，可以将草地作为背景。

4.2 处理商品图片

为了使商品图片更加美观，更具有吸引力，通常还需要对其进行美化处理。在处理商品图片前，需要先了解商品图片处理的原则，再进行基本的美化操作。

4.2.1 商品图片处理原则

在拍摄时，可能受天气、环境、相机等客观因素的影响，商品图片会在色彩、清晰度上出现一些瑕疵，这些瑕疵可以通过图片处理软件进行处理。在处理瑕疵时，需注意以下原则。

- **还原商品真实属性。**真实的商品图片可以避免误导消费者，减少交易纠纷的产生。因此，处理商品图片时，要尽可能地还原商品真实属性，包括颜色、材质、细节设计、穿戴效果等。
- **突出商品属性。**商品图片在一定程度上可以看作广告的一部分，因此，为了提升商品图片质感，可对部分商品图片进行处理，让图片中的商品主体变得更夺目。例如，拍摄珠宝类商品时，珠宝的光泽度如果不能完全依靠拍摄展示出来，就可以利用图片处理软件添加高光和闪光效果，从而更加突出珠宝的特点。图4-8所示为突出珠宝高光后的效果。
- **打造自身品牌。**商品图片也是品牌力的一种体现，为了强调商品图片的独家性，可为商品图片添加标记，如添加店铺标志和网址等，这样做不但可以防止商品图片被盗用，还能达到宣传网店的作用。需要注意的是，图片标记应力求美观，最好不要影响图片整体效果。图4-9所示为商品图片添加标记的效果。

▲ 图4-8　突出珠宝高光后的效果

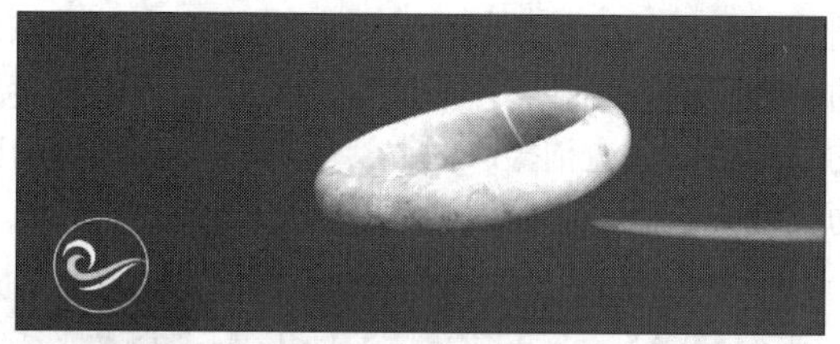

▲ 图4-9　商品图片添加标记的效果

4.2.2 调整商品图片的尺寸

调整商品图片的尺寸是十分常见的图片处理操作。当所拍摄的商品图片尺寸不符合平台要求时，则需对商品图片的尺寸进行处理，常见的处理操作包括调整图片大小、裁剪图片等。下面以Photoshop 2020为例介绍调整商品图片尺寸的方法。

1. 调整图片大小

使用相机拍摄的图片尺寸一般都较大，而平台对网店商品图片尺寸有要求，因此需要对商品图片的大小进行适当调整，使其符合要求。具体操作为：在Photoshop 2020中打开需要调整大小的图片，然后选择【图像】/【图像大小】菜单命令，打开“图像大小”对话框，在“像素大小”栏的“宽度”数值框或“高度”数值框中输入想要调整的大小，在其后的下拉列表中选择单位，一般选择“像素”选项，单击确定按钮完成设置，如图4-10所示。返回操作界面可看到图片大小发生了变化，选择【文件】/【存储为】菜单命令，在打开的对话框中存储图片即可。

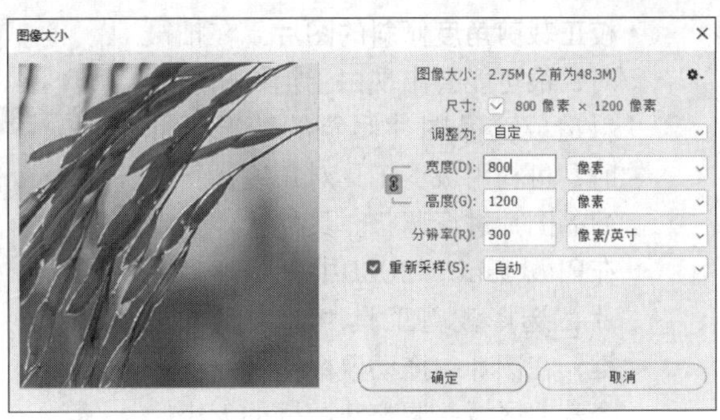

▲ 图4-10　设置图像大小

为了保持图片的比例不发生变化，在“图像大小”对话框中，Photoshop 2020默认选中“约束比例”按钮，此时调整宽度数值时，高度数值将根据原图片的比例自动缩放，调整高度数值时同理。

2. 裁剪图片

除使用“图像大小”功能调整图片整体大小外，有些时候还需要裁剪图片，如将图片裁剪为指定比例、指定形状，或进行构图裁剪和细节裁剪等。

- **直接裁剪。**使用裁剪工具可以裁剪出图片的选定区域。具体操作为：在Photoshop 2020中打开图片，选择裁剪工具，此时图像边缘将出现8个用于改变选区大小的控制手柄，将鼠标指针移动到图片边缘处进行拖动，对图片进行裁剪，如图4-11所示；裁剪完成后按【Enter】键即可。

▲ 图4-11　直接裁剪图片

- **裁剪为指定比例。**使用Photoshop 2020还可以将图片裁剪为指定比例，如将图片裁剪为1：1。具体操作为：在Photoshop 2020中打开图片，选择裁剪工具，在裁剪工具属性栏的下拉列表中选择“1：1（方形）”选项，如图4-12所示；此时编辑区将显示裁剪位置，将鼠标指针移动到需保留的图片区域中，按住鼠标左键拖动调整需保留的图片区域，按【Enter】键完成裁剪。

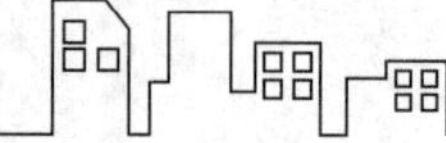

- **校正裁剪角度倾斜的图片。**在拍摄时，很可能会出现由于相机角度倾斜造成商品图片倾斜的情况，此时，可利用裁剪工具对角度倾斜的商品图片进行调整。具体操作为：在Photoshop 2020中打开商品图片，选择裁剪工具 或按【C】键，在图片中拖动鼠标指针绘制一个裁剪区域，调整裁剪框的大小，将鼠标指针放在裁剪框角的控制手柄外，此时鼠标指针会变为旋转图标，按住鼠标左键拖动旋转裁剪框，旋转到合适角度后调整裁剪区域的大小，然后双击裁剪区域或按【Enter】键，即可完成图片的校正裁剪，如图4-13所示。

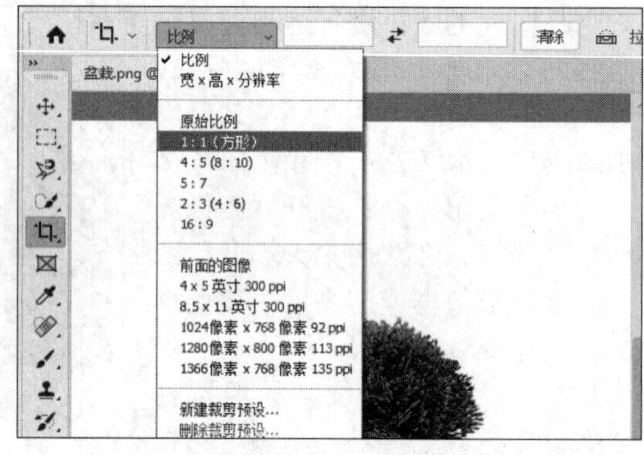

▲ 图4-12　选择“1：1（方形）”选项

▲ 图4-13　校正裁剪倾斜图片

4.2.3　旋转、变换商品图片

有时候，为了更好地展示商品，需要改变图片中商品的方向或调整图片形状，这时候就需要旋转、变换商品图片。

1. 旋转商品图片

在处理商品图片时，可根据需要进行旋转操作，从而改变图片的角度，使其更适应实际要求。在Photoshop 2020中旋转图片的方法很简单，只需打开商品图片，选择【图像】/【图像旋转】菜单命令，在打开的子菜单中选择任意一个菜单命令即可旋转图片。图4-14所示为水平翻转图片前后的效果。Photoshop 2020为用户提供了多种旋转选项，在选择“任意角度”命令后，可对图片进行任意旋转。

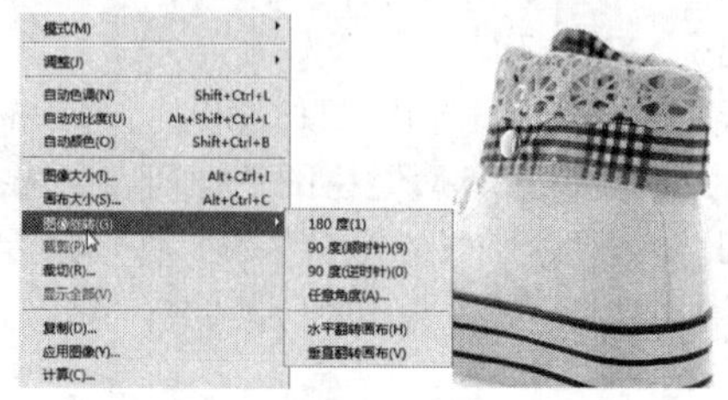

▲ 图4-14　水平翻转图片前后的效果

2. 变换商品图片

变换商品图片是指对商品图片的形状进行调整，使商品图片效果更多样化，在制作商品详情页时可能会用到。变换商品图片的方法是：在Photoshop 2020中打开图片，在“图层”面板的背景图层上双击，在打开的列表中选择“栅格化图层”选项，将图片默认的背景图层转换为普通图层，然后选择【编辑】/【变换】菜单命令或按【Ctrl+T】组合键，使图片处于自由编辑状态，此时可以通过图片四周的控制手柄调整图片，包括调整大小、旋转图片、变形或扭曲图片等。图4-15所示为图片变形前后的效果。

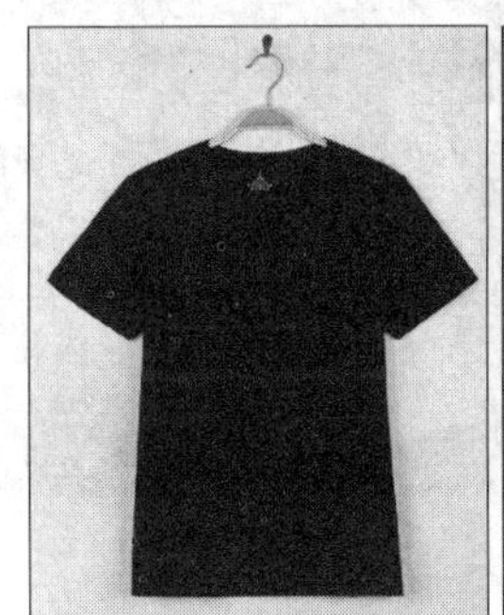

▲ 图4-15 图片变形前后的效果

4.2.4 调整商品图片的色彩和质感

拍摄商品图片时会有很多因素导致商品图片存在昏暗、不够清晰、色彩不够艳丽等问题，此时，商家可以对商品图片的亮度、对比度、颜色等进行相应的调整，使商品图片更加吸引消费者。

1. 调整图片的曝光度

当各种客观拍摄问题导致图片曝光过度或不足时，需要调整图片的曝光度。具体操作为：在Photoshop 2020中打开图片，选择【图像】/【调整】/【曝光度】菜单命令，打开“曝光度”对话框，设置“曝光度”“位移”“灰度系数校正”的值，然后单击 确定 按钮。图4-16所示为调整曝光度前后的效果。

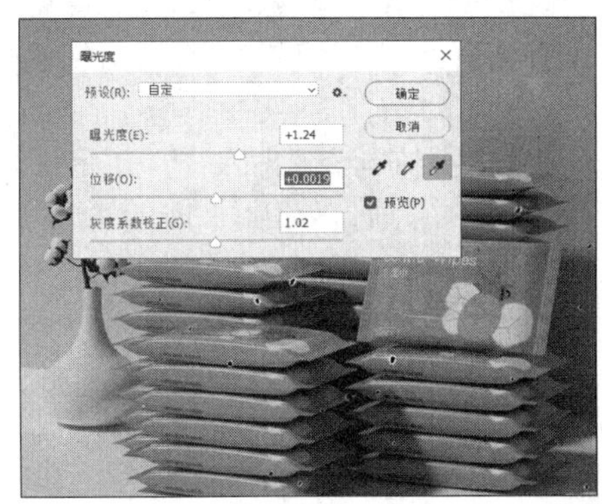

▲ 图4-16 调整曝光度前后的效果

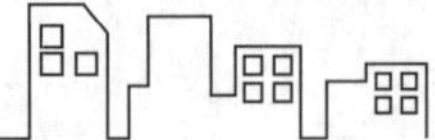

2. 调整图片的亮度和对比度

如果拍摄的商品图片偏暗或偏亮，可以对图片的亮度和对比度进行调整，使其恢复正常。具体操作为：在Photoshop 2020中打开图片，选择【图像】/【调整】/【亮度/对比度】菜单命令，打开"亮度/对比度"对话框，在"亮度""对比度"数值框中分别输入参数，完成后单击 确定 按钮。图4-17所示为调整图片亮度和对比度前后的效果。

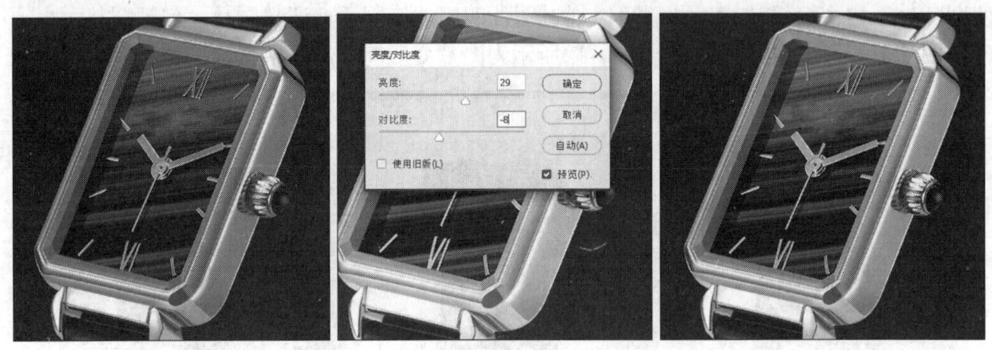

▲ 图4-17　调整图片亮度和对比度前后的效果

扫一扫

实例演示

3. 调整图片的颜色

当拍摄的商品图片出现偏色的现象时，需要对图片的颜色进行调整，使其恢复原始的效果。在Photoshop 2020中，调整图片颜色可以通过【色阶】【曲线】等菜单命令实现。

（1）【色阶】菜单命令

当商品图片颜色不够饱满，或颜色存在偏差时，可以使用【色阶】菜单命令对颜色进行调整和矫正。某服装网店拍摄的商品图片颜色较昏暗，色彩不饱满，需要调整商品图片的颜色，使其调整后的色彩更有层次，提高商品图片对消费者的吸引力。其具体操作如下。

STEP 01 在Photoshop 2020中打开素材图片（配套资源:\素材\第4章\衣服.jpg），如图4-18所示。选择【图像】/【调整】/【色阶】菜单命令。

STEP 02 打开"色阶"对话框，在"输入色阶"栏分别调整暗调、中间调、高光的分布情况，这里将暗调值调整为"35"，将中间调值调整为"1.07"，将高光值调整为"236"，如图4-19所示。

STEP 03 在"通道"下拉列表框中选择"红"选项，将暗调值调整为"5"，将中间调值调整为"0.98"，将高光值调整为"249"，单击 确定 按钮，如图4-20所示。

"通道"下拉列表框中包括"RGB""红""绿""蓝"4个选项，可根据需要进行选择。

▲ 图4-18　素材图片

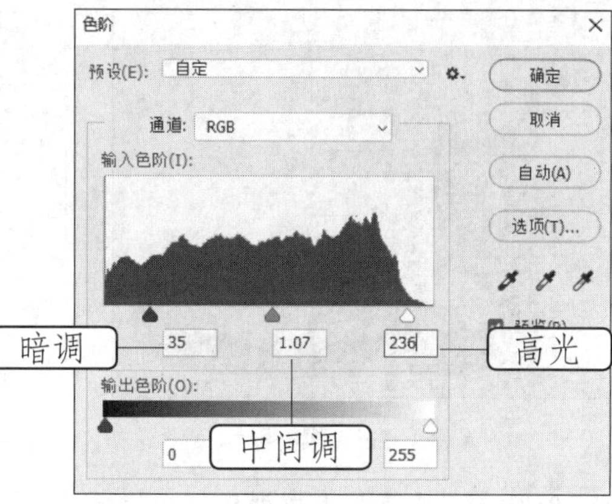

▲ 图4-19　调整RGB通道色阶

STEP 04 返回编辑区可看到设置后的图片颜色更加饱满，调整色阶后的效果如图4-21所示（配套资源:\效果\第4章\衣服.jpg）。

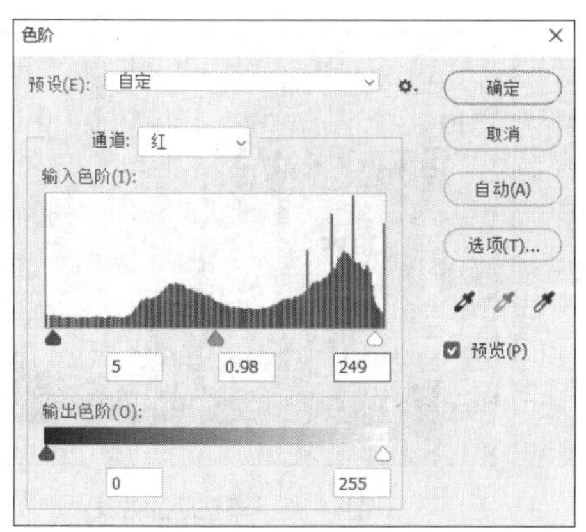

▲ 图4-20　调整红色通道色阶

▲ 图4-21　调整色阶后的效果

（2）【曲线】菜单命令

【曲线】菜单命令可以调整图片的色彩、亮度和对比度等，使图片颜色更具质感。某鞋靴网店的一款鞋子的图片颜色不够鲜艳，需要提亮鞋子图片的颜色。其具体操作如下。

STEP 01 在Photoshop 2020中打开素材图片（配套资源:\素材\第4章\鞋子.jpg），如图4-22所示。选择【图像】/【调整】/【曲线】菜单命令。

STEP 02 打开“曲线”对话框，在“通道”下拉列表框中选择“RGB”选项，在“输入”“输出”数值框中分别输入数值“112”“85”（也可以直接拖动曲线进行调整），如图4-23所示。

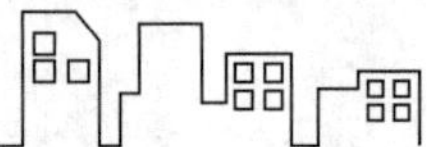

▲ 图4-22　素材图片

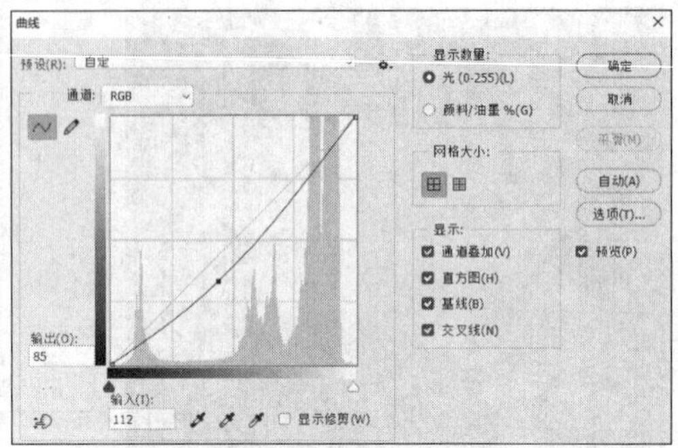

▲ 图4-23　调整RGB通道曲线

STEP 03 在“通道”下拉列表框中选择“绿”选项，在“输入”“输出”数值框中分别输入数值“115”“107”，单击确定按钮，如图4-24所示。

STEP 04 返回编辑区，查看调整后的图片效果，图片的颜色明显变得更加鲜明，调整后的效果如图4-25所示（配套资源:\效果\第4章\鞋子.jpg）。

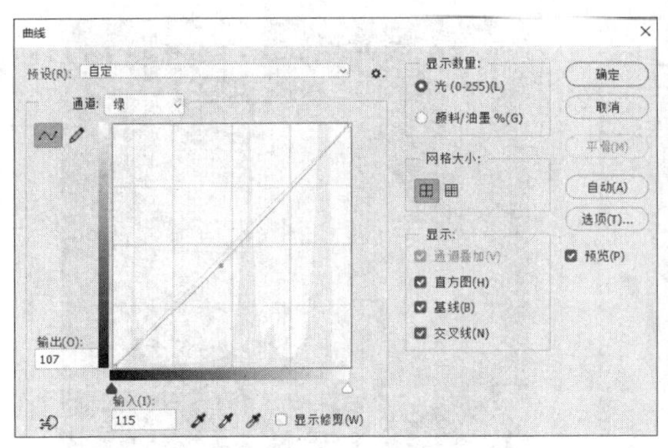

▲ 图4-24　调整绿色通道曲线

▲ 图4-25　调整后的效果

4.2.5　添加水印、边框

为图片添加水印、边框是常见的图片处理方式。前者有助于维护图片版权，防止他人盗用；后者如果处理得当，可以提升图片的质感。

1. 添加水印

水印主要分为文字水印和图片水印两种模式，下面分别进行介绍。

- **文字水印。**在Photoshop 2020的工具栏中选择文字工具，在商品图片中输入水印内容，然后选择文字图层，在“图层样式”对话框中设置文字的样式和不透明度，设置完成后调整水印的位置即可，如图4-26所示。
- **图片水印。**在Photoshop 2020中打开商品图片和水印图片，将水印图片拖动到商品图片中，并调整水印图片的大小、位置和不透明度即可，如图4-27所示。

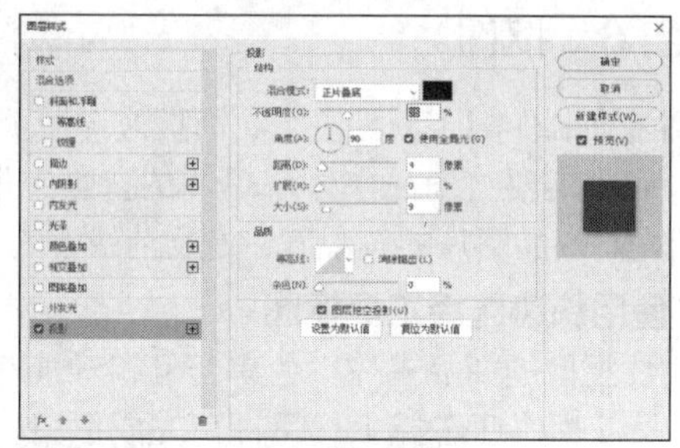

▲ 图4-26　设置文字水印

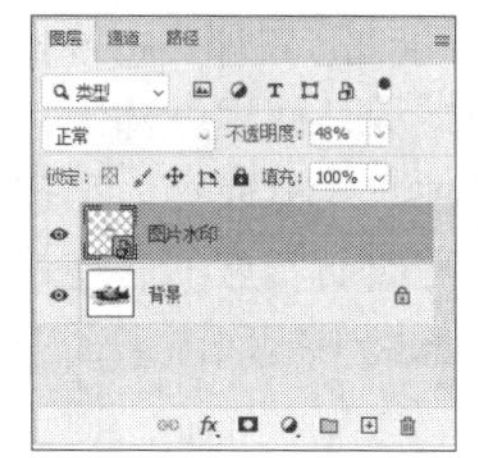

▲ 图4-27　设置图片水印

2. 添加边框

为商品图片添加边框的方法为：双击“图层”面板中的商品图层缩略图，打开“图层样式”对话框，选中“描边”复选框，在“填充类型”下拉列表框中选择描边类型，如“颜色”“渐变”“图案”等，再进行相应设置即可。例如，在“填充类型”下拉列表框中选择“渐变”选项，再在“渐变”下拉列表框中选择所需颜色，并通过“缩放”数值框调整图片的缩放比例，最后通过“结构”栏调整描边的大小、位置和不透明度等，如图4-28所示。

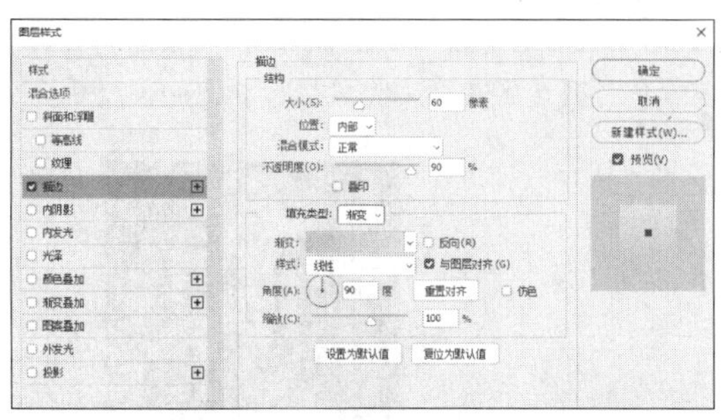

▲ 图4-28　添加边框

4.2.6　抠图

抠图是在制作网店商品主图、海报或详情页时经常会用到的操作。为了使商品图片更加美观，通常需要将商品主体从单调的背景中抠取出来，放置到其他好看、合适的背景中，从而提高商品图片的美观度，激发消费者的购买欲。

1. 使用快速选择工具抠图

当需要抠取的商品主体颜色单一且和背景差别明显时，直接使用快速选择工具即可完成抠图。具体操作为：选择快速选择工具，单击需要抠取的图片部分或拖动鼠标指针选择需要抠取的图片区域，如图4-29所示。在使用快速选择工具抠图时，可通过其属性栏设置取样大小、容差等，如果抠取了多余的选区或少抠取了一部分图片区域，则可以在其属性栏中单击"从选区中减去"或"添加到选区"按钮来减少或增加选区。

▲ 图4-29　选择需要抠取的图片区域

扫一扫

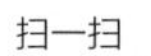

实例演示

2. 使用魔棒工具和【色彩范围】菜单命令抠图

对于背景单一的图片，可以使用多种抠取方式，如通过【色彩范围】菜单命令抠取，使用魔棒工具抠取，或者使用魔术橡皮擦工具抠取，或组合多种方式抠取等。某家电网店的一款吹风机商品背景太过单一，为了提升商品卖点的展现效果，增强商品图片的吸引力，现需要将吹风机从背景中抠取出来，为其替换一个新的背景。其具体操作如下。

STEP 01 在Photoshop 2020中打开素材图片（配套资源:\素材\第4章\吹风机1.jpg、电吹风背景.jpg），在工具栏中选择魔棒工具，在图片背景中单击，选择整个背景区域，如图4-30所示。

经验之谈

如果发现漏选或多选的部分，可在工具属性栏中单击"添加到选区"按钮或"从选区中减去"按钮，对选区进行增加或减少操作。

STEP 02 选择【选择】/【反选】菜单命令，将选区转换为吹风机，如图4-31所示。

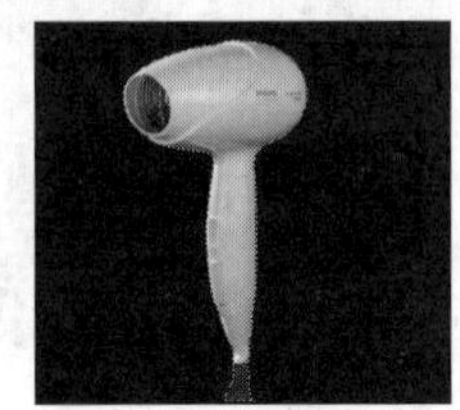

▲ 图4-30　选择背景区域

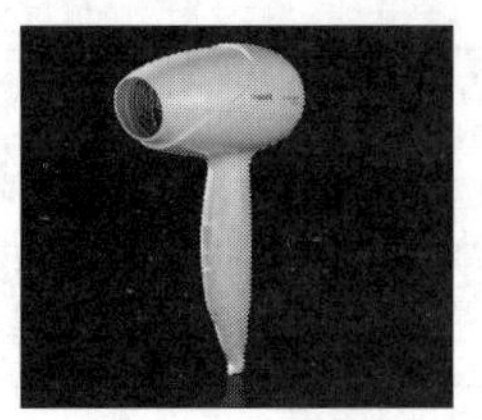

▲ 图4-31　调整选区

STEP 03 打开素材图片（配套资源:\素材\第4章\吹风机2.jpg），选择【选择】/【色彩范围】菜单命令。打开“色彩范围”对话框，在其中单击“吸管工具”按钮，单击图片背景区域取样，拖动“颜色容差”栏的滑块调整颜色容差，单击 确定 按钮，如图4-32所示。

STEP 04 返回编辑区，对选区进行增加和减少操作，并使用“反选”命令将选区转换为图片主体部分，如图4-33所示。

STEP 05 处理完成后，将吹风机选区拖动到“电吹风背景.jpg”图片中，调整图片的大小、位置，并添加投影效果，如图4-34所示（配套资源:\效果\第4章\电吹风.psd）。

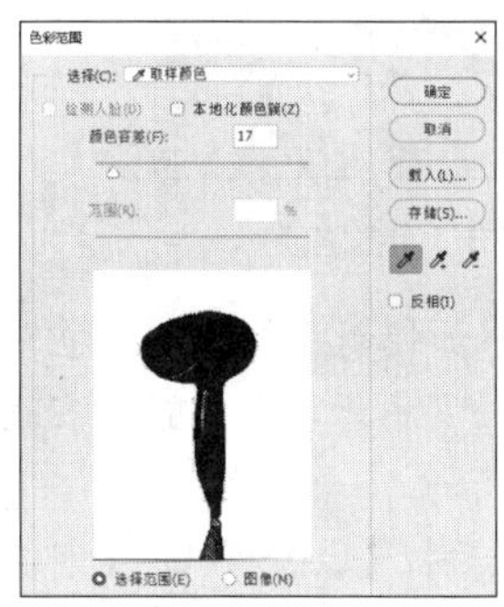

▲ 图4-32 调整颜色容差

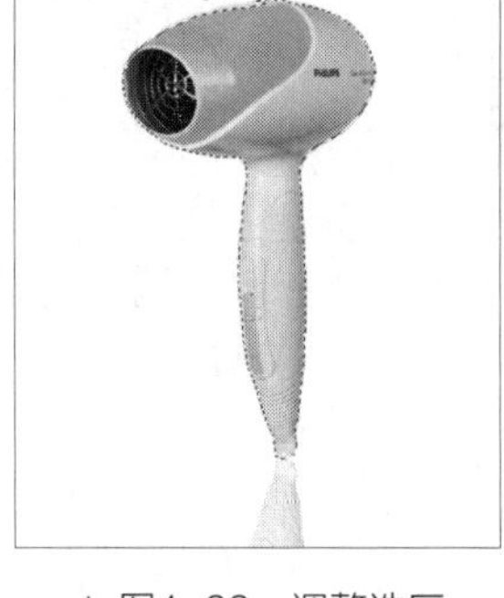

▲ 图4-33 调整选区

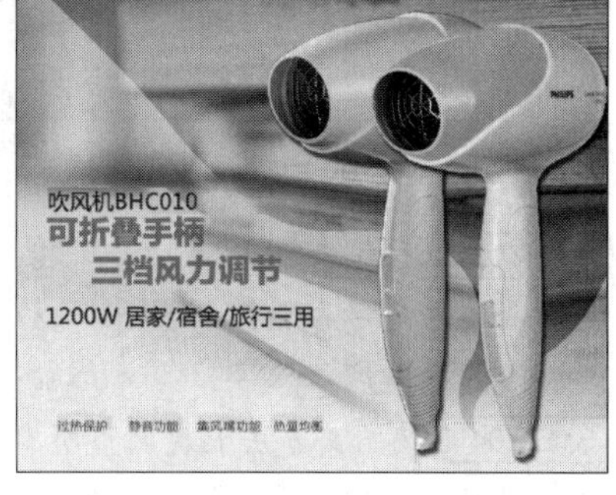

▲ 图4-34 更换背景

在抠取图像时，注意对图片进行分析，不同形状、不同背景、不同性质的图像所使用的抠取方式也不相同。在完成图像的抠取后，为了保证边缘的真实感，还可适当设置一下羽化效果。

3. 使用钢笔工具抠图

钢笔工具是一种十分精确的抠图工具，非常适合抠取边缘清晰平滑的对象，其适用范围比较广，是常用的图像抠取工具之一。某美妆网店制作促销海报，需要将唇膏商品从图片素材中抠取出来，然后添加促销信息。其具体操作如下。

STEP 01 在Photoshop 2020中打开素材图片（配套资源:\素材\第4章\唇膏.jpg、唇膏背景.jpg），在工具栏中选择钢笔工具，在其工具属性栏的下拉列表框中选择“路径”选项。然后在图片中选取一个边缘点并单击，确定所绘路径的起点位置，如图4-35所示。

STEP 02 沿着唇膏商品的边缘依次单击，添加锚点，添加到起始点时，再次单击起始锚点，闭合路径，如图4-36所示。在添加锚点时，尽量在放大图片的情况下进行添加，

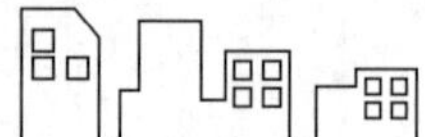

并尽量将锚点添加在边缘靠内的位置。

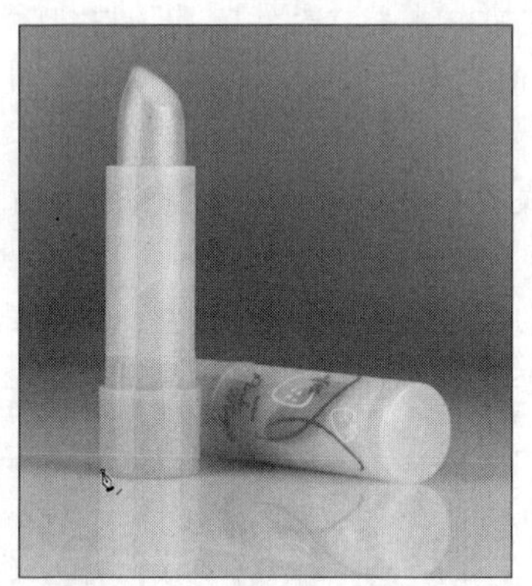

▲ 图4-35　确定路径起点

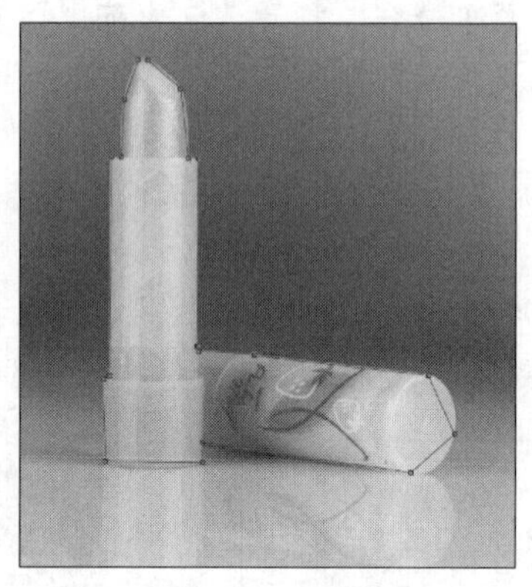

▲ 图4-36　闭合路径

STEP 03 闭合路径之后，选择转换点工具，单击锚点为其添加控制手柄，拖动控制手柄调整路径的平滑度，如图4-37所示。控制手柄两端的锚点分别用于调整当前路径两侧线段的平滑度。

STEP 04 按照该方法依次调整所有路径线段的平滑度，调整完成后按【Ctrl+Enter】组合键，将路径转换为选区，如图4-38所示。

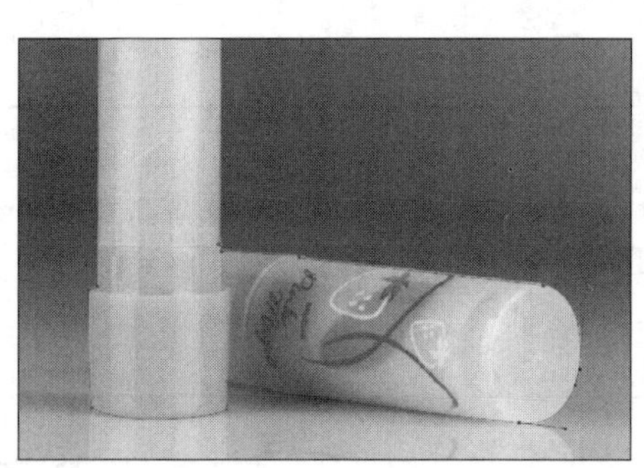

▲ 图4-37　调整路径平滑度

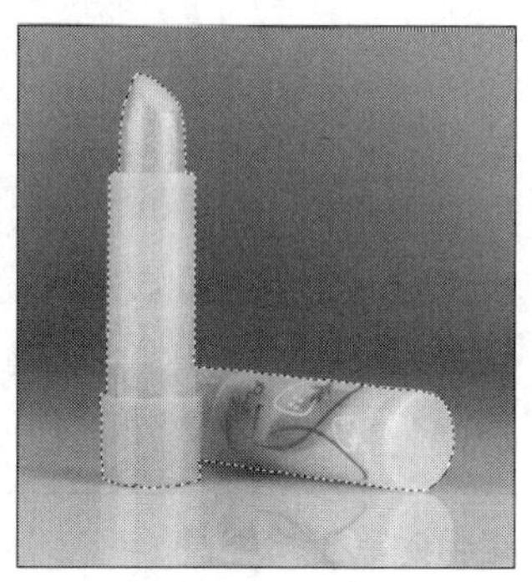

▲ 图4-38　将路径转化为选区

STEP 05 使用移动工具将唇膏选区拖动到“唇膏背景.jpg”图片中，调整其大小、位置，并为其添加投影效果，如图4-39所示（配套资源:\效果\第4章\唇膏.psd）。

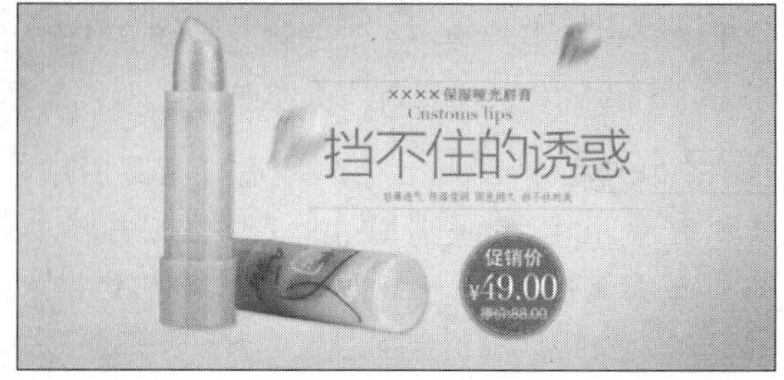

▲ 图4-39　更换背景

在使用钢笔工具抠图时，也可以边绘制路径边调整路径平滑度，具体操作为：绘制锚点后，按住【Alt】键切换到转换点工具进行调整。为了更好地确定抠取部分的边界，在绘制锚点时通常需要将图片放大，按【Ctrl++】组合键或【Ctrl+-】组合键即可快速放大或缩小图片。

4.2.7 批处理图片

扫一扫

实例演示

网店商品非常多，单独处理商品图片特别浪费时间，如果需要对多张图片进行相同的操作，可以通过批处理功能来实现。某售卖灯具的网店准备新上一批吊灯，但这些吊灯的商品图片色调偏暗，需要适当提亮，为了快速操作，现批量调整图片色调。其具体操作如下。

STEP 01 在Photoshop 2020中打开素材图片（配套资源:\素材\第4章\吊灯1.png），选择【窗口】/【动作】菜单命令，打开“动作”面板，单击“创建新动作”按钮⊞。打开“新建动作”对话框，在“名称”文本框中输入该动作的名称，这里输入“调整图片色调”，然后单击记录按钮，如图4-40所示。

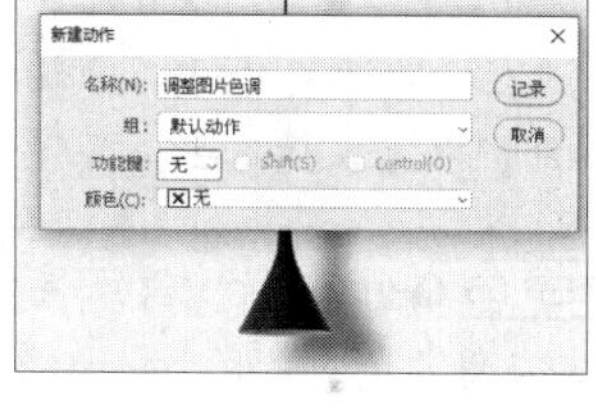

▲ 图4-40 新建动作

Photoshop 2020默认提供了很多批处理的动作，为了便于区分，在设置动作名称时，可将其设置为当前操作的名称。

STEP 02 “动作”面板将显示正在录制的红色按钮●，此时即可开始进行相应操作，这里选择【图像】/【自动色调】菜单命令，如图4-41所示。

STEP 03 操作结束后，在“动作”面板中单击“停止/播放记录”按钮■，停止动作的录制，在“动作”面板中查看该动作。

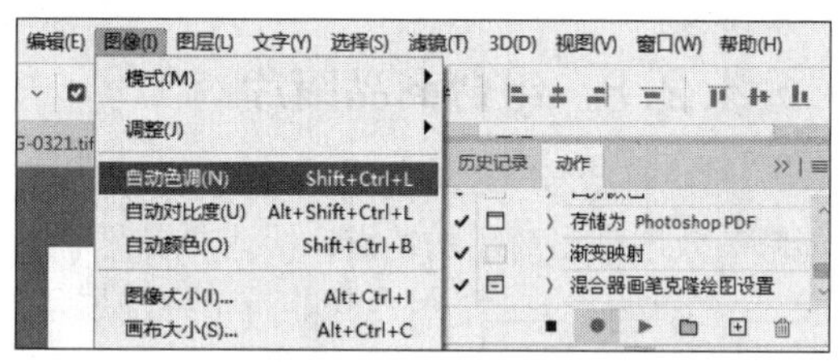

▲ 图4-41 记录动作

STEP 04 选择【文件】/【自动】/【批处理】菜单命令，打开“批处理”对话框。在“动作”下拉列表框中选择动作，在“源”栏单击选择(C)...按钮，选择需要处理的图片，这里选择“吊灯”文件夹（配套资源:\素材\第4章\吊灯\），单击选择文件夹按钮完成选择，如

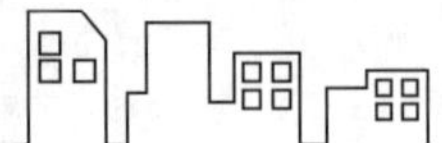

图4-42所示。

STEP 05 返回“批处理”对话框，在“目标”栏设置图片处理后的保存方式为“文件夹”，单击 选择(C)... 按钮，然后单击 确定 按钮，设置保存位置，如图4-43所示。

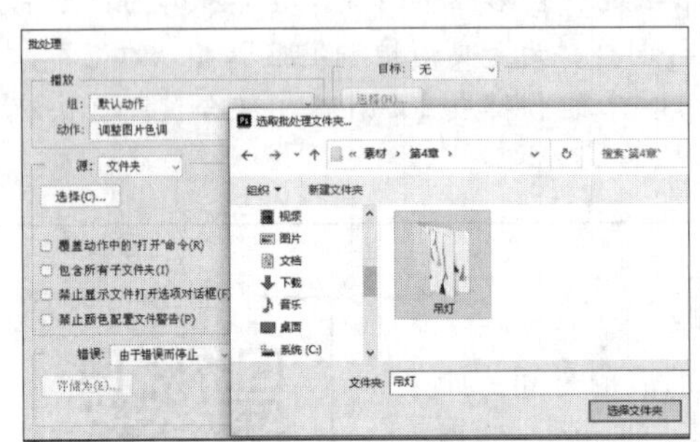

▲ 图4-42　设置图片来源

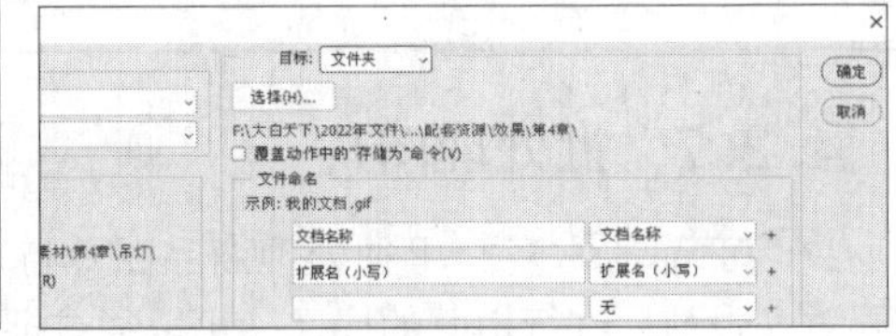

▲ 图4-43　设置图片保存方式和位置

经验之谈

在批处理图片时，建议将图片单独保存在另外的文件夹中，不要覆盖源文件夹中的图片，以免误操作丢失源图片文件。

STEP 06 Photoshop 2020将自动对源文件夹中的图片进行批处理，处理完毕后打开目标文件夹查看调色后的图片，如图4-44所示（配套资源:\效果\第4章\吊灯）。

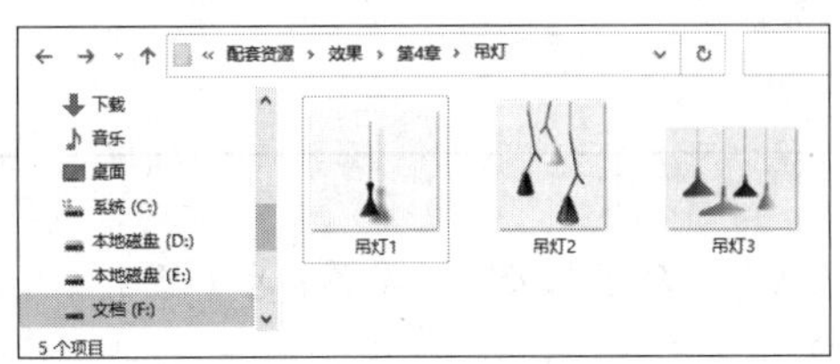

▲ 图4-44　查看批处理后的图片

4.2.8　组合商品图片

影响商品展现效果的因素不只有图片背景，还有商品图片的组合，合理搭配商品图片能够有效地突出商品的特点，给消费者留下深刻的印象，进而提高网店流量。商品图片的组合并非是单纯地展示商品图片，还需要搭配文字进行说明或添加装饰，使图片内容更加丰富。

扫一扫

实例演示

为提高网店整体销售量，某女包网店决定改变网店首页的商品陈列布局。现需要制作新的商品陈列图片，将女包图片组合起来，并放大显示促销商品，同时添加文本与图形说明商品信息、统一图片之间的间距。其具体操作如下。

STEP 01 新建大小为“750像素×400像素”，分辨率为“72像素/英寸”，名为“商品陈列”的文件。选择【视图】/【新建参考线】菜单命令，新建水平位置分别为“20像素、380像素”，垂直位置分别为“20像素、730像素”的4条参考线，留出页边距，如图4-45所示。

STEP 02 继续创建其他参考线，打开“包1.jpg”素材图片（配套资源:\素材\第4章\包1.jpg），将其拖动到“商品陈列”窗口，按【Ctrl+T】组合键进入变换状态，移动图片，使图片上边线与参考线对齐，按住【Shift】键在不改变图片比例的情况下拖动图片右下角，使图片下边线对齐下参考线，如图4-46所示。

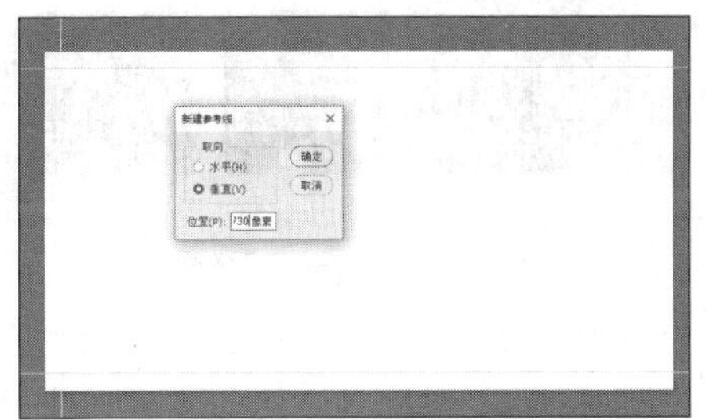

▲ 图4-45 新建参考线

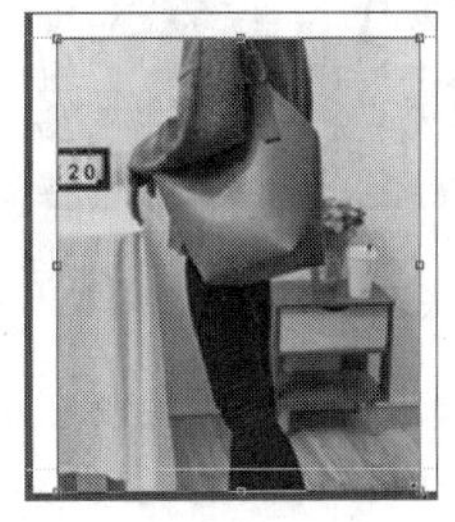

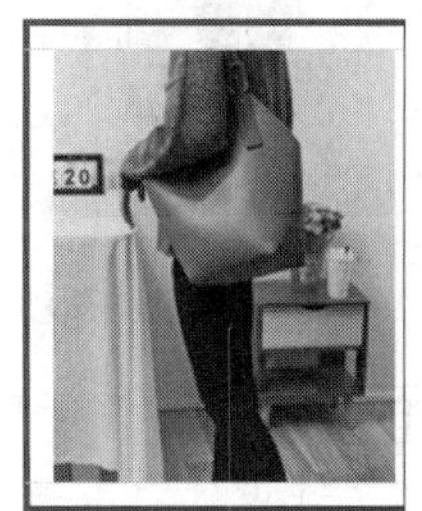

▲ 图4-46 更改图片大小

经验之谈

完成参考线定位后，为避免其影响图片显示效果，可按【Ctrl+;】组合键隐藏或显示参考线，也可直接使用移动工具拖动需要删除的参考线到标尺上。

STEP 03 打开“包2.jpg”“包3.jpg”“包4.jpg”素材图片（配套资源:\素材\第4章\包2.jpg、包3.jpg、包4.jpg），将其拖动到“商品陈列”窗口，按【Shift】键同时选择“包2.jpg”“包3.jpg”“包4.jpg”所在图层，按【Ctrl+T】组合键统一更改图片大小，如图4-47所示。

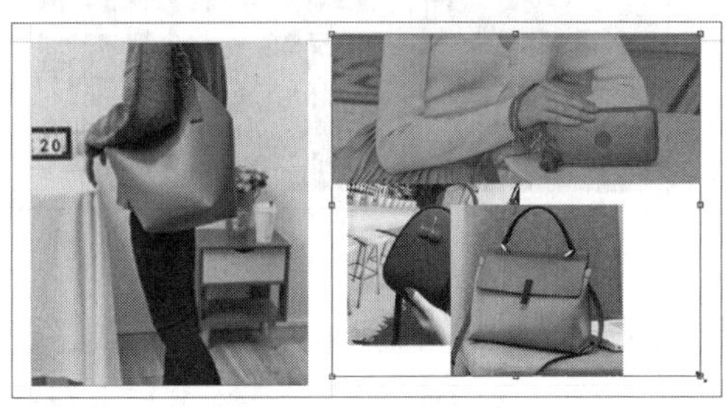

▲ 图4-47 统一更改图片大小

经验之谈

若需要将素材设置成相同的大小，可通过图片裁剪与调整图片大小的方法规范素材的宽度与高度。

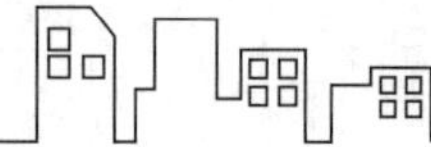

STEP 04 移动“包2.jpg”所在图层，使图片靠齐上方和右侧参考线；移动“包3.jpg”所在图层，使图片与右侧参考线对齐；选择“包1.jpg”“包3.jpg”“包4.jpg”所在图层，选择【图层】/【对齐】/【底边】菜单命令，底边对齐效果如图4-48所示。

STEP 05 继续选择“包2.jpg”“包4.jpg”所在图层，选择【图层】/【对齐】/【左边】菜单命令，左对齐效果如图4-49所示。

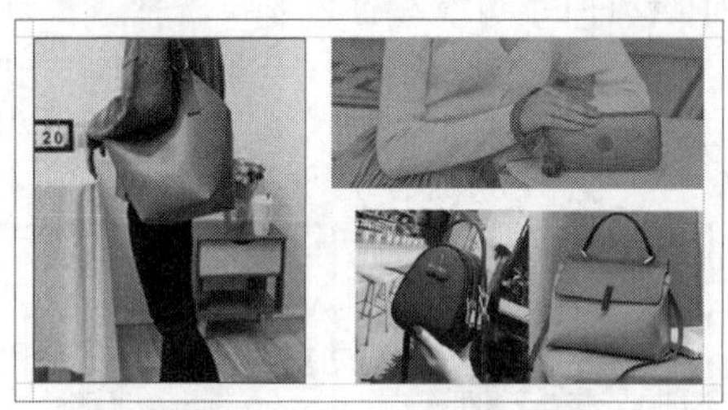

▲ 图4-48　底边对齐效果

▲ 图4-49　左对齐效果

STEP 06 选择“矩形工具”，在最左边图片内绘制大小为243像素×137像素的白色矩形，并设置为水平居中；继续在右上方图片内绘制大小为288像素×71像素的白色矩形，并设置为水平居中，如图4-50所示。

STEP 07 在第一个矩形内绘制填充颜色为“#e7ab83”、大小为193像素×49像素的小矩形，选择“横排文字工具”，设置文本格式为“黑体、25点”，文本颜色为白色，在小矩形内输入文本“2件8折 3件7折”，输入文本效果如图4-51所示。

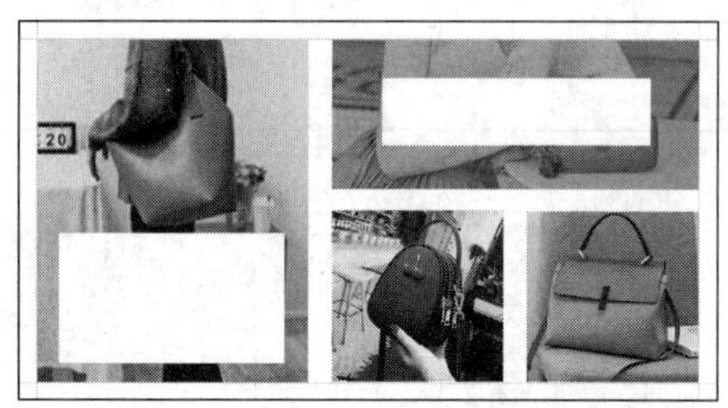

▲ 图4-50　绘制矩形

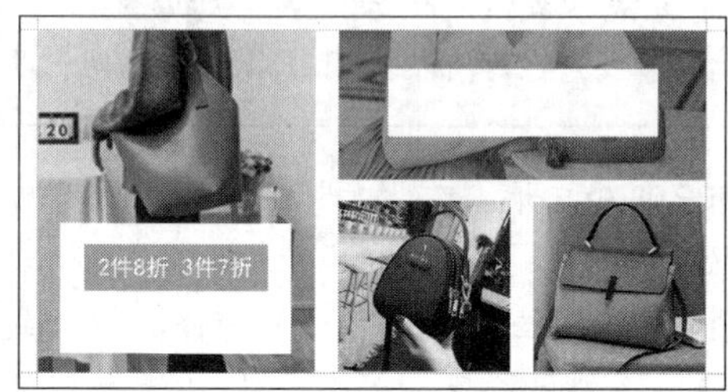

▲ 图4-51　输入文本效果

STEP 08 选择“自定形状工具”，在其工具属性栏的“形状”下拉列表中选择“箭头6”形状，如图4-52所示。在其工具属性栏设置填充色为“#e7ab83”，在“2件8折 3件7折”文本下方白色矩形内插入箭头形状，插入箭头形状效果如图4-53所示。

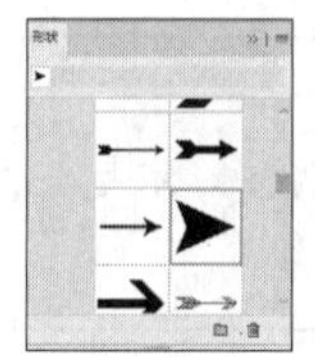

▲ 图4-52　选择箭头形状

▲ 图4-53　插入箭头形状效果

STEP 09 选择“横排文字工具” T，设置文本格式为“方正细黑-简体、18点”，文本颜色为黑色，在箭头下方输入文本“查看更多”；修改文本大小为“27点”，在右侧白色矩形内输入文本“同步商场 每周上新”，商品陈列效果如图4-54所示。保存文件，完成操作（配套资源:\效果\第4章\商品陈列.psd）。

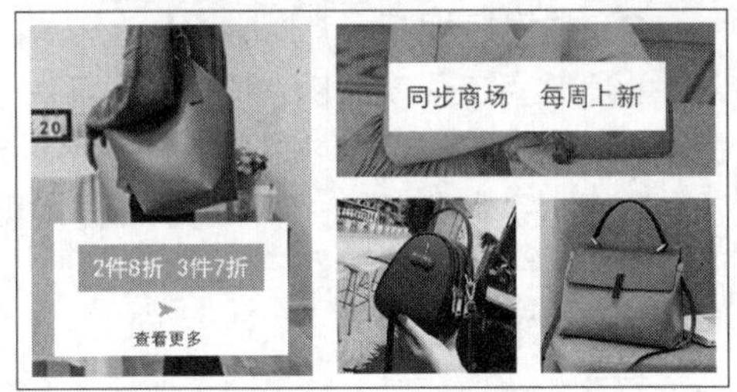

▲ 图4-54 商品陈列效果

4.3 拍摄和制作商品短视频

短视频在电商平台的应用十分普遍，添加了短视频的商品在排序权重上比仅展示图片的商品更有优势。网店中常见的短视频类型为主图短视频、详情短视频、直播片段短视频等。其中，主图短视频为添加到商品主图展示区域中的短视频；当消费者浏览商品详情页时，即可播放详情短视频，查看更生动、详细的商品信息。

4.3.1 短视频制作流程

短视频的质量会直接对商品的成交转化率产生影响，因此对于商家而言，短视频从拍摄准备到完成剪辑，其中的每一个步骤都必须认真对待。

1. 策划短视频脚本

拍摄者需要明确拍摄思路，并策划短视频脚本，为拍摄和后期剪辑提供参考依据。脚本通常出现在影视、戏剧领域中，是指表演戏剧、拍摄电影等所依据的底本或书稿的底本，其功能是作为故事的发展大纲，用以确定故事的发展方向，同样适用于拍摄商品短视频。脚本有不同的类型，一般分为拍摄提纲（多用于记录性节目）、分镜头脚本（多用于电视节目）和文学脚本（多用于电视剧）3 种类型，其中分镜头脚本是拍摄短视频时常用的脚本类型。

2. 准备道具、模特与场景

了解了商品后，拍摄者即可根据商品特质准备好相应的道具、模特、场景等。

- **道具**。拍摄道具的选择比较灵活，一般根据实际需要选择即可。室内拍摄通常需要选择合适的摄影灯，也可以准备好录音设备对视频进行解说录音。
- **模特**。不同的商品对模特的要求不同，一般选择与品牌文化、商品特点比较搭配的模特。对于电器、日常用品等不需要模特的商品，或美妆、珠宝等只需要对模特局部拍摄的商品，可根据商品的推广要求进行具体选择。需要注意的是，模特的作用是展示商品，商品才是需要拍摄的主体。
- **场景**。场景包括室内场景和室外场景。室内场景需要考虑灯光、背景和布局等，室外场景一般要选择与商品匹配的环境。无论是室内场景还是室外场景，建议每款商品都拍摄多组各个方位的视频，以便后期挑选与剪辑。

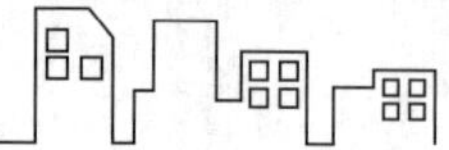

3. 拍摄短视频

前期准备工作就绪后，拍摄者便可进行视频拍摄。在拍摄过程中，为了保持画面的平稳，可以使用三脚架。同时，根据商品需要展示的特点依次拍摄，注意展示商品的全貌和各个角度。若想重点展示商品的质量，则可以拍摄商品的主要制作过程，以此增强视频的说服力。

4. 剪辑短视频

视频拍摄完成后，拍摄者需要剪去多余的部分，进行多场景的组合。另外，根据推广需要，可以使用视频编辑软件为视频添加字幕、音频、转场和特效等，补充视频内容并美化视频。常用的视频编辑软件有会声会影、Premiere等。

4.3.2 撰写短视频脚本

淘宝商品主图短视频一般不超过60s，内容重点是突出商品的核心卖点，其内容容量不大。因此，其短视频脚本的写作思路较为简单，在撰写短视频脚本时，只需按照以下几个重点流程进行即可。

1. 确定拍摄主题

每个短视频都要有一个明确的主题。例如，展示手机，就要确定是以单纯地展示手机外观为主题，还是以手机操作示范为主题；拍摄口红，就要确定是以推荐口红色号为主题，还是以拍摄口红化妆教程为主题。确定好拍摄主题，就可以确保后续的拍摄内容不会出现太大偏差，避免拖慢工作进度，同时也可以进入下一步，即规划内容框架。

2. 规划内容框架

规划内容框架的主要工作就是要明确通过什么样的内容细节及表现方式展现短视频主题，包括人物、场景、事件等，并对此做出一个详细的规划。例如，需要拍摄一款与手机商品相关的主图短视频，已确定拍摄主题为“聚焦手机的防水、原色影像功能”，在规划内容框架时，需重点关注以下内容。

- **拍摄主体**：手机。
- **人物**：男子、女子。
- **场景**：海边、滑翔地。
- **事件**：男子把手机浸入海水中又捞起来，并拍摄了月亮；女子用手机拍摄了正在滑翔的滑翔伞……

3. 填充内容细节

规划好内容框架之后，就需要填充更多的细节内容。例如，针对男子用从海水中捞起来的手机拍摄月亮这一内容，在人物、场景和事件都规划好后，还可以在脚本中填充更多的内容细节，具体如下所示。

- 夜幕降临，男子正驾着船漂浮在海上，随手将手机放入海水中摇晃了两下，又拿起来。
- 男子抬头仰望星空，此时月亮高挂，白如玉盘，男子被这一美景所震撼。
- 男子拿起手机，对准远处的月亮进行拍摄，手机中的画面非常清晰，且颜色接近原色。

4. 撰写分镜头脚本

完成内容部分的创作之后，就可以开始撰写分镜头脚本，将细化内容填充到脚本中，以便拍摄和剪辑时参照。表4-1所示为分镜头脚本示例。

表 4-1 分镜头脚本示例

镜号	景别	拍摄方式	画面内容	台词	音效	时长
1	特写	正面拍摄	一只手握着手机放入海水中，又拿起来		水波荡漾的声音	2s
2	全景到中景	推镜头	海上，一名男子坐在一艘船上；男子正一只手举着手机照向空中的圆月，手机屏幕显示圆月		轻松的音乐	2s
3	远景到特写	先推镜头，后拉镜头	圆月高挂在空中，一架飞机飞过；手机清楚地拍摄了这一场景		轻松的音乐	3s
4	远景	仰拍	天空中，一个人乘着滑翔伞正在滑翔		活泼的音乐	1s
5	特写	先固定侧面拍摄，后拉镜头	女子的一只手举着手机，手机屏幕显示拍摄的滑翔画面		活泼的音乐	2s
6	中景	旋转拍摄	女子的上半身出现，她穿着红裙，看看手机中的拍摄画面，又看看天空中的滑翔伞，非常开心地笑了	画面结尾：××手机，原色双影像	活泼的音乐	2s

4.3.3 使用亲拍拍摄短视频

亲拍是淘宝网官方推出的一款视频拍摄和剪辑软件，支持手机拍摄和剪辑，操作十分简单快捷。另外，亲拍提供了电商专用滤镜，并且每个商品类目下都有专属的滤镜。使用亲拍拍摄短视频的方法非常简单，具体操作为：下载并登录亲拍，在亲拍主界面点击“拍立剪”按钮，如图4-55所示；打开“拍立剪”界面，点击电商相机· HD按钮，如图4-56所示；进入拍摄界面，点击按钮可开始拍摄，如图4-57所示。点击“尺寸”按钮可调整短视频的尺寸，点击“滤镜”按钮可选择并应用类目滤镜；录制完成后点击按钮可结束拍摄，拍摄完成的短视频将保存到亲拍中。

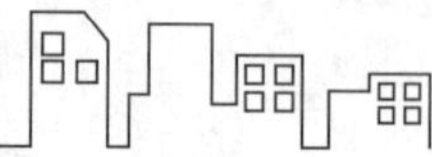

▲ 图4-55　点击“拍立剪”按钮

▲ 图4-56　点击“电商相机”按钮

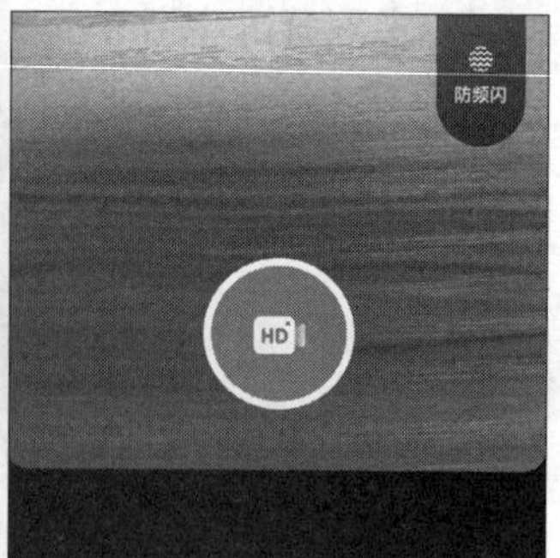

▲ 图4-57　点击“开始拍摄”按钮

此外，亲拍中预设了视频拍摄模板供商家使用，具体操作为：在亲拍主界面点击“视频模板”选项，打开“视频模板”界面，选择短视频模板，如图4-58所示；选择短视频模板后，点击去剪辑按钮，如图4-59所示；在打开的界面中点击“拍摄”按钮拍摄短视频素材，然后点击选好了按钮，如图4-60所示，在打开的界面中即可生成应用了模板的短视频。

▲ 图4-58　选择短视频模板

▲ 图4-59　点击“去剪辑”按钮

▲ 图4-60　点击“选好了”按钮

4.3.4 使用亲拍剪辑短视频

拍摄完短视频后，就可以使用亲拍剪辑短视频了，当然首先需要掌握一定的剪辑技巧。

- **确定剪切点**。剪切点是指两个不同镜头之间的转换点。在选择剪切点时，可选择动作即将做出的时刻，或动作已完成1/4的时刻。为保证短视频更加流畅，可保留1帧或2帧画面用于过渡。
- **镜头连接**。镜头连接需要遵循“动接动，静接静”的原则。
- **台词连接**。如果拍摄的短视频有台词，要保证台词是连接的，台词内容能够流畅地呈现在画面上。

现某水果网店准备使用亲拍剪辑拍摄的葡萄商品短视频，需将多余的部分剪切掉，并添加滤镜和音频。其具体操作如下。

STEP 01 进入亲拍主界面，点击界面顶部的视频剪辑按钮。在默认打开的“最近项目”下拉列表中选择葡萄商品短视频（配套资源：\素材\第4章\葡萄.mp4），点击选好了按钮，如图4-61所示。

STEP 02 打开编辑界面，如图4-62所示，点击“关原声”按钮，在工具栏中点击“剪辑”按钮。

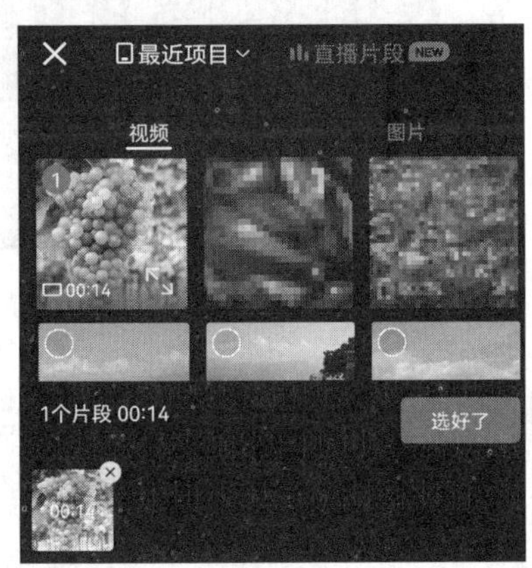

▲ 图4-61 选择葡萄商品短视频

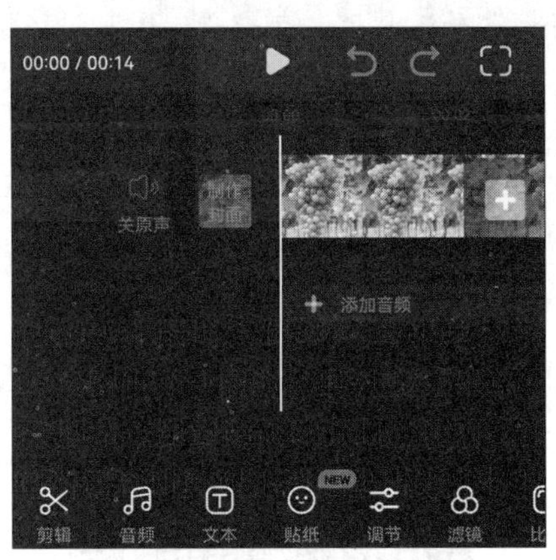

▲ 图4-62 点击“剪辑”按钮

STEP 03 打开“剪辑”子工具栏，将时间线移动到第2s处，在子工具栏中点击“分割”按钮，如图4-63所示。

STEP 04 点击分割后的第1段视频素材，点击“删除”按钮将其删除。点击剩余的视频素材，在工具栏中点击“滤镜”按钮。在打开的“滤镜”栏中点击“食物”选项，然后点击“食欲”选项，将强度调整为“40”，点击按钮应用该滤镜，如图4-64所示。

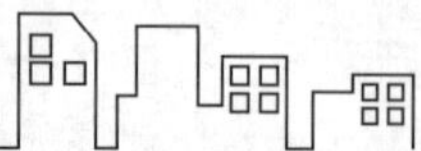

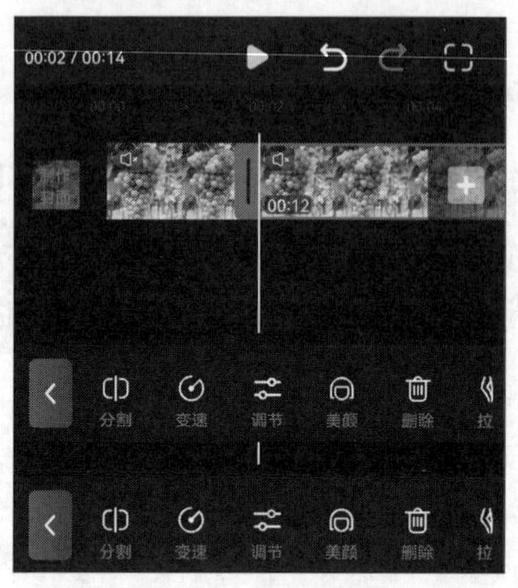

▲ 图4-63 分割短视频

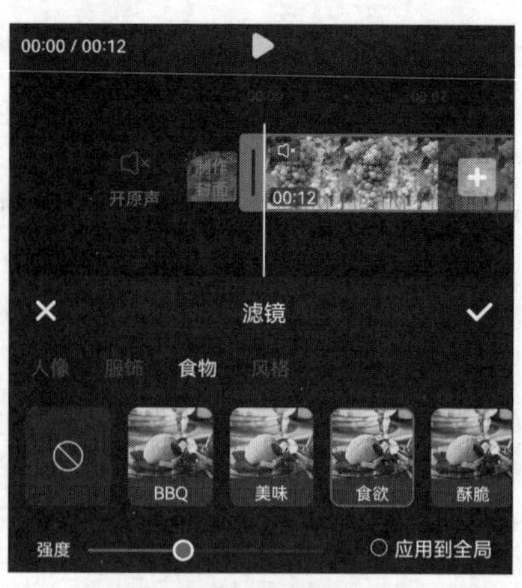

▲ 图4-64 设置滤镜

STEP 05 点击子工具栏中的“返回”按钮，返回编辑界面，在工具栏中点击“比例”按钮，在“比例”子工具栏中点击“1∶1”选项，点击按钮应用该比例，如图4-65所示。

STEP 06 在工具栏中点击“音频”按钮。打开“音频”子工具栏，点击“音乐库”按钮，如图4-66所示。

STEP 07 打开“音乐库”界面，点击“纯音乐”选项。在打开的“纯音乐”界面中点击音乐试听，选择好后点击所选音乐对应的使用按钮，如图4-67所示。

▲ 图4-65 设置比例

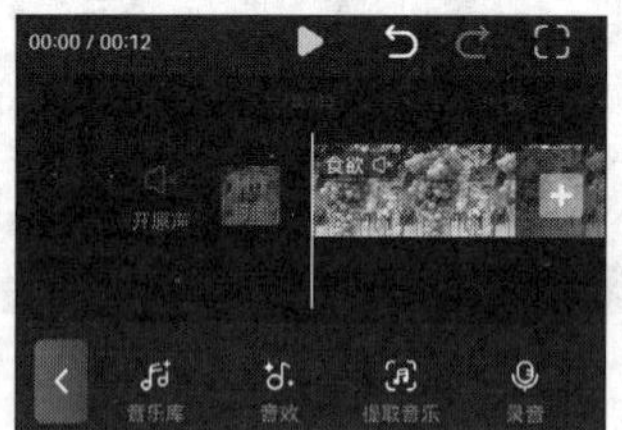

▲ 图4-66 点击“音乐库”按钮

▲ 图4-67 选择音乐

经验之谈

亲拍音乐库中的音乐，只能用于在逛逛、淘宝网首页“猜你喜欢”等公共领域发布的短视频。

STEP 08 返回编辑界面，点击音乐素材，在打开的“音频”子工具栏中点击“淡化”按钮。在打开的“淡化”面板中设置淡入、淡出时长分别为“1.5s”，点击按钮应用该音乐，如图4-68所示。

如果选择的音频时长超过了视频时长，则需要删除多余的音频。

STEP 09 点击界面右上角的按钮。在打开的“导出并发布到”栏中选择发布渠道即可（配套资源：\效果\第4章\葡萄.mp4），如图4-69所示。

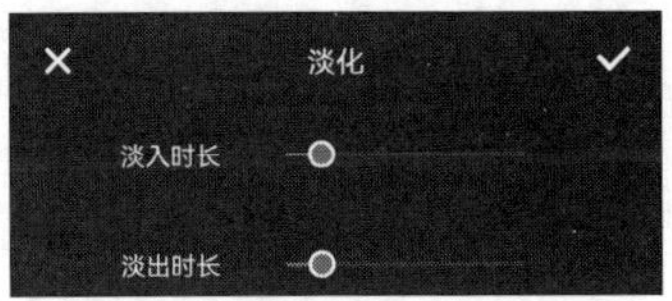

▲ 图4-68 设置淡入、淡出时长

如果制作的是主图短视频，可以将剪辑好的短视频导出至本地，保存到手机相册中，然后将短视频上传到计算机中，并上传到千牛卖家中心的图片空间。

▲ 图4-69 选择发布渠道

素养课堂：培养创新意识和审美能力

在处理商品图片的时候，商家需要具备一定的创新意识和审美能力。创新意识能够帮助商家设计出更具设计感和吸引力的商品图片，而较高的审美能力能够帮助商家提升商品图片的美观度，进而促进网店整体销售量的增加。例如，美妆品牌花西子的商品图片就非常有吸引力。花西子从传统民族文化中汲取营养，将古典元素与时尚元素创造性地融合在一起，赋予传统民族文化新的活力与生机，为商品增添了不少韵味，并通过商品包装设计、商品图片等将这些韵味传递给广大消费者。

在设计商品图片时，花西子多以黛青色和松石绿为主色调，并辅以金色、红色等，给人一种华贵的感觉。花西子还会在商品图片中增添一些富有古典气息的美学纹样，进一步提升商品图片的美感。图4-70所示为花西子淘宝网店首页的部分商品图片展示。

总结：商家要不断培养创新意识和提升审美能力，并将中华传统文化与商品图片设计相结合，制作出能够打动消费者、引起消费者购买欲的商品图片。

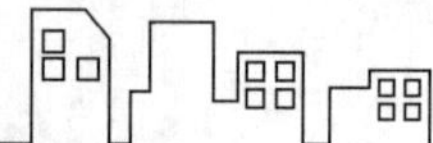

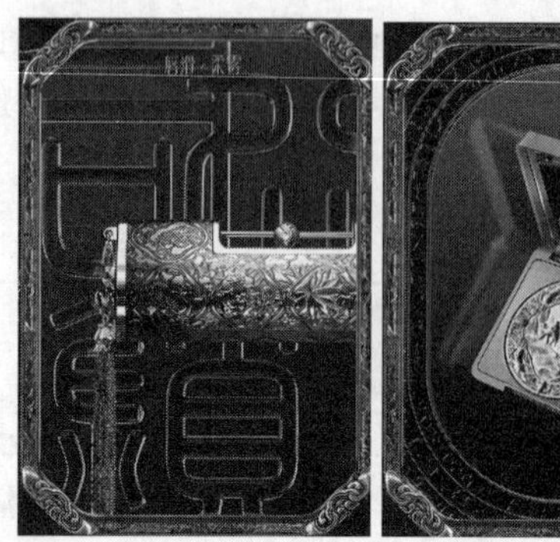

▲ 图4-70　花西子淘宝网店首页的部分商品图片展示

课后练习

1. 选择题

（1）【单选】室外拍摄时，需要注意的事项不包括（　　）。

A. 拍摄时间　　B. 拍摄用光

C. 背景选择　　D. 拍摄商品

（2）【单选】以下不属于室内拍摄补光的手段是（　　）。

A. 白纸　　B. 照明灯　　C. 反光板　　D. 反光伞

（3）【多选】裁剪商品图片的方法有（　　）。

A. 直接裁剪　　B. 裁剪为指定比例

C. 调整图片比例　　D. 校正裁剪角度倾斜的图片

2. 填空题

（1）处理商品图片时，需遵循________、________、________3个原则。

（2）钢笔工具是一种________的抠图工具，非常适合抠取________的对象。

3. 简答题

（1）如何使用Photoshop 2020将图片大小调整为800像素×800像素？

____

（2）短视频脚本的撰写流程是什么？

____

4. 操作题

（1）使用Photoshop 2020对素材图片（配套资源:\素材\第4章\玉.jpg）的曝光度、对比度、色调进行调整，使图片色调更饱满、颜色更鲜明（配套资源:\效果\第4章\玉.jpg），调整前后对比效果如图4-71所示。

（2）任意选择一个商品，为拍摄主图短视频撰写短视频脚本，要求遵循短视频脚本的撰写流程。

（3）使用亲拍拍摄服装商品短视频，要求使用短视频模板拍摄。

▲ 图4-71　调整前后对比效果

拓展阅读

网店商品的拍摄和美化是开店过程中非常重要的部分。商品图片的美化很重要，直接关系到商品的点击率和成交转化率。美化商品图片的目的是吸引消费者查看和了解商品及网店。在美化商品图片的同时，还应该保证图片的清晰度和真实性。下面介绍一些在图片美化过程中常用的技巧和知识。

1. 在商品详情页中拼图

在商品详情页中，为了多角度展示商品，同时提高详情页整体的丰富性和美观性，可以进行商品拼图。商品拼图效果可使用Photoshop 2020来实现，也可使用一些图形图像处理软件中的拼图功能来实现。以光影魔术手为例，使用光影魔术手提供的拼图模板即可快速制作商品拼图，将多张图片合并为一张图片显示。在制作详情页拼图时，可适当保留一些空间，用来添加商品文案，这样不仅可以丰富图片的内容，还可以起到对商品引导说明的作用。

2. 淘宝网店中不同位置商品图片的大小

淘宝网对上传的商品图片大小有一定的要求，因此商家需要了解不同位置商品图片的大小。表4-2所示为淘宝网中常见的图片尺寸及具体要求。

表 4-2　淘宝网中常见的图片尺寸及具体要求

图片名称	尺寸要求	文件大小	支持图片格式
店铺标志	80 像素 ×80 像素	80KB	GIF、JPG、PNG
商品主图	800 像素 ×800 像素	小于 3MB	GIF、JPG、PNG
店招图片	默认：950 像素 ×120 像素 全屏：1920 像素 ×150 像素	不超过 100KB	GIF、JPG、PNG
全屏海报	1920 像素 ×（400~600）像素	小于 50KB	GIF、JPG、PNG
轮播图片	950 像素 ×（460~650）像素	小于 50KB	GIF、JPG、PNG
分类图片	宽度小于 160 像素，高度无明确规定	小于 50KB	GIF、JPG、PNG
导航背景	950 像素 ×150 像素	不限	GIF、JPG、PNG
页头背景	不限	小于 200KB	GIF、JPG、PNG
页面背景	不限	小于 1MB	GIF、JPG、PNG

设计与装修网店

本章引入

设计与装修网店是网上开店必不可少的一步。好的网店装修不仅能体现网店的风格，方便消费者浏览商品，还能获得消费者的认同，提高成交量。因此，商家有必要认真做好网店的设计与装修。

学习目标

1. 掌握网店首页的设计与装修方法。
2. 掌握商品详情页的设计与制作方法。
3. 掌握移动端淘宝网店的装修方法。

知识框架

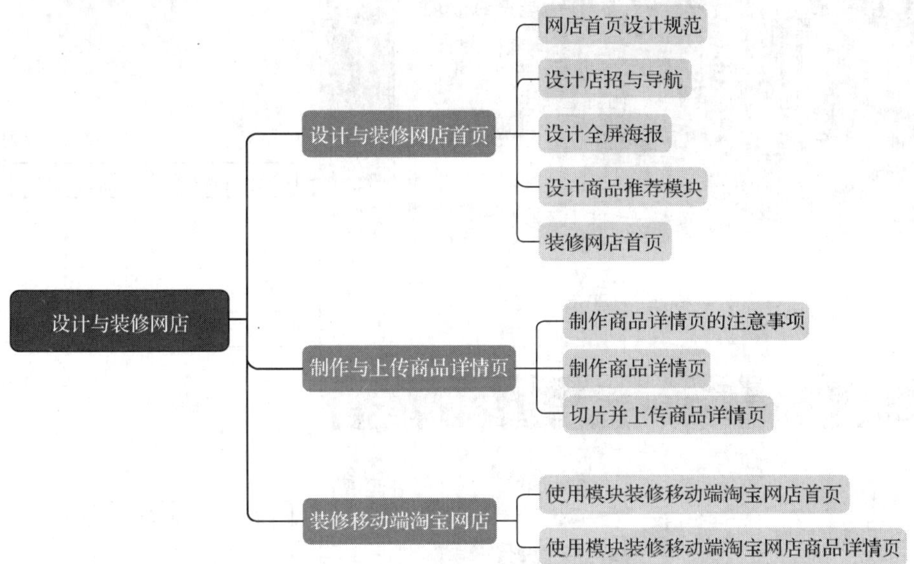

5.1 设计与装修网店首页

网店的首页展示如同实体店的陈列展示，都是通过视觉效果、氛围，使消费者对店铺有直观的了解。为了提升网店首页对消费者的吸引力，商家应先了解网店首页的设计规范，然后进行设计与装修。

5.1.1 网店首页设计规范

网店首页的视觉设计是影响消费者印象和商品转化率的重要因素。不同电子商务平台中的网店，其首页的尺寸也不尽相同，以淘宝网店的首页为例，其宽度一般为1920像素，高度不限。

首页通常包含店招与导航、全屏海报/轮播海报、优惠券、商品（热卖）推荐、页尾等模块（见图5-1），不同模块的设计规范不同。

- **店招与导航**。店招即网店招牌，位于首页顶端，常用于展示网店名称、网店活动、收藏和关注等信息。店招的视觉效果一般与网店整体风格保持统一，即店招在色彩、字体、修饰元素、风格等方面与首页其他模块保持和谐。此外，店招中应该包含网店品牌Logo、网店名称、品牌口号等重要信息。设计时，注意保持店招的简洁性，不要放置太多的信息。导航不仅可以为消费者提供浏览跳转服务，还可以展示网店最新的活动信息，让消费者快速了解网店活动，其视觉设计通常与店招保持一致，也可体现反差和对比。

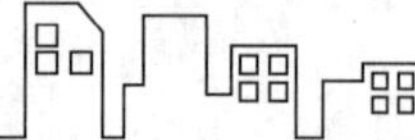

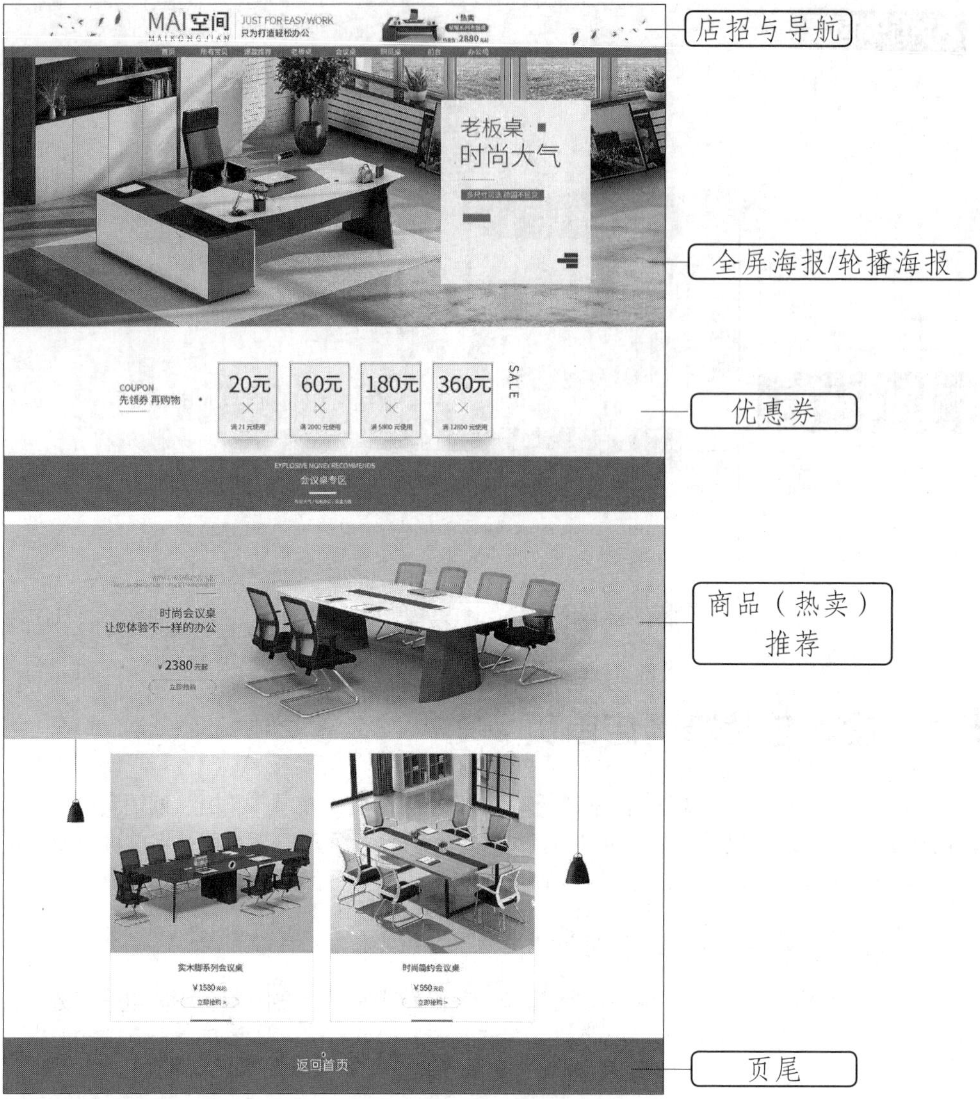

店招与导航

全屏海报/轮播海报

优惠券

商品（热卖）推荐

页尾

▲ 图5-1　网店首页

- **全屏海报/轮播海报**。精致美观的全屏海报不仅可以带给消费者强烈的视觉刺激，吸引消费者进一步浏览首页，还能展示最新活动、最新商品等重要信息。全屏海报的设计需要从色彩、文字、构图等多方面进行考虑。例如，在色彩的运用上，可以选择黑白对比、原色对比、互补色对比、相邻色对比、色彩明度对比、色彩纯度对比等多种方式；在文字的运用上，通常选择与品牌风格相匹配的字体，同时还应该在颜色、大小上进行对比；在构图的运用上，可以采用中心构图法、九宫格构图法、对角线构图法、三角形构图法等。多张全屏海报可以组成轮播海报，不同的海报可以体现不同的主题。

- **优惠券**。优惠券是首页中非常常见的模块。优惠券的设计十分简单，其颜色和字体的选择通常以首页为基准。该模块可以根据网店活动进行自主添加，也可以删除。
- **商品（热卖）推荐**。商品（热卖）推荐主要用于展示网店主推商品，同时引导消费者进行查看和点击，是打造热卖商品、网店营销的重要模块。该模块可以参考海报、主图和商品详情页的设计要求进行设计。
- **页尾**。页尾位于首页的末尾，常展示网店地址、二维码、品牌形象、温馨提示等内容，也可根据需要添加“返回顶部”模块，方便消费者从头进行浏览。页尾可根据网店需要进行添加。

在进行网店首页布局时，网店活动、促销信息等可以放在比较醒目的位置，如放在店招中。导航、海报、优惠券等一般都放在靠前的位置，商品（热卖）推荐等推销商品的模块紧随其后。首页布局应使模块排列错落有致，结构清晰明了，可以搭配列表式和图文式布局，避免使消费者产生视觉疲劳。

在设计网店首页时，最好根据商品类目、品牌来选择风格。例如，服装类店铺的装修风格一般都比较华丽，多以模特、商品图片为主；运动、数码、五金等类目网店的装修风格偏于稳重，颜色运用、网店布局多呈现金属感、科技感等。此外，还要合理规划网店首页中每一屏的内容，如现在主流的网店首页设计中，首屏几乎都是全屏海报或轮播海报，第二屏依次放置商品图片、商品搭配图片，或者商品短视频等，首页整体呈现全屏海报（轮播海报）+ 商品陈列的结构。

5.1.2 设计店招与导航

“Porcelain”手工瓷网店需要制作店招和导航，用于展示品牌形象和商品信息。在制作店招与导航时，可直接输入网店的英文名称并进行变形设计，然后添加收藏和关注板块，方便消费者收藏或关注店铺，最后根据商品分类制作导航。其具体操作如下。

STEP 01 打开Photoshop 2020，新建大小为“1920像素×150像素”，分辨率为“300像素/英寸”，名称为“店招与导航”的文件。选择“矩形选框工具”，在其工具属性栏中设置“样式”和“宽度”分别为“固定大小”“485像素”。在文件灰色区域的左上角单击创建选区，从左侧的标尺上拖动参考线直到与选区右侧对齐，如图5-2所示。使用相同的方法在图像右侧创建参考线。

STEP 02 选择“横排文字工具” T，在左侧参考线上输入文字“PORCELAIN”，打开“字符”面板，设置字体、字号和文字颜色分别为“方正苏新诗墨渍体 简体”“12点”“#317d73”，如图5-3所示。

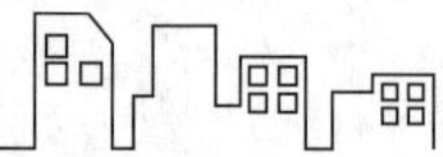

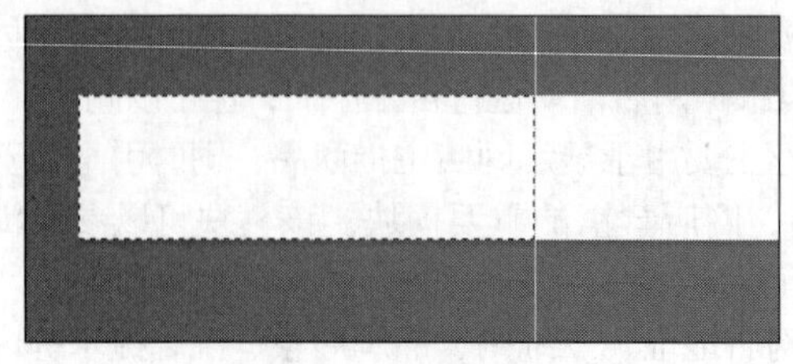

▲ 图5-2　创建参考线

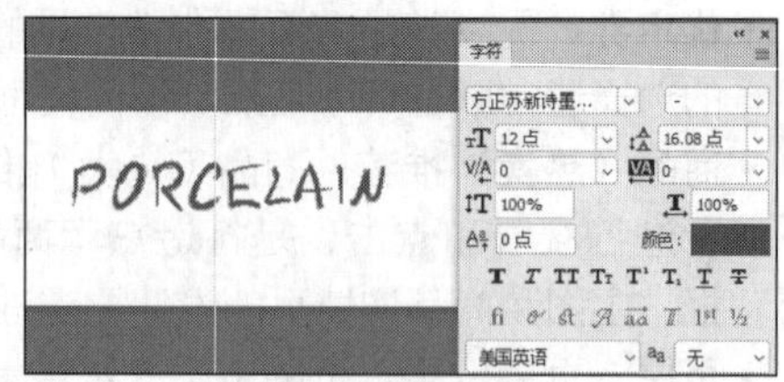

▲ 图5-3　输入文字

STEP 03 打开“图层”面板，选择文字图层，在其上单击鼠标右键，在弹出的快捷菜单中选择“转换为形状”命令，将文字转换为形状，如图5-4所示。

STEP 04 选择“直接选择工具”，单击“P”文字可发现文字上方显示了锚点，拖动文字上的锚点，完成文字的变形操作，调整“P”文字效果如图5-5所示。

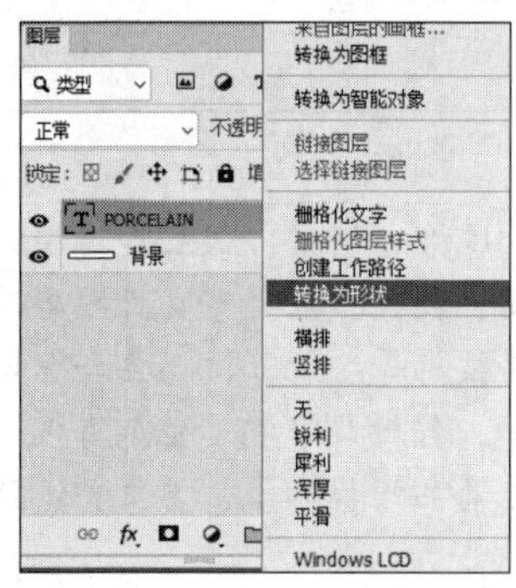

▲ 图5-4　将文字转换为形状

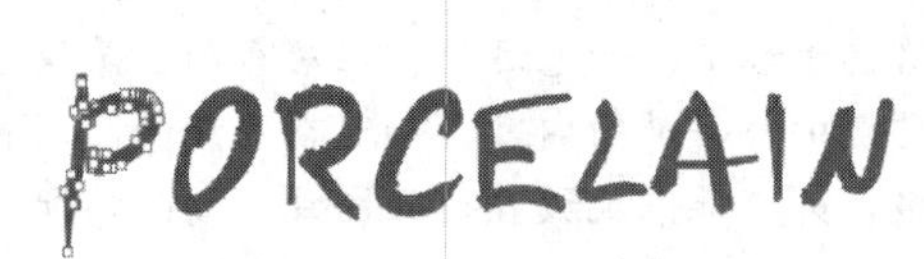

▲ 图5-5　调整“P”文字效果

STEP 05 使用相同的方法对其他文字进行变形操作，如图5-6所示。

STEP 06 选择“横排文字工具”，在“PORCELAIN”文字下方和右侧输入文字。设置“为您发现生活之美”的字体为“方正品尚黑简体”，设置“专注品质 只产健康瓷”的字体为“汉仪瘦金书简”，然后设置文字颜色为“#000202”，并调整两处文字的字体和字间距，输入新的文字效果如图5-7所示。

▲ 图5-6　调整其他文字

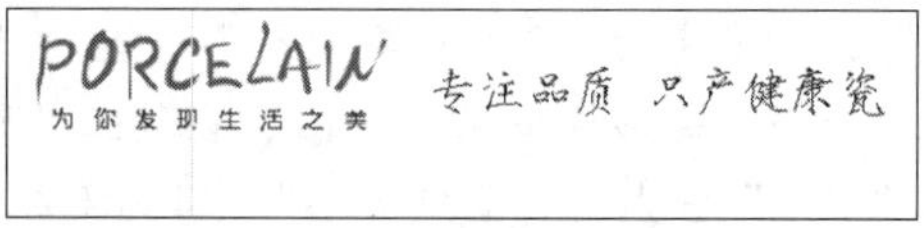

▲ 图5-7　输入新的文字效果

STEP 07 选择“直线工具”，在两部分文字之间绘制描边颜色为“#317d73”，大小为“2像素×90像素”的竖线，绘制竖线效果如图5-8所示。

STEP 08 打开“素描图.png”素材图片（配套资源:\素材\第5章\素描图.png），将素材拖动到图像右侧，调整大小和位置。

STEP 09 选择“圆角矩形工具”，在其工具属性栏中设置填充颜色为“#59978f”，半径为“30像素”，在“只产健康瓷”文字右侧绘制两个大小为“120像素×25像素”的圆角矩形，绘制圆角矩形效果如图5-9所示。

PORCELAIN
为你发现生活之美
专注品质 只产健康瓷

▲ 图5-8 绘制竖线效果

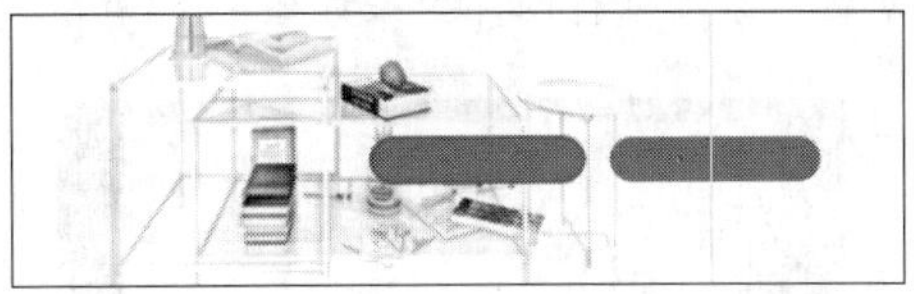

▲ 图5-9 绘制圆角矩形效果

STEP 10 选择“横排文字工具” T，在两个圆角矩形内分别输入“收藏店铺”和“关注店铺”文字，设置字体、文字颜色分别为“方正品尚黑简体”“白色”，调整文字大小，在圆角矩形内输入文字效果如图5-10所示。

▲ 图5-10 在圆角矩形内输入文字效果

STEP 11 选择“矩形工具”，在文字的下方绘制大小为“1920像素×30像素”，颜色为“#59978f”的矩形。

STEP 12 选择“横排文字工具” T，在绘制的矩形内分别输入文字“所有分类”“首页”“餐具套装”“碗单品”“盘单品”“茶具水具”“厨房配件”，并设置字体和文字颜色分别为“方正品尚黑简体”“白色”，调整文字位置。

STEP 13 选择【视图】/【显示】/【参考线】菜单命令，隐藏绘制的参考线，保存图片，查看完成后的效果（配套资源:\效果\第5章\店招与导航.psd），如图5-11所示。

▲ 图5-11 制作导航条

5.1.3 设计全屏海报

“Porcelain”手工瓷网店需要在导航的下方制作以新品宣传为主题的全屏海报，海报色调要求与店招相匹配，尺寸要求为1920像素×700像素。其具体操作如下。

STEP 01 在Photoshop 2020中新建大小为“1920像素×700像素”，分辨率为“72像素/英寸”，名称为“全屏海报”的文件。设置前景色为“#59978f”，按【Alt+Delete】组合键填充前景色。

STEP 02 选择“圆角矩形工具”，设置填充颜色为“白色”，半径为“30像素”，在图像编辑区的中间区域绘制大小为“1600像素×600像素”的圆角矩形，如图5-12所示。

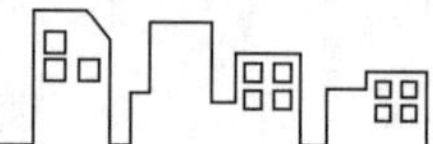

STEP 03 打开“餐具图.png”素材图片（配套资源:\素材\第5章\餐具图.png），将素材拖动到“全屏海报”中矩形的右侧部分，调整大小和位置，按【Ctrl+Alt+G】组合键创建剪贴蒙版，添加素材图片效果如图5-13所示。

▲ 图5-12 绘制圆角矩形

▲ 图5-13 添加素材图片效果

STEP 04 选择“横排文字工具” T，在餐具图的左侧输入文字，并设置字体和文字颜色分别为“方正品尚黑简体”“#2c6158”，然后修改“可爱萝卜兔餐具套装”文字的字体为“方正兰亭粗黑简体”，调整文字的大小和位置，输入文字效果如图5-14所示。

STEP 05 双击“可爱萝卜兔餐具套装”文字图层，打开“图层样式”对话框，选中“内阴影”复选框，设置颜色、不透明度、距离、大小分别为“#31080a”“55%”“3像素”“9像素”，如图5-15所示。

▲ 图5-14 输入文字效果

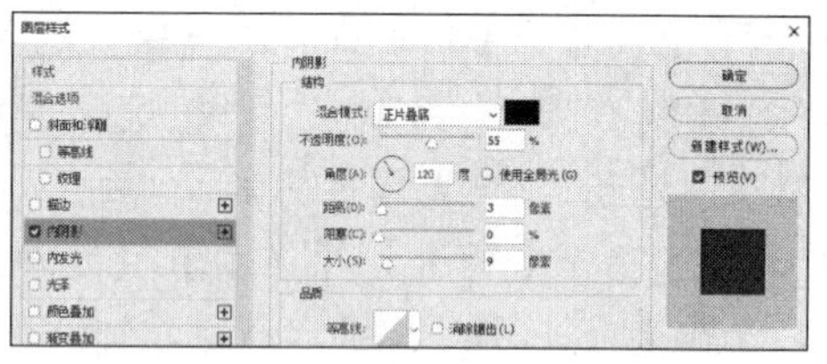

▲ 图5-15 设置“内阴影”参数

STEP 06 选中“投影”复选框，设置颜色、不透明度、距离、大小分别为“#59978f”“35%”“7像素”“5像素”，单击 确定 按钮，如图5-16所示。

STEP 07 选择“圆角矩形工具”，设置填充颜色为“#59978f”，半径为“30像素”，在文字的下方绘制大小为“31794像素×66.66像素”的圆角矩形，再次选择“圆角矩形工具”，设置填充颜色为“#565a59”，在圆角矩形中绘制大小为“150像素×80像素”的圆角矩形，然后按【Ctrl+Alt+G】组合键创建剪贴蒙版，再次绘制圆角矩形效果如图5-17所示。

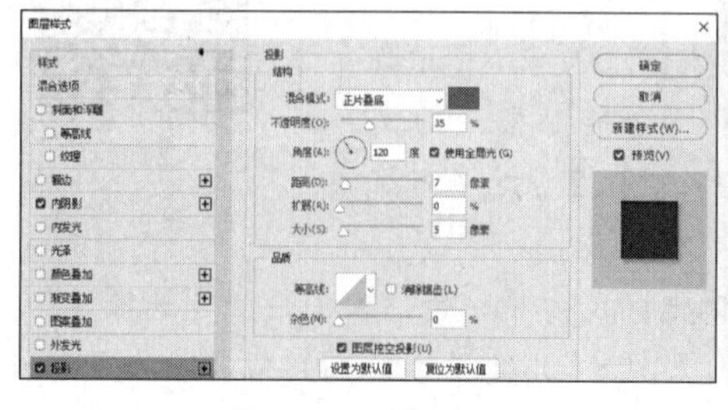

▲ 图5-16 设置“投影”参数

▲ 图5-17 再次绘制圆角矩形效果

STEP 08 选择“横排文字工具”T，在STEP07中绘制的圆角矩形内输入文字，并设置字体和文字颜色分别为“方正品尚黑”“白色”，调整文字的大小和位置。保存图片并查看完成后的效果（配套资源:\效果\第5章\全屏海报.psd），如图5-18所示。

▲ 图5-18　全屏海报完成效果

5.1.4　设计商品推荐模块

“Porcelain”手工瓷网店需要在全屏海报的下方制作商品推荐模块，要求商品推荐分为餐具套装专区和餐具单品专区两部分，方便对不同的商品进行展现，其色调要与店招与导航、全屏海报相统一。其具体操作如下。

STEP 01 在Photoshop 2020中新建大小为“1920像素×5000像素”，分辨率为“72像素/英寸”，名称为“商品推荐”的文件。

STEP 02 选择“矩形工具”，绘制大小为“1920像素×600像素”，颜色为“黑色”的矩形。

STEP 03 打开“餐具图2.png”素材图片（配套资源:\素材\第5章\餐具图2.png），将素材拖动到矩形上方，调整素材的大小和位置，按【Ctrl+Alt+G】组合键创建剪贴蒙版，添加素材图片效果如图5-19所示。

STEP 04 打开“图层”面板，设置“餐具图2.png”所在图层的不透明度为“50%”，设置不透明度效果如图5-20所示。

▲ 图5-19　添加素材图片效果

▲ 图5-20　设置不透明度效果

STEP 05 选择“横排文字工具”T，在矩形内输入文字，并设置字体和文字颜色分别为“思源黑体 CN”“白色”，调整文字的大小和位置，输入并设置文字效果如图5-21所示。

STEP 06 选择“圆角矩形工具”，取消填充颜色，设置描边颜色为“白色”，描边宽度为“4点”，半径为“30像素”，在文字的下方绘制大小为“250像素×60像素”的

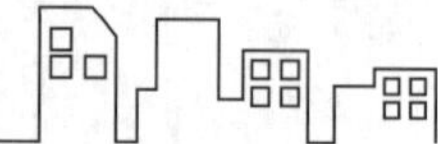

圆角矩形，选择“横排文字工具” T，在圆角矩形内输入文字，并设置字体和文字颜色分别为“思源黑体 CN”“白色”，调整文字的大小和位置，绘制圆角矩形并输入文字效果如图5-22所示。

▲ 图5-21　输入并设置文字效果

▲ 图5-22　绘制圆角矩形并输入文字效果

STEP 07 选择“矩形工具” □，绘制6个大小为“450像素×500像素”，颜色为“#f3f3f3”的矩形，绘制矩形效果如图5-23所示。

STEP 08 打开“餐具1.png~餐具6.png”素材图片（配套资源:\素材\第5章\餐具1.png~餐具6.png），将素材依次拖动到矩形内，注意一张图片对应一个矩形，图片图层需要在矩形图层的上方，然后调整各个素材的大小和位置，按【Ctrl+Alt+G】组合键创建剪贴蒙版，添加素材并创建剪贴蒙版效果如图5-24所示。

▲ 图5-23　绘制矩形效果

▲ 图5-24　添加素材并创建剪贴蒙版效果

STEP 09 选择“横排文字工具” T，分别在6个矩形下方输入文字，并设置字体和文字颜色分别为“思源黑体 CN”“#404141”，调整文字的大小和位置。

STEP 10 选择“椭圆工具” ○，在STEP09输入的文字的右侧各绘制1个大小为“51像素×51像素”，颜色为“#404141”的正圆（共绘制6个），并在圆内输入“+”，输入文字并绘制正圆效果如图5-25所示。

STEP 11 选择“餐具套装专区”的所有内容，按住【Alt】键不放，向下拖动复制图像，然后将素材图片修改为“餐具7.png~餐具12.png”素材图片（配套资源:\素材\第5章\餐具7.png~餐具12.png），并修改文字，复制图像并替换图片和文字效果如图5-26所示。

▲ 图5-25 输入文字并绘制正圆效果

▲ 图5-26 复制图像并替换图片和文字效果

STEP 12 打开“餐具13.png”素材图片（配套资源:\素材\第5章\餐具13.png），将素材拖动到图像下方，调整素材的大小和位置，用于装饰商品推荐模块。保存图片并查看完成后的效果（配套资源:\效果\第5章\商品推荐.psd），如图5-27所示。

▲ 图5-27 商品推荐模块效果

5.1.5 装修网店首页

完成网店首页设计后还需要装修首页，以吸引消费者查看并浏览首页。装修首页时，需要先将各模块图片上传到图片空间，然后结合码工助手获取装修代码，再通过装修模块对网店首页进行装修。其具体操作如下。

STEP 01 进入千牛卖家中心，在左侧导航栏中单击“商品”选项卡，选择“商品管理”栏下的“图片空间”选项，如图5-28所示。

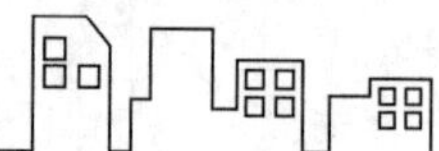

STEP 02 打开“素材中心”页面，在页面上方单击 上传 按钮。打开“上传图片”对话框，单击“上传”超链接，如图5-29所示。

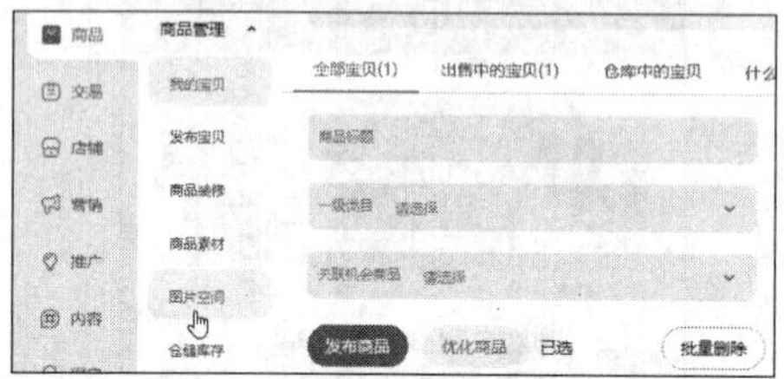

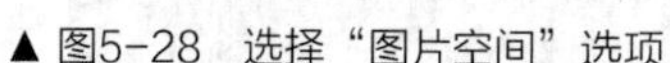

▲ 图5-28　选择“图片空间”选项

▲ 图5-29　单击“上传”超链接

STEP 03 打开“打开”对话框，选择需要上传的商品图片（配套资源:\效果\第5章\店招与导航.png、全屏海报.png、商品推荐.jpg），按【Ctrl+A】组合键全选图片，单击 打开(O) 按钮，如图5-30所示。

STEP 04 此时将打开图片上传提示对话框，并显示图片上传进度，上传完成后，单击 确定 按钮关闭提示窗口。在图片空间查看上传的图片，将鼠标指针移到“店招与导航”图片上，单击出现的“复制链接”按钮，复制该图片的链接，如图5-31所示。

▲ 图5-30　选择上传图片

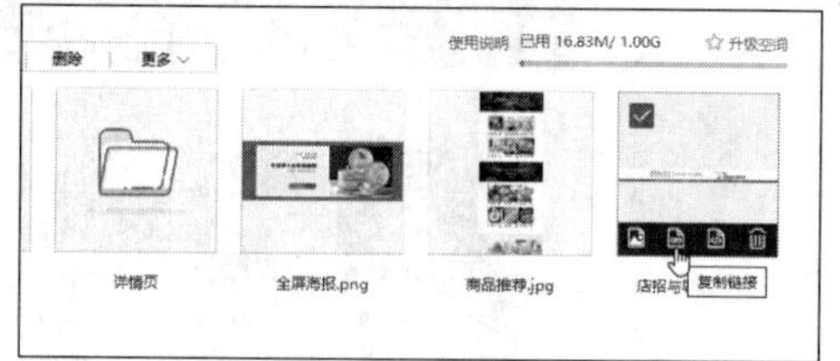

▲ 图5-31　复制链接

STEP 05 为了全屏显示“店招与导航”图片，需要将“店招与导航”图片转换为代码。在百度中搜索并打开“码工助手”网站首页，在“工具”栏中单击“电商通用热区工具”对应的“在线使用”超链接，如图5-32所示。

STEP 06 打开“画布设置”页面，在“图片链接”文本框中按【Ctrl+V】组合键，粘贴复制的“店招与导航”图片链接，单击 确认 按钮，如图5-33所示。

▲ 图5-32　单击“在线使用”超链接

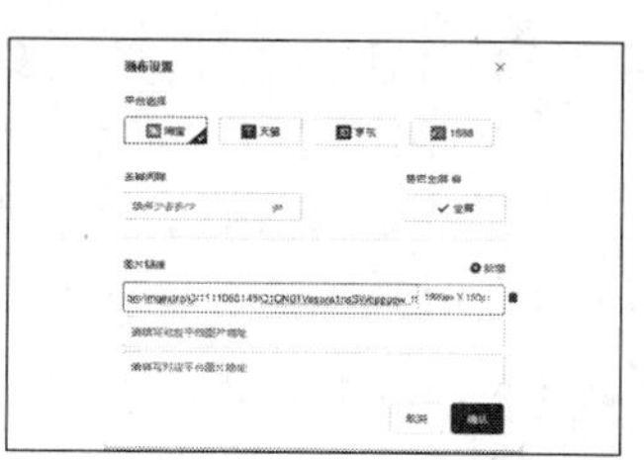

▲ 图5-33　粘贴链接

STEP 07 打开PC热区编辑器页面，在页面左侧单击“添加热区”按钮，添加一个热区。调整热区位置至“收藏店铺”对应板块，然后在右侧面板的“链接”文本框中输入收藏店铺的链接，完成第一个热点的添加，并在“描述”文本框中输入文字“收藏店铺”，如图5-34所示。

▲ 图5-34 添加热区

获取收藏店铺链接的方法是进入自己的网店，在右上角的 收藏店铺 按钮上单击鼠标右键，在弹出的快捷菜单中选择“复制链接地址”命令。

STEP 08 按照该方法为其他需要添加链接的区域设置热区，完成其他热区的添加效果如图5-35所示。

▲ 图5-35 完成其他热区的添加效果

STEP 09 单击“在线布局”页面右上方的 生成代码 按钮，在打开的对话框中单击 复制代码 按钮复制代码，如图5-36所示。

STEP 10 进入千牛卖家中心，在左侧导航栏中单击“店铺”选项卡，选择“店铺装修”栏下的“PC端店铺装修”选项，如图5-37所示。

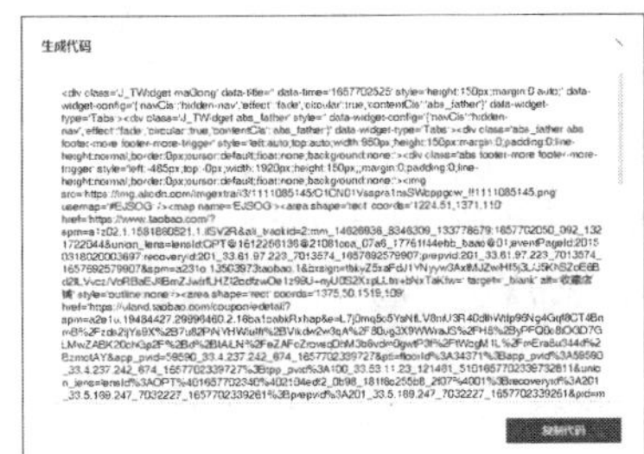

▲ 图5-36 导出并复制代码

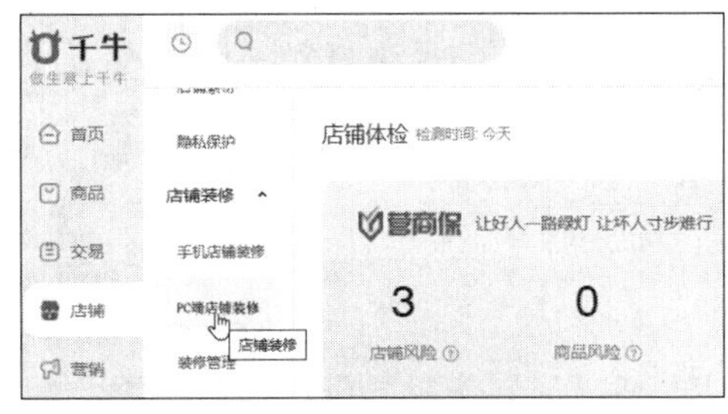

▲ 图5-37 选择“PC店铺装修”选项

STEP 11 打开旺铺管理页面，单击“首页”右侧的“装修页面”超链接，进入首页装修页面，在店招右侧单击 编辑 按钮，打开“店铺招牌”对话框，选中“自定义招牌”单选项，单击“源码”按钮，在下面的文本框中按【Ctrl+V】组合键粘贴前面复制的代码，在“高度”数值框中输入“150”，单击 保存 按钮，如图5-38所示。

STEP 12 在页面左侧选择“页头”选项，在打开的页面中单击 更换图片 按钮，打开“打开”对话框，在其中选择通栏店招的图片，单击 打开(O) 按钮。在页头分别设置背景显示为“不平铺”，背景对齐为“居中”，如图5-39所示。

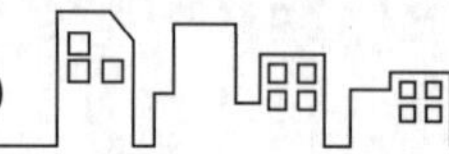

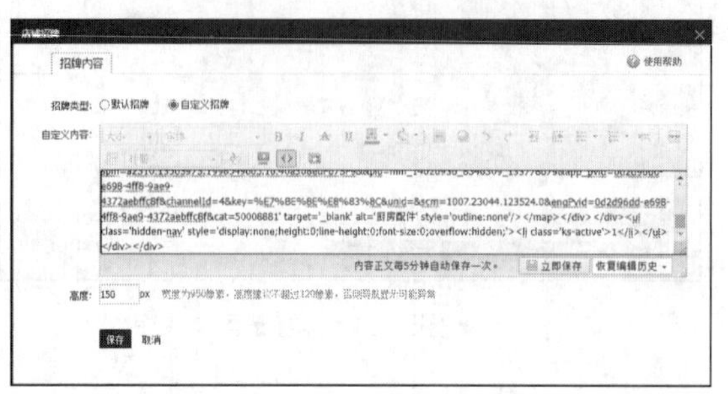

▲ 图5-38　自定义招牌内容

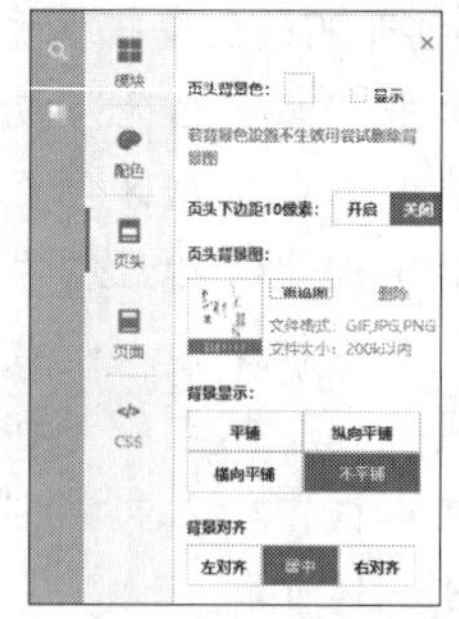

▲ 图5-39　设置页头

STEP 13 在左侧的“模块”选项卡中选择“自定义区”模块，按住鼠标左键不放将其拖动到导航的下方，释放鼠标左键完成模块的添加。在“自定义模块”上单击编辑按钮，打开“自定义内容区”对话框，如图5-40所示。

STEP 14 在素材中心将鼠标指针移到全屏海报上，单击“复制链接”按钮，复制其链接。

STEP 15 在“码工助手”网站首页的“工具”栏中单击“电商通用热区工具”对应的“在线使用”超链接，打开“画布设置”页面，在“图片链接”文本框中按【Ctrl+V】组合键，粘贴复制的全屏海报链接，单击确认按钮。

STEP 16 打开PC端热区编辑器页面，在页面左侧单击“添加热区”按钮，添加一个热区。调整热区位置至全屏海报左侧面板的白底部分，然后在右侧面板的“链接”文本框中输入对应商品的链接地址，完成热区的添加，如图5-41所示。

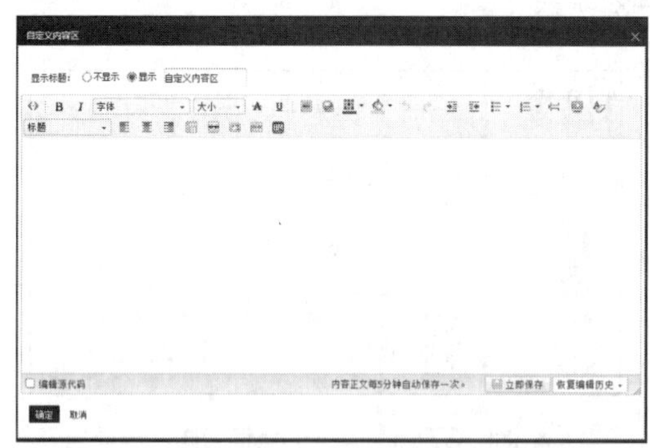

▲ 图5-40　打开“自定义内容区”对话框

▲ 图5-41　添加商品热区

经验之谈

在设置热区时，如果想删除热区，可先选择热区，然后单击其右上角的“删除”按钮，在打开的提示框中单击确定按钮。

STEP 17 单击“在线布局”页面右上方的 生成代码 按钮，在打开的对话框中单击 复制代码 按钮复制代码。

STEP 18 返回打开的“自定义内容区”对话框，选中“不显示”单选项，单击“源码”按钮<>，在下面的文本框中按【Ctrl+V】组合键粘贴前面复制的代码，单击“源码”按钮<>，显示海报效果，单击 确定 按钮完成海报的制作，如图5-42所示。

▲ 图5-42 制作海报

STEP 19 在全屏海报的下方添加“自定义区”模块，使用与前面相同的方法制作商品推荐模块。

STEP 20 单击 预览 按钮，预览设置后的效果，如图5-43所示。确认无误后单击 发布站点 按钮发布即可。

▲ 图5-43 预览首页效果

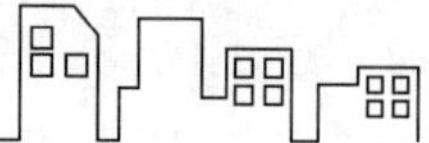

5.2 制作与上传商品详情页

商品详情页是由文字、图片、视频构成的。商品详情页不仅能向消费者展示商品的规格、颜色、细节、材质等具体信息，还能展示商品的优势。在设计商品详情页时，需要尽可能多地展现商品的卖点，吸引消费者的注意力并刺激消费者产生购买行为。

5.2.1 制作商品详情页的注意事项

美观漂亮的商品详情页可以为商品增色，吸引消费者关注，增加商品的售出概率。而要达到这样的效果，设计商品详情页时需考虑以下注意事项。

- 商品详情页的风格应该与店铺标志和店招等的风格保持一致，以免造成整体效果不协调。
- 商品详情页的内容一般都比较多，为了避免消费者在浏览商品详情页时出现加载过慢的问题，在装修时最好不要使用尺寸太大的图片。
- 在店铺管理页面直接制作商品详情页十分不方便，因此可先通过Photoshop 2020制作好商品详情页，再进行上传。
- 淘宝网对商品详情页的尺寸一般没有具体要求，但个人网店的商品详情页的宽度一般在750像素以内。

扫一扫

实例演示

5.2.2 制作商品详情页

商品详情页是促成消费者下单的关键页面，因此商品详情页的视觉设计就显得尤为重要。“Porcelain”手工瓷网店需要为一款牛排盘制作商品详情页，用于宣传该商品，该商品详情页主要由焦点图、卖点图、产品信息图、产品细节图4部分组成。其具体操作如下。

STEP 01 制作焦点图。打开Photoshop 2020，新建大小为“750像素×1280像素”，分辨率为“72像素/英寸”，名称为“商品详情页”的文件。

STEP 02 选择“矩形工具”，绘制大小为“750像素×1280像素”的矩形。在其工具属性栏中单击“填充”右侧的色块，在打开的下拉列表中单击“渐变”按钮，在下方的颜色条上设置渐变颜色为“#a1a4a9~#d7dce0”，设置旋转渐变为“25”，如图5-44所示。

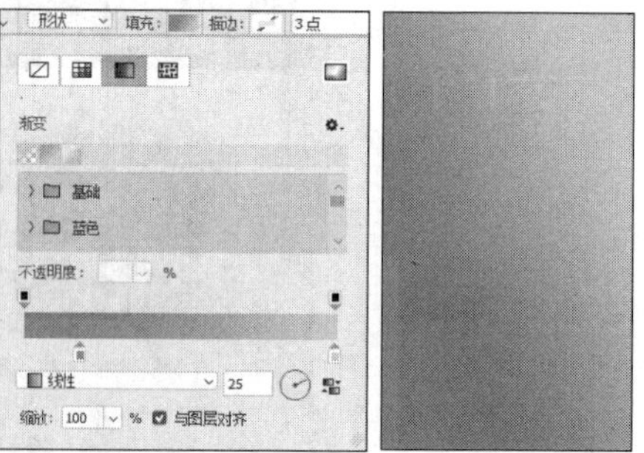

▲ 图5-44　设置渐变颜色

STEP 03 添加“商品详情页图1.png”素材图片（配套资源:\素材\第5章\商品详情页图片\商品详情页图1.png），调整素材的大小和位置。然后在“图层”面板中单击“添加图层蒙版”按钮，为添加的素材添加图层蒙版，如图5-45左侧所示。设置前景色为“黑色”，选择“画笔工具”，在其工具属性栏中设置画笔样式为“柔边圆”，然后在素材图片的顶部进行涂抹，使图片和背景过渡自然，然后按【Ctrl+Alt+G】组合键创建剪贴蒙版，添加图层蒙版效果如图5-45右侧所示。

STEP 04 选择“矩形工具”，在其工具属性栏中设置填充颜色为“#1c95b1”，在图片的上方绘制大小为“541像素×19像素”的矩形，绘制矩形效果如图5-46所示。

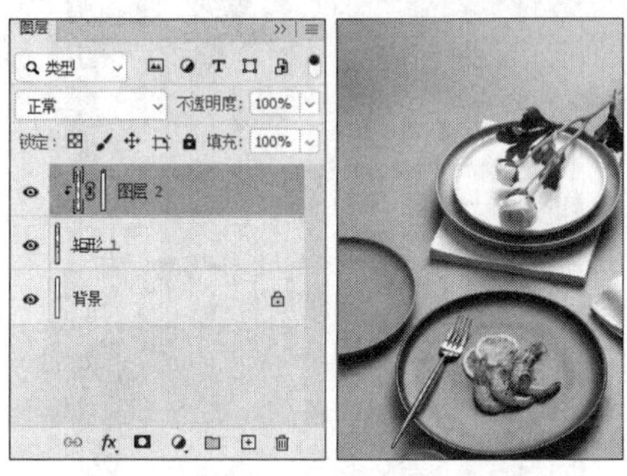

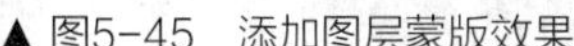
▲ 图5-45　添加图层蒙版效果

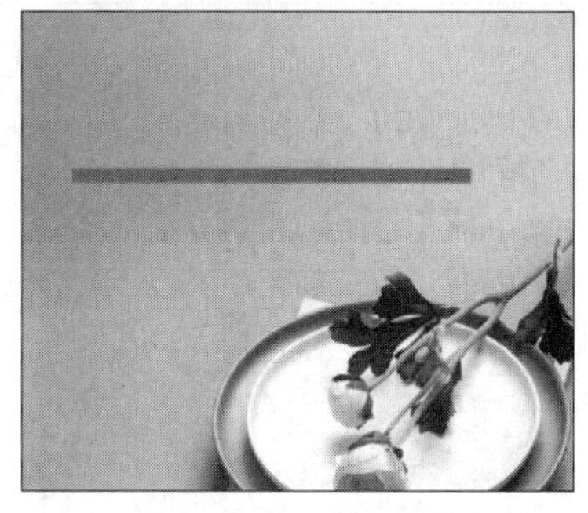
▲ 图5-46　绘制矩形效果

STEP 05 选择“横排文字工具”，在STEP04绘制的矩形附近输入文字，并设置字体和文字颜色分别为“方正品尚黑简体”“#2d2d2d”，调整文字的大小和位置，然后将“亚光简约牛排盘”的字体修改为“方正大黑简体”，输入并设置文字效果如图5-47所示。

STEP 06 为了使文字更加立体，还可添加文字叠加效果。选择“亚光简约牛排盘”文字，按【Ctrl+J】组合键复制文字，将复制后的文字颜色修改为“#1c95b1”，然后将该图层拖动到“亚光简约牛排盘”文字图层的下方，并调整文字的位置使其形成文字叠加的效果，复制文字图层并调整文字位置效果如图5-48所示。

▲ 图5-47　输入并设置文字效果

▲ 图5-48　复制文字图层并调整文字位置效果

STEP 07 选择“亚光简约牛排盘 复制”文字图层，单击鼠标右键，在弹出的快捷菜单中选择“栅格化文字”命令，将该图层栅格化处理，然后选择【滤镜】/【模糊】/【高斯模糊】菜单命令，打开“高斯模糊”对话框，设置半径为“2像素”，单击 确定 按钮，如图5-49所示。

STEP 08 选择“椭圆工具”，在“亚光釉面”等3行文字的左侧各绘制1个大小为“15像素×15像素”，颜色为“#1c95b1”的正圆（共绘制3个），调整各个圆的位置，完成焦点图的制作，绘制正圆效果如图5-50所示。

▲ 图5-49　设置高斯模糊

▲ 图5-50　绘制正圆效果

由于这里制作的是商品详情页的焦点图，因此商品应是焦点图的主体，商品的大小和摆放位置必须要合理，商品的呈现要清晰。

STEP 09 制作卖点图。选择“矩形工具”，在其工具属性栏中设置填充颜色为“#1c95b1”，在焦点图的下方绘制大小为“750像素×1234像素”的矩形，然后在矩形内绘制“700像素×720像素”的矩形。在右侧打开“属性”面板，设置左上角半径、右下角半径分别为“60像素”，如图5-51所示。

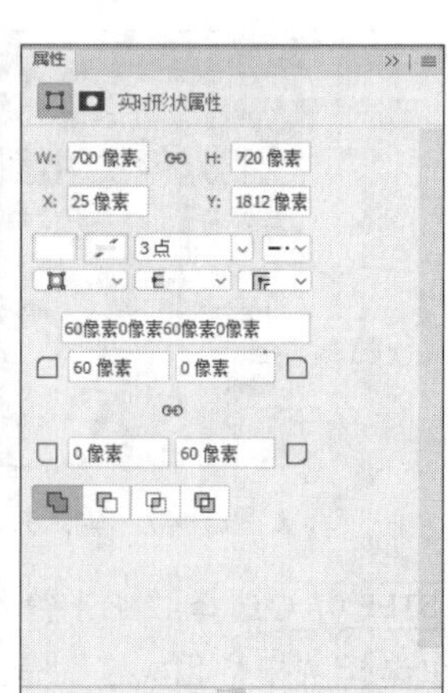

▲ 图5-51　绘制矩形并调整半径

STEP 10 添加“商品详情页图2.png”素材图片（配套资源:\素材\第5章\商品详情页图片\商品详情页图2.png），调整素材的大小和位置，然后按【Ctrl+Alt+G】组合键创建剪贴蒙版。选择“横排文字工具” T，在图片上方输入文字，并设置字体和文字颜色分别为“方正大黑简体”“白色”，调整文字的大小和位置，输入并设置文字2效果如图5-52所示。

STEP 11 添加“矢量图.png”素材图片（配套资源:\素材\第5章\商品详情页图片\矢量图.png），调整素材的大小和位置。选择“横排文字工具” T，在矢量图下方输入文字，并设置字体和文字颜色分别为“方正品尚黑简体”“白色”，调整文字的大小和位置，添加矢量图和文字效果如图5-53所示。

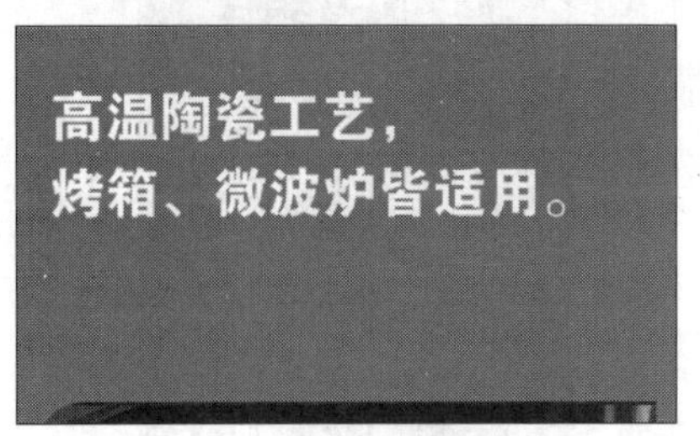

▲ 图5-52 输入并设置文字2效果

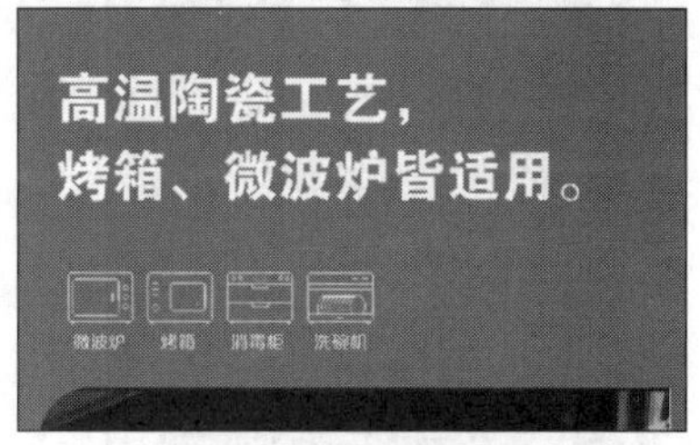

▲ 图5-53 添加矢量图和文字效果

STEP 12 添加“商品详情页图3.png”素材图片（配套资源:\素材\第5章\商品详情页图片\商品详情页图3.png），调整素材的大小和位置。

STEP 13 选择“矩形工具” ，在其工具属性栏中设置填充颜色为“#1c95b1”，在图片的上方绘制大小为“607像素×38像素”的矩形。选择“横排文字工具” T，输入文字“收纳升级　叠加堆放　贴心而实用”，并设置字体和文字颜色分别为“方正大黑简体”“白色”，然后在刚才绘制的矩形内输入文字，设置字体为“方正品尚黑简体”，调整文字的大小和位置，输入并设置文字3效果如图5-54所示。

▲ 图5-54 输入并设置文字3效果

STEP 14 选择“矩形工具” ，在其工具属性栏中设置填充颜色为“#1c95b1”，在图片的下方绘制大小为“750像素×2280像素”的矩形，然后在矩形内绘制“702像素×720像素”的矩形，打开“属性”面板，设置右上角半径、左下角半径分别为“60像素”。

STEP 15 添加“商品详情页图4.png、商品详情页图5.png”素材图片（配套资源:\素材\第5章\商品详情页图片\商品详情页图4.png、商品详情页图5.png），调整素材的大小和位置，然后将“商品详情页图4.png”拖动到白色矩形的上方，按【Ctrl+Alt+G】组合键创建剪贴蒙版，添加素材效果如图5-55所示。

STEP 16 选择“矩形工具”，在工具属性栏中设置填充颜色为“#b0b4b8”，在商品详情页图4的上方绘制大小为351像素×24像素的矩形，然后选择“横排文字工具”，分别在商品详情页图4、图5上方输入文字，并设置字体、文字颜色分别为“方正大黑简体”“白色”，文字大小分别为“61.71点”“34.18点”，调整文字位置，效果如图5-56所示。

▲ 图5-55 添加素材效果

▲ 图5-56 输入并设置文字4效果

STEP 17 添加“商品详情页图6.png、商品详情页图7.png”素材图片（配套资源:\素材\第5章\商品详情页图片\商品详情页图6.png、商品详情页图7.png），调整素材的大小和位置。

STEP 18 选择“矩形工具”，在其工具属性栏中设置填充颜色为“#1c95b1”，在商品详情页图6.png的左侧绘制大小为“346像素×57像素”的矩形。选择“横排文字工具”T，在矩形内输入文字，并设置字体、文字颜色、文字大小分别为“方正大黑简体”“ffffff”“37.97点”，调整文字的位置；在商品详情页图7右侧输入文字，并设置字体、文字颜色、文字大小分别为“方正大黑简体”“1c95b1”“37.97点”，添加素材并输入文字效果如图5-57所示。

STEP 19 制作产品信息图。选择“矩形工具”，在其工具属性栏中设置填充颜色为“#1c95b1”，绘制大小为“750像素×380像素”的矩形。选择“横排文字工具”T，在矩形内及上方输入文字，并设置字体和文字颜色分别为“方正大黑简体”“白色”，调整文字的大小和位置，选择“—— 产品信息 ——”文字，将文字颜色修改为“#1c95b1”，绘制矩形并输入文字效果如图5-58所示。

▲ 图5-57　添加素材并输入文字效果

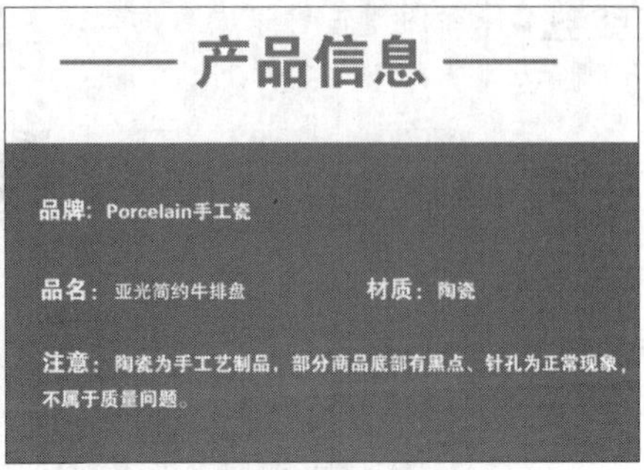

—— 产品信息 ——

品牌：Porcelain手工瓷

品名：亚光简约牛排盘　　材质：陶瓷

注意：陶瓷为手工艺制品，部分商品底部有黑点、针孔为正常现象，不属于质量问题。

▲ 图5-58　绘制矩形并输入文字效果

STEP 20 添加“商品详情页图8.png、商品详情页图9.png”素材图片（配套资源:\素材\第5章\商品详情页图片\商品详情页图8.png、详情页图9.png），调整素材的大小和位置。

STEP 21 选择“直线工具” ，绘制3条“700像素×2像素”的直线，然后设置蓝色矩形中的直线颜色为“白色”，其他直线颜色为“#1c95b1”，添加素材并绘制直线效果如图5-59所示。

STEP 22 制作产品细节图。选择“矩形工具” ，在其工具属性栏中设置填充颜色为“#1c95b1”，绘制大小为“750像素×1660 像素”的矩形。选择“横排文字工具” T，在矩形内及上方输入文字，并设置字体和文字颜色分别为“方正大黑简体”“白色”，调整文字的大小和位置，选择“—— 产品细节 ——”文字，将文字颜色修改为“#1c95b1”。

STEP 23 添加“商品详情页图10.png、商品详情页图11.png”素材图片（配套资源:\素材\第5章\商品详情页图片\商品详情页图10.png、商品详情页图11.png），调整素材的大小和位置，制作产品细节图效果如图5-60所示。

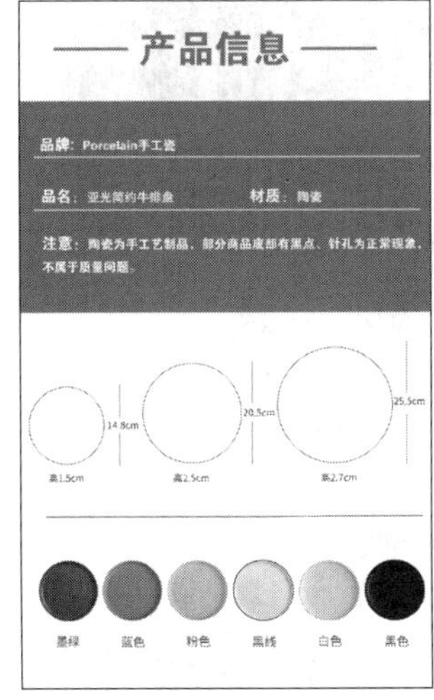

▲ 图5-59　添加素材并绘制直线效果

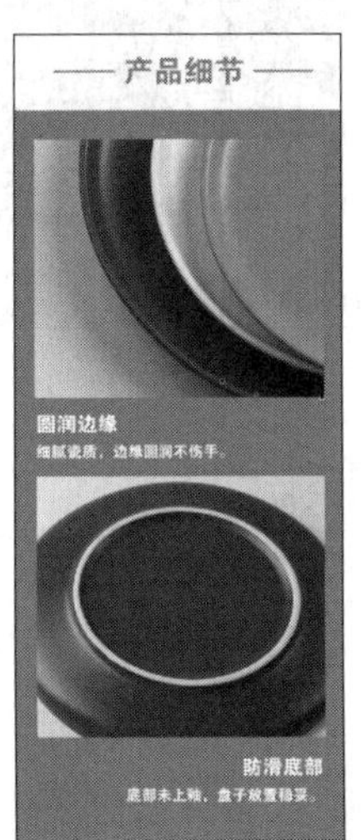

▲ 图5-60　制作产品细节图效果

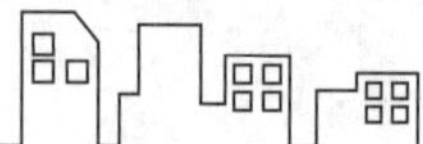

STEP 24 保存图片查看完成后的效果（配套资源:\效果\第5章\商品详情页.psd），如图5-61所示。

▲ 图5-61　商品详情页效果

经验之谈

商品详情页的制作方式多种多样，可将产品细节图放置于第一屏，也可将焦点图放置于第一屏。商品详情页可以包含很多内容，如产品细节图、焦点图、使用场景图、属性图、参数图等，商家根据实际情况进行选择即可。

5.2.3 切片并上传商品详情页

商品详情页制作完成后，商家如果发现商品详情页的内容过长，若直接上传将会影响加载时间。这种情况下，商家可以按照商品详情页的结构，将其切片为焦点图、卖点图、产品信息图、产品细节图4部分，然后进行上传。其具体操作如下。

STEP 01 打开“商品详情页.jpg”素材图片（配套资源:\素材\第5章\商品详情页.jpg），选择【视图】/【标尺】命令，或按【Ctrl+R】组合键打开标尺，从顶端拖动参考线到焦点图的末尾，完成参考线的添加，如图5-62所示。

STEP 02 使用相同的方法，为其他部分添加参考线。

STEP 03 单击工具栏中的“裁剪工具”，在打开的工具组中选择“切片工具”，再在其工具属性栏中单击 基于参考线的切片 按钮，如图5-63所示。

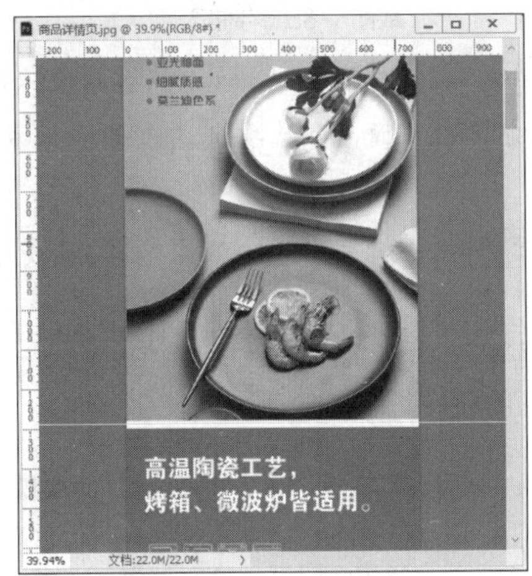

▲ 图5-62 添加参考线

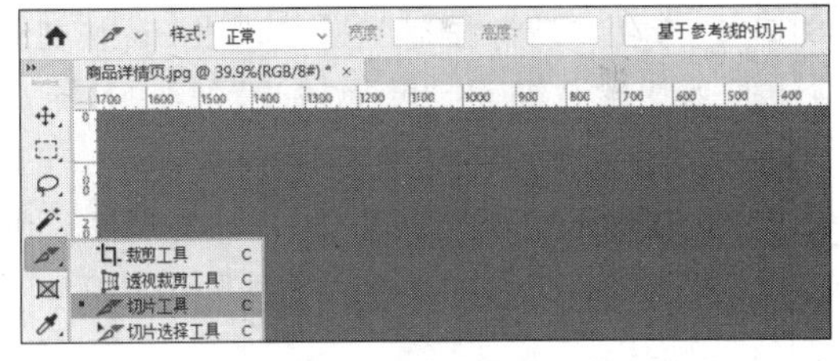

▲ 图5-63 选择“切片工具”

STEP 04 图片将基于参考线被分成多个小块，如图5-64所示。

经验之谈

对图片进行切片后，切片成功的图片将以蓝色的框进行显示，且每个框的左上角都标注了切片的数字号。若切片为灰色，表示该切片不能存储，需要重新切割。

STEP 05 选择【文件】/【导出】/【存储为Web所用格式（旧版）】命令，打开“存储为Web所用格式”对话框，单击 存储... 按钮。打开“将优化结果存储为”对话框，设置保存位置和文件名，单击 保存(S) 按钮，如图5-65所示。

▲ 图5-64 切片效果

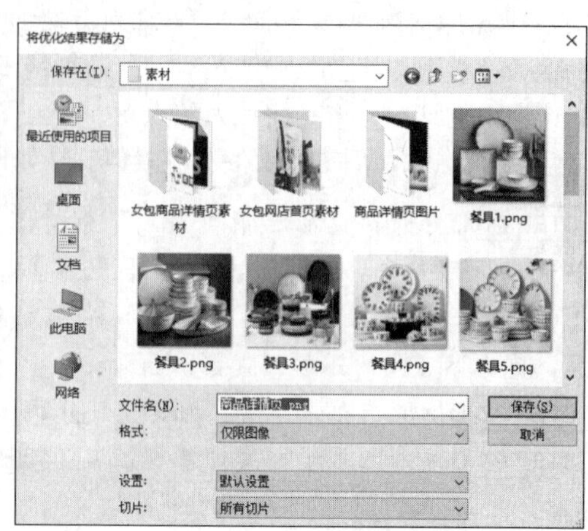
▲ 图5-65 存储图片

STEP 06 进入千牛卖家中心，将切片后的商品详情页图片（配套资源:\素材\第5章\images\）上传到图片空间，然后在左侧导航栏中单击“商品”选项卡，选择“商品管理”栏下的“发布宝贝”选项。

STEP 07 打开商品发布页面，设置商品主图、类目，以及基础信息、销售信息、库存和物流信息等。

STEP 08 在“详情描述”栏中单击 图片 按钮，打开“图片空间”面板，此时可发现选择上传的图片已经在“我的图片”栏中显示。选择刚刚上传的商品详情页图片，单击 确认 按钮，如图5-66所示。

STEP 09 返回“详情描述”栏，可发现商品详情页已经添加到下方列表中，单击 发布上架 按钮，完成商品详情页的发布，如图5-67所示。

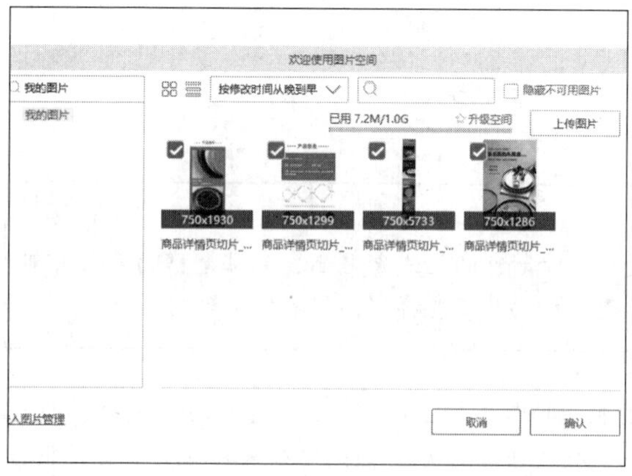
▲ 图5-66 选择图片

▲ 图5-67 发布商品详情页

5.3 装修移动端淘宝网店

随着移动互联网时代的到来，越来越多的消费者开始通过移动端淘宝网店购物。因此，商家一定要重视移动端淘宝网店的装修，为消费者带来良好的视觉体验，从而吸引消费者继续留在网店中浏览甚至下单。

5.3.1 使用模块装修移动端淘宝网店首页

移动端淘宝网店装修需要先进入装修页面，选择并添加需要的模块，然后在模块右侧的面板上编辑图片、文本、视频、链接地址等信息。“Porcelain”手工瓷店铺在PC端淘宝网店首页的基础上进行了调整，设计出了移动端淘宝网店首页，包括移动端海报、网店优惠券、商品展示3个部分，需要使用模块进行装修，并添加商品。其具体操作如下。

STEP 01 进入千牛卖家中心，在左侧导航栏中单击“店铺”选项卡，选择“店铺装修”栏下的“手机店铺装修”选项，打开手机装修页面，在首页单击“装修页面”超链接，如图5-68所示。

STEP 02 打开装修页面，在“容器”选项卡中选择“单图海报”模块，按住鼠标左键不放，将其向右拖动到网店名称下方以添加模块，如图5-69所示。

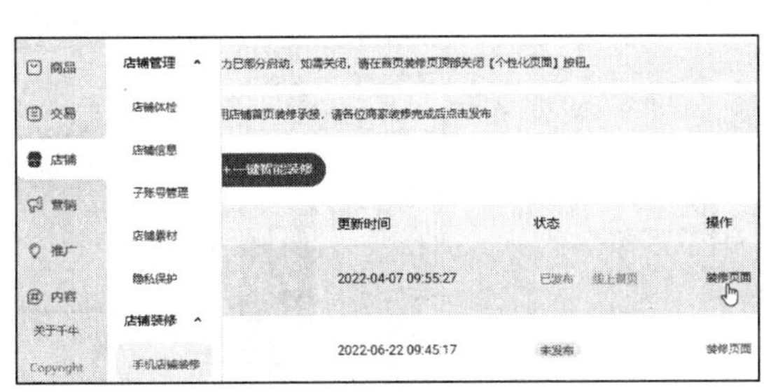

▲ 图5-68 单击“装修页面”超链接

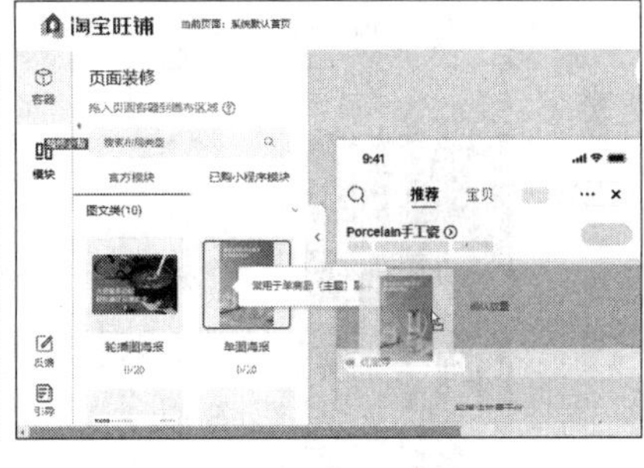

▲ 图5-69 添加“单图海报”模块

STEP 03 在右侧“单图海报”面板的“模块名称”文本框中输入文字“海报”，在“上传图片”栏中单击 上传图片 按钮，如图5-70所示。

STEP 04 打开“选择图片”对话框，单击 上传图片 按钮，在打开的对话框中单击 上传 按钮，打开“打开”对话框，选择效果中保存的图片（配套资源:\效果\第5章\移动端海报.jpg、网店优惠券.jpg、商品展示.jpg），单击 打开(O) 按钮。

STEP 05 返回“选择图片”对话框，选中“移动端海报”对应的单选项，如图5-71所示，单击 确认 按钮。

▲ 图5-70 单击“上传图片”按钮

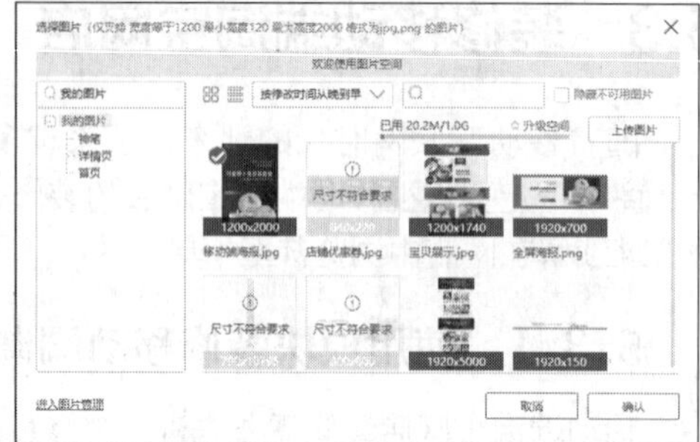

▲ 图5-71 选择图片

在添加单图海报时，需要注意海报的宽度要等于1200像素，其最小高度为120像素，最大高度为2000像素。

STEP 06 打开“选择图片”对话框，在右侧调整图片的裁剪尺寸，使其高为“2000”，单击 保存 按钮，如图5-72所示。

STEP 07 返回装修页面，在右侧“单图海报”面板中的“跳转链接”文本框中输入商品的链接，单击 保存 按钮保存设置，如图5-73所示。

▲ 图5-72 设置图片裁剪尺寸

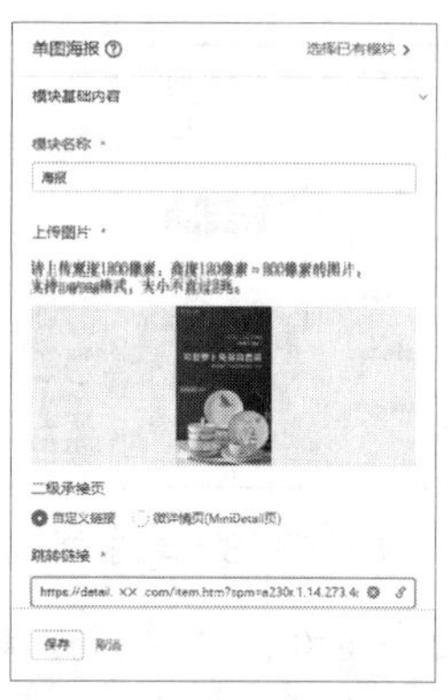

▲ 图5-73 输入商品链接

获取商品链接的方法是，在千牛卖家中心左侧导航栏中单击“商品”选项卡，选择“商品管理”栏下的“我的宝贝”选项，在打开的页面中将鼠标指针移至相应商品的 分享 按钮，单击出现的 复制商品链接 按钮。

STEP 08 在“容器”选项卡中选择“多热区切图”模块，按住鼠标左键不放，将其向右拖动到海报下方以添加模块。

STEP 09 在右侧“多热区切图”面板中的“模块名称”文本框中输入文字“优惠券”，在“图片”栏中单击 上传图片 按钮，在打开的对话框中选择“优惠券”图片，依次单击 确认 按钮和 保存 按钮，完成图片的添加，然后单击 添加热区 按钮，添加“优惠券”图片效果如图5-74所示。

STEP 10 打开“热区编辑器”对话框，选择左侧蓝色的矩形框，将其放于最左边的优惠券上，调整矩形框大小，然后在右侧文本框中输入优惠券链接，单击 添加热区 按钮为其他优惠券添加热区。使用相同的方法输入其他优惠券的链接，完成后单击右上角的 完成 按钮，如图5-75所示。

▲ 图5-74 添加“优惠券”图片效果

▲ 图5-75 添加热区

STEP 11 返回“多热区切图”面板，单击 保存 按钮，使用相同的方法，制作宝贝展示模块，并添加链接，完成后单击 预览 按钮可预览效果，如图5-76所示。单击 发布 按钮，即可发布首页。

▲ 图5-76 预览效果

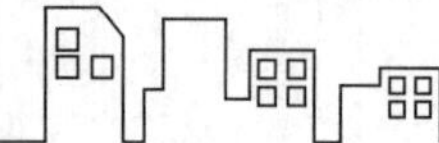

5.3.2　使用模块装修移动端淘宝网店商品详情页

使用模块装修移动端淘宝网店商品详情页不仅省时省力，而且可以保证页面整体风格一致，得到较好的装修效果。在使用模块装修移动端淘宝网店商品详情页时需要先编辑模块，如替换模块的图片、修改文字、添加模块等，然后发布制作好的效果。其具体操作如下。

STEP 01 进入千牛卖家中心，在左侧导航栏中单击“商品”选项卡，选择“商品管理”栏下的“商品装修”选项，在右侧“图文详情”栏下单击 编辑图文详情 按钮，如图5-77所示。

STEP 02 打开装修页面，在左侧单击“装修”选项卡，在展开的列表中选择“行业模块”选项，单击“颜色款式”选项卡，在下方的列表中选择第1个模块，此时右侧的装修页面中将显示选择的模块，如图5-78所示。

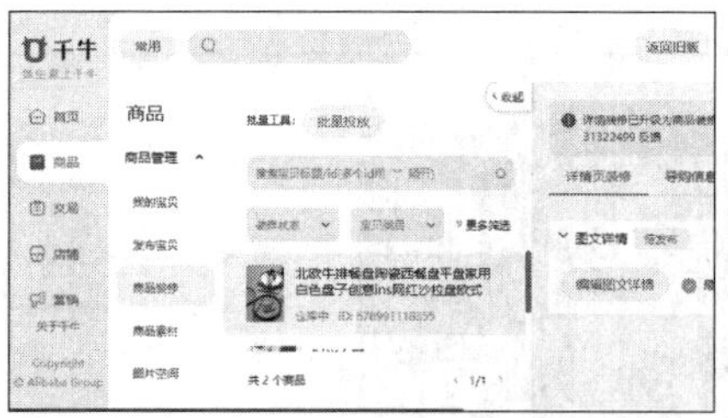

▲ 图5-77　单击“编辑图文详情”按钮

▲ 图5-78　选择模块

STEP 03 选择第1张图片，在出现的浮动框中单击“替换图片”按钮，如图5-79所示。

STEP 04 打开“选择图片”对话框，选择需要的图片，单击 确认 按钮，如图5-80所示。

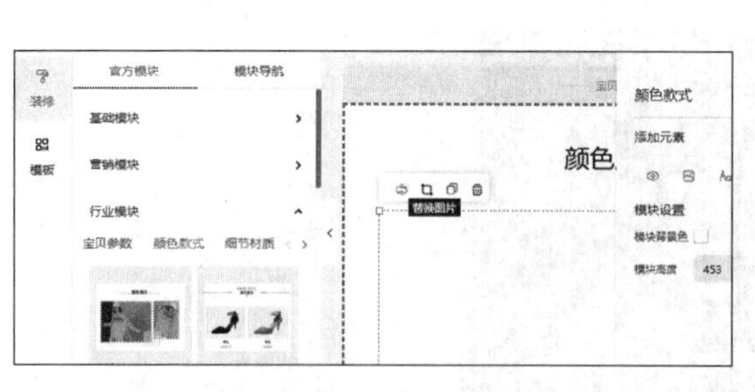

▲ 图5-79　替换图片

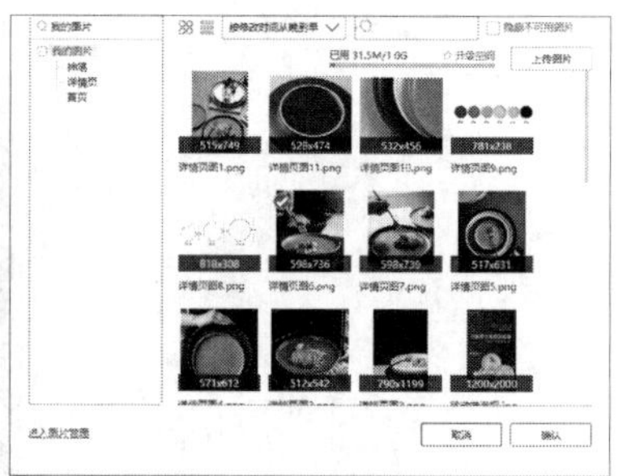

▲ 图5-80　选择图片

STEP 05 使用相同的方法替换其他两张图片，选择文字，并将文字修改为“商品展示”，如图5-81所示。

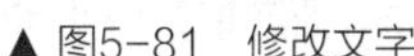
▲ 图5-81 修改文字

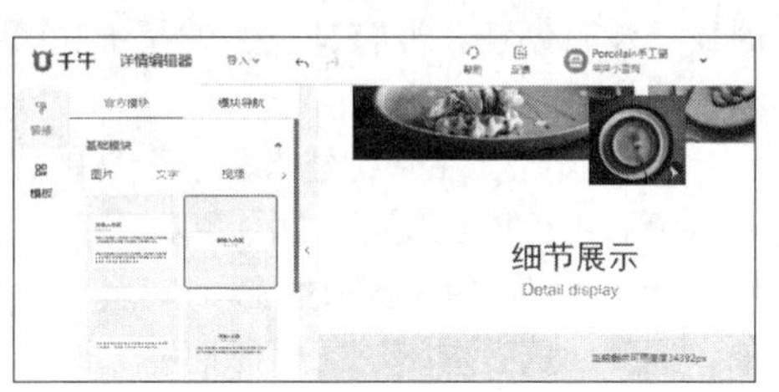

▲ 图5-82 添加并修改文字模块

STEP 06 在左侧单击“装修”选项卡，在展开的列表中选择“基础模块”选项，单击“文字”选项卡，在下方的列表中选择第2个模块，添加文字模块，然后修改文字，如图5-82所示。

STEP 07 在左侧单击“装修”选项卡，在展开的列表中选择“基础模块”选项，单击“图片”选项卡，在下方的列表中选择第2个模块，添加图片模块。打开“选择图片”对话框，选择需要的盘子图片，如图5-83所示，单击 确认 按钮。

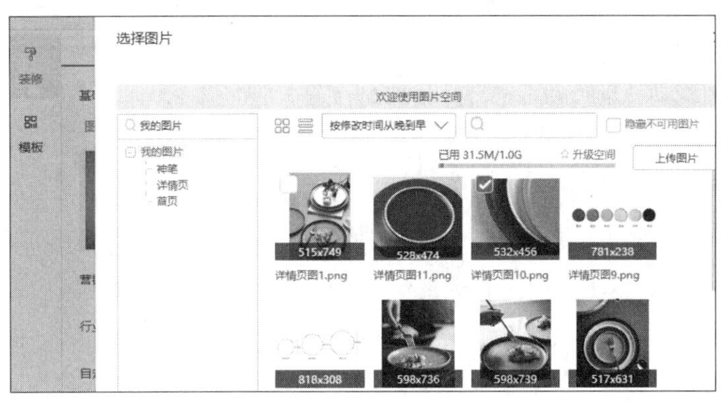

▲ 图5-83 选择图片

▲ 图5-84 发布后的效果

STEP 08 使用相同的方法添加其他图片，完成后单击 发布 按钮，发布移动端淘宝网店商品详情页，打开“发布详情页”对话框，单击 确认 按钮，发布后的效果如图5-84所示。

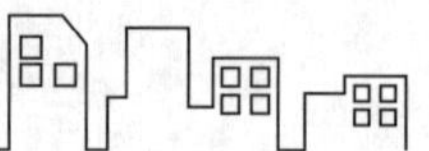

素养课堂：坚持原创设计，发扬创新精神

缺少个性与特色已经成为了目前很多淘宝网店的一大问题。在这个信息碎片化的时代，没有创意，没有亮点，就很难吸引目标消费者的注意。原创设计是网店长期持续发展的关键。

原创设计在品牌构建上具有天然的优势。好的原创设计的商品具有独特的美感，同竞争对手相比更具吸引力，更能获得关注。在首页和商品详情页设计上，添加原创设计元素，不但能使网店在众多竞争对手中脱颖而出，还能加深消费者对网店的印象，提升消费者对网店的好感度和忠诚度。

例如，某手工品牌一直坚持原创设计，发扬创新精神，专注于促进苗绣新生，将传统手艺与现代审美相融合，创新外在形式，创造更易被消费者和现代市场所接受的商品，让苗绣这颗被遗落在大山深处的明珠走进大众的生活之中。此外，该品牌还挖掘了我国多种传统手工艺，包括扎染、手织布、油纸伞等，用创新的商业手法赋予传统手艺新的生命力，让更多手艺人被市场所看见，让传统手艺能够绵绵不断地传承下去。图5-85所示为该品牌网店首页的店招和全屏海报效果。

▲ 图5-85　该品牌网店首页的店招和全屏海报效果

总结：原创设计能体现品牌的独特内涵，更加符合消费者的审美需求。坚持原创设计，发扬创新精神，不但能使网店在竞争中脱颖而出，还能提升网店的影响力，促进商品销售。

课后练习

1. 选择题

（1）【单选】以下选项中，常用于展示网店名称、网店活动、收藏和关注等信息的是（　　）。

A. 导航　　B. 店招　　C. 全屏海报　　D. 促销展示区

（2）【单选】下列选项中，属于商品详情页宽度的是（　　）像素。

A. 780　　B. 1080　　C. 1280　　D. 1920

（3）【单选】以下不属于商品详情页包含的内容的是（　　）。

A. 店招与导航　　B. 焦点图　　C. 产品细节图　　D. 产品信息图

2. 填空题

（1）淘宝网店首页的宽度一般为__________，高度__________。

（2）__________即店铺招牌，位于首页最顶端。

3. 简答题

（1）淘宝网店首页包含哪些模块，不同模块的设计规范相同吗？

（2）商品详情页的尺寸大小是固定的吗，其风格有什么要求？

____

4. 操作题

（1）利用素材（配套资源:\素材\第5章\女包首页素材\）制作一个女包网店的首页，要求展现新品女包的卖点，风格采用都市精致风，需包含全屏海报、优惠券和商品推荐区3个模块，女包网店首页效果如图5-86所示（配套资源:\效果\第5章\女包网店首页.psd）。

（2）将制作完成后的女包网店首页上传到素材中心，并使用码工助手生成代码，然后在淘宝网店中上传并发布。

（3）利用素材（配套资源:\素材\第5章\女包商品详情页素材\）制作一个大小为750像素×5980像素的女包网店商品详情页，要求展现女包的卖点、细节、颜色和参数等，方便消费者了解商品。整个女包网店商品详情页需要包含焦点图、建议搭配图、产品参数图、细节展示图4个模块，女包网店商品详情页效果如图5-87所示。制作完成后发布，并上传该商品详情页（配套资源:\效果\第5章\女包商品详情页.psd）。

▲ 图5-86　女包网店首页效果

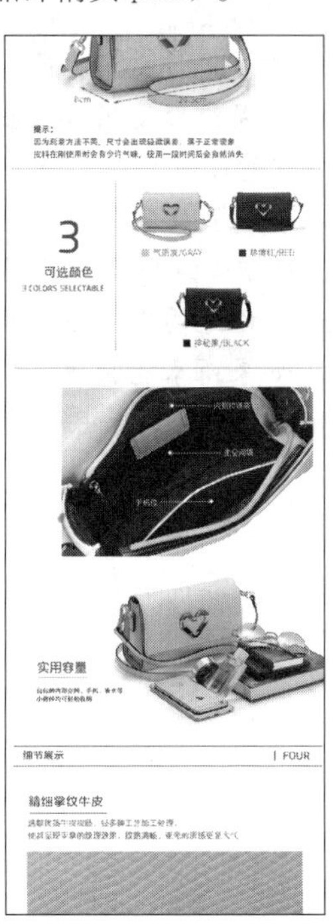

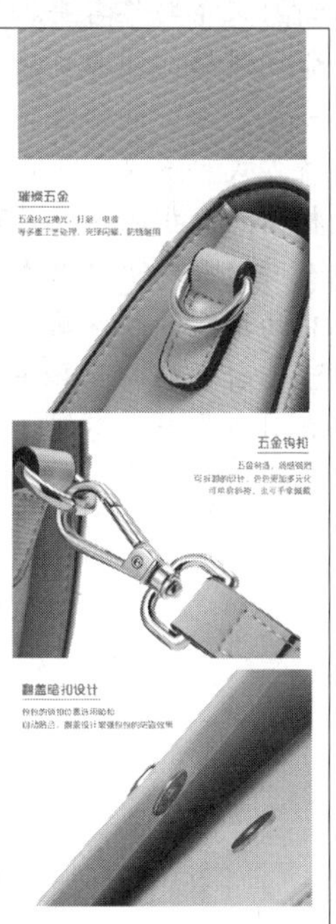

▲ 图5-87　女包网店商品详情页效果

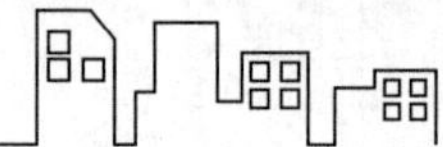

拓展阅读

首页与商品详情页的设计与装修是网店运营的重点，直接关系到网店的成交转化率。下面介绍全屏海报的布局技巧和商品详情页文案写作的注意事项。

1. 全屏海报的布局技巧

在进行全屏海报设计前，需要先了解全屏海报的布局技巧。

- **不杂乱，细节前后呼应。**全屏海报中的主体商品不能太多，否则会造成画面杂乱，影响网店整体的视觉美观度。在细节上，全屏海报要做到前后呼应，井然有序。
- **元素排列有序，分清主次。**全屏海报的主题一般从背景、商品和文案中进行体现，而这些元素往往是杂乱无章的，需要对其进行有条理的分类整理、精简提炼，以突出主要信息。同时，全屏海报中的元素要分清主次，背景不能比主体突出，促销信息也应该醒目显示。
- **留白。**首页往往包括多个模块，若模块的数量过多、颜色搭配不和谐，会影响消费者对网店的好感度。因此，设计全屏海报时可以通过留白的方式减轻消费者的视觉负担，具体可以在海报的主体周围留出一些空白的空间，给消费者带来简单舒适的视觉体验。

2. 商品详情页文案写作的注意事项

商品详情页文案一般用于产品亮点介绍、设计诠释、细节描述和功效介绍等。总的来说，商品详情页文案写作需要注意以下要点。

- **统一叙述风格。**商品详情页中需要进行文案描述的部分不止一处，商家在进行描述时要先统一文案的语言风格。如果前面使用轻快幽默的语言，后面又使用严肃沉闷的表述方式，不仅会降低消费者的阅读兴趣，还会让其觉得莫名其妙。
- **确定核心点。**核心点就是商品详情页文案的表述重点，通常是商品的亮点。明确核心点有助于更好地组织语言，从中心点展开文字描述，突出商品的优势。
- **个性化的语言。**在网店发展如此迅速的环境下，很多网店的商品详情页文案千篇一律，没有自己的特色和亮点。如果商家能独树一帜，创造独特的语言描述风格，不仅会吸引消费者，还可能引领潮流，形成差异化的竞争优势。

第3篇 运营推广

搜索引擎排名与优化

本章引入

对于一个运营健康的网店而言，自然搜索流量应该是流量的主要来源。要获取较高的自然搜索流量，首先必须对搜索引擎进行优化，还需要优化商品标题、商品详情页等，并以此提升网店排名。

学习目标

1. 了解淘宝搜索的基本原理、影响淘宝搜索排名的因素。
2. 掌握优化商品标题的方法。
3. 掌握优化商品详情页的方法。
4. 掌握优化商品类目、图片、文案、上下架时间等的方法。

知识框架

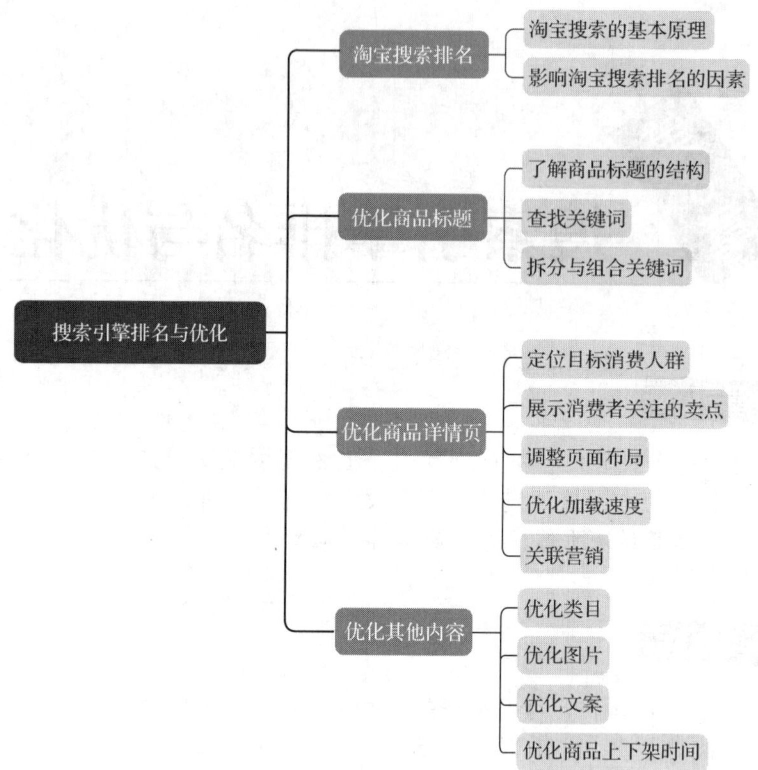

6.1 淘宝搜索排名

淘宝搜索依靠搜索引擎来完成，并在搜索结果页按照排名从高到低显示搜索结果。与此同时，淘宝搜索引擎是网店获取免费搜索流量的重要渠道，想要获得更多的免费搜索流量，就要清楚淘宝搜索的基本原理以及影响淘宝搜索排名的因素。

6.1.1 淘宝搜索的基本原理

淘宝搜索是淘宝网主流的查找商品的方式，能够给网店带来较高的转化率和成交率。淘宝搜索是一种“人找货”的模式，以成交为导向，其目的是通过搜索帮助消费者快速找到合适的商品。

淘宝搜索首先会对消费者的搜索行为进行分析，推断出消费者真正的需求。大部分消费者在淘宝网搜索商品时会输入关键词搜索感兴趣的商品，淘宝网则会根据消费者输入的关键词为消费者打上需求标签，并将与关键词相关的商品推送给消费者。

因此，商家如果想要获得更多的淘宝搜索流量，就要努力提升商品在站内搜索结果中的排名。为此，商家可以针对影响淘宝搜索排名的因素，进行有针对性的优化。

6.1.2 影响淘宝搜索排名的因素

影响淘宝搜索排名的因素非常多，如点击率、跳出率等，不同因素的权重不一样，对商品排名的影响也各不相同。

- **点击率**。新品上架后的随机展示机会是相同的，在固有的展示机会里，如果点击率高，如 100次展示机会中获得20次点击量，表示该商品的标题和图片搭配比较合理，能够获得不错的点击率，淘宝网会继续增加该商品的展示机会；反之，点击率过低，淘宝网即可能降低该商品的搜索排名。
- **跳出率**。跳出率是商品描述质量的一种体现。淘宝网会根据消费者在网店的停留时间和跳出率，来判断商品详情页是否吸引消费者。消费者在网店中停留时间越长，浏览的页面越多，跳出率越低，则越有利于提升网店排名。
- **转化率**。转化率是商品能否得到消费者认同的一种体现。一般来说，商品页面转化率越高，则说明商品描述越求实，消费者信任度越高，淘宝网将对这类商品的排名进行提升。转化率过高的商品将可能进入人工审核系统，审核合格则会获得提升排名的处理；反之，如果被检测出网店有刷信誉、刷单等嫌疑，则会被降权。
- **综合评分**。综合评分包含多种因素，如人气、销售量、信誉、价格等都属于综合评分的范畴，其中人气又包括浏览量、收藏量等。总而言之，不论是商品质量还是服务质量都需做好，只有赢得更多消费者的好评和青睐才可能提高综合评分。综合评分值较高，淘宝网将提升网店排名；综合评分值过低，淘宝网会给予网店降低排名和权重的处理。
- **DSR评分**。DSR评分是网店综合服务水平的体现，DSR评分越高，对排名越有利。
- **下架时间**。淘宝网中的商品在即将下架的时候会获得排名提升和更多展示机会，这就是为什么要慎重设置商品上下架时间。
- **商品属性的完整度和准确度**。商家在填写商品的属性时，要尽量完整且定位准确。尽量完整是指尽量按照淘宝网中列举的条目填写完整；定位准确则是指描述商品的类目和属性时必须准确，如商品为短靴，必须填写短靴，不能写成长靴等，否则容易被淘宝网进行降权处理。
- **消费者保障**。参加消费者保障的商品，其排名将更靠前。
- **退款率、纠纷率**。退款率和纠纷率是判断商品质量和服务质量的重要指标。退款率比同行高的网店，其排名会降低；而有纠纷或纠纷率高的网店，则会被淘宝网做降权处理。
- **降权**。当淘宝网判断网店出现违规行为时，会对网店进行降权处理，因此商家要熟知淘宝网的规则，避免出现违规行为。
- **动销率、滞销率**。动销率、滞销率也是影响搜索排名的重要因素，建议商家将长时间未出售的商品进行重新编辑或下架，这样有利于提升网店权重。
- **回头客**。回头客是判断网店品质的重要依据，也是淘宝网判断网店质量的因素之一。网店的回头客越多，其排名会越靠前。同理，商品的复购率越高，网店排名也会越靠前。

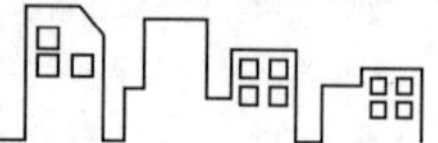

• **关键词匹配**。通常细分淘宝商品的标题关键词时，要用该商品所在类目下的热门关键词；同时，商品的详细描述中最好也包含商品的热搜关键词，这样更有利于提升其排名。

6.2 优化商品标题

很多消费者在淘宝网购买商品时，都是通过搜索关键词来寻找商品的，因此，商品标题与自然搜索流量密切相关，商家必须做好商品标题优化，尽可能增加商品被搜索到的概率。在优化商品标题时，商家要先了解商品标题的结构，然后查找关键词，最后拆分与组合关键词。

6.2.1 了解商品标题的结构

商品标题优化的目标是使其符合消费者的搜索习惯，而消费者一般会根据与商品的名称、属性等相关的关键词来搜索商品，商品标题就是由这些关键词构成的。一般来说，商品标题主要包括核心关键词、属性关键词和热搜词3个部分。

• **核心关键词**。核心关键词是指商品类目名称，如“耳机”，其作用是可以使消费者通过标题快速了解商品是什么，是不是所需商品。
• **属性关键词**。属性关键词即对商品属性的介绍，商品材质、颜色、风格等都属于商品属性。例如，在“深蓝水晶真皮条纹女包”关键词组中，“深蓝水晶”“真皮条纹”都是用于形容核心关键词的属性关键词。
• **热搜词**。热搜词是指与商品相关的消费者搜索量高的词，其主要用于优化商品标题，增加商品被搜索到的概率。例如，“新款特价女包”中的“新款特价”就属于优化商品标题的热搜词。为了增加商品被搜索到的概率，商家可以尽可能地组合各种与商品相符的热搜词。

6.2.2 查找关键词

淘宝商品标题的关键词多由热搜词组成，淘宝网为此提供了选词助手工具帮助商家分析和选择关键词。现某童鞋网店准备使用选词助手查找行业相关关键词，并查看近7天内搜索人气、点击率等排名靠前的行业相关关键词，其具体操作如下。

扫一扫

实例演示

STEP 01 进入千牛卖家中心，在左侧的导航栏中点击“数据”选项卡。打开生意参谋主页面，在顶部导航栏中单击“流量”选项卡，然后选择页面左侧导航栏“来源分析”栏下的“选词助手”选项，如图6-1所示。

STEP 02 打开“选词助手”页面，单击页面右上角的 7天 按钮，继续单击“行业相关搜索词”选项卡，在默认打开的“热搜排行”列表中查看热搜排名、搜索人气、点击人气、点击率等排名靠前的行业相关关键词，效果如图6-2所示。

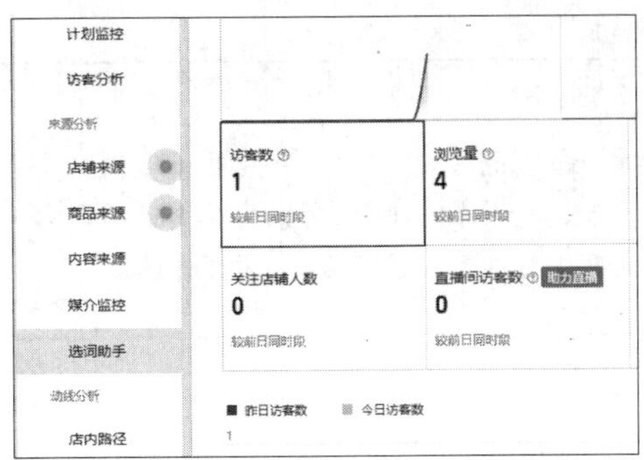

▲ 图6-1 选择“选词助手”选项

▲ 图6-2 查看搜索词

如果想要选择某一指标，可以选中“搜索人气”等指标前面的复选框。除此之外，商家也可以复制该搜索数据并将其保存为Excel文件，以便在优化商品标题时使用。

6.2.3 拆分与组合关键词

淘宝商品标题一般由多个关键词组合而成。依靠选词助手，商家可以清楚地了解当前类目中关键词的热度、热门的关键词等，并据此拆分与组合商品关键词，以达到优化商品标题的目的。常见的拆分与组合关键词的方式如下。

- **组合属性关键词。**属性关键词通常表现为二级关键词，如“春装连衣裙”“联想笔记本”等就属于二级关键词，也是消费者在搜索时会使用的关键词。在选择属性关键词时，商家可以结合选词助手中提供的行业相关搜索词进行分析和选择；排名不具有优势的商家可以选择搜索人气较低但点击率较高的关键词加入标题，也可以在标题中设置一些长尾关键词（与目标关键词相关的、搜索量较少的组合型关键词，比较长，往往由2~3个词组成），如“无袖拼接碎花春装连衣裙”等。虽然长尾关键词搜索热度较低，但是对目标消费人群定位更准确。
- **搭配热搜词。**这里的热搜词主要指消费者经常搜索的，可以对商品进行形容和修饰的词语，如“2022新款时尚休闲板鞋”。如果商品为知名品牌，最好将品牌名加入标题中，这样可以更准确地定位对品牌有忠诚度的目标消费人群，如图6-3所示。

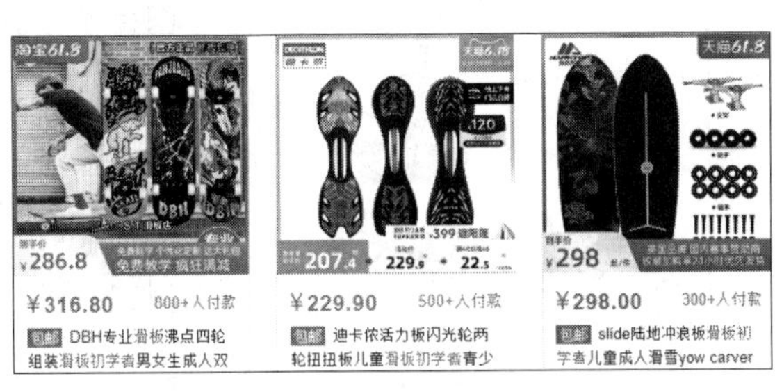

▲ 图6-3 加入品牌名

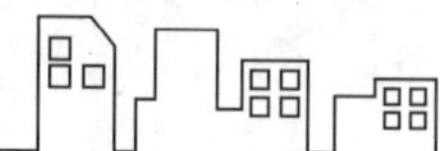

淘宝商品标题至多可以包含30个字。在结构合理的情况下，商家应尽量多地组合热搜词，从而增加商品被消费者搜索到的概率。在选择热搜词时，商家应尽量选择符合商品特性的词语，即优先选择被搜索频率高的能够尽可能地突出商品卖点的关键词。

6.3　优化商品详情页

商品详情页的质量会直接影响消费者的购买行为和商品的销售量，优秀的商品详情页应该同时兼顾目标消费人群定位、页面布局、加载速度、关联营销等多个方面。

6.3.1　定位目标消费人群

通过分析消费者的性别、年龄等，商家可以找准商品详情页内容的定位，结合商品特征整理出完整的思路，选择出符合目标消费人群的内容。很多数据分析工具都能分析商品的目标消费人群，如生意参谋、百度指数等。

例如，某零食网店使用百度指数分析出其目标消费人群多为年轻女性，因此商家可针对年轻女性的性格特征选择与她们喜好相符的页面风格。需要注意的是，目标消费人群定位应尽量建立在数据分析的基础上，不要凭借主观臆断做决定，以避免定位错误。

6.3.2　展示消费者关注的卖点

商品展示是商品详情页的主体部分，也是消费者非常关注的内容。一般来说，商品详情页以展示消费者关注的卖点为主。

▲ 图6-4　商品详情页首屏——焦点图

首先，卖点的展现形式要能引发消费者兴趣，因此，优化商品详情页时可将商品效果图、细节图等商品图片或吸引人的文案作为商品详情页首屏的内容，如图6-4所示。这些商品图片或文案都是围绕商品卖点展开的，一般都非常具有吸引力。

然后，商品详情页所展示的卖点要是消费者特别关注的、能解决消费者痛点的。例如，某零食网店为了解决消费者关注的食品安全问题，在商品详情页中上传了生产流程图，展示了其卖点——绿色健康，如图6-5所示。

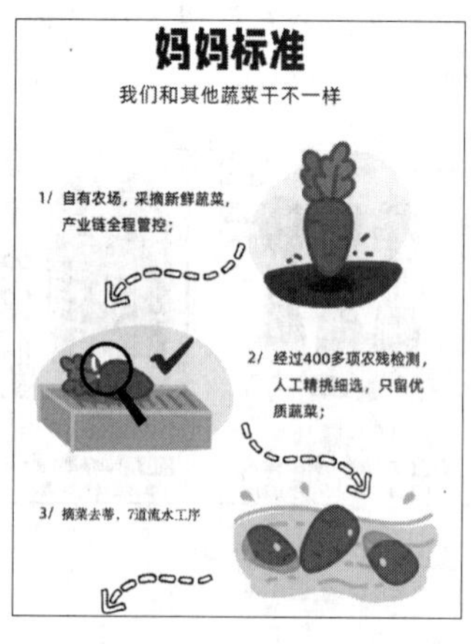

▲ 图6-5　卖点展示

6.3.3 调整页面布局

页面布局是指商品详情页的整体布局效果。好的布局效果不仅可以带给消费者良好的视觉感受，还可以引导消费者深入查看商品详情页。

- **整体布局**。商品详情页的整体布局应该遵循统一整洁的原则，即颜色统一、风格统一、版面整洁规范。同时，商品详情页的内容安排应该具备一定的逻辑性，如在挖掘商品卖点时应该先列出消费者关注的痛点，再提出解决方案，引导消费者阅读。
- **图片布局**。淘宝商品详情页的描述均以图片为主，因此需要突出图片的表达效果。在布置图片时，尽量做到同等级的图片大小统一、颜色和谐，如图6-6所示。
- **文案搭配**。虽然图片是淘宝商品详情页的主体，但文案也是必不可少的一部分。好的文案不仅可以起到描述、说明商品的作用，还可以使图片中的内容更加生动充实。商品详情页的文案内容一般较少，且为了图片美观，文案不能覆盖图片本身；此外，商品详情页的文案还需在文字的字体、颜色搭配上进行优化处理，如图6-7所示。

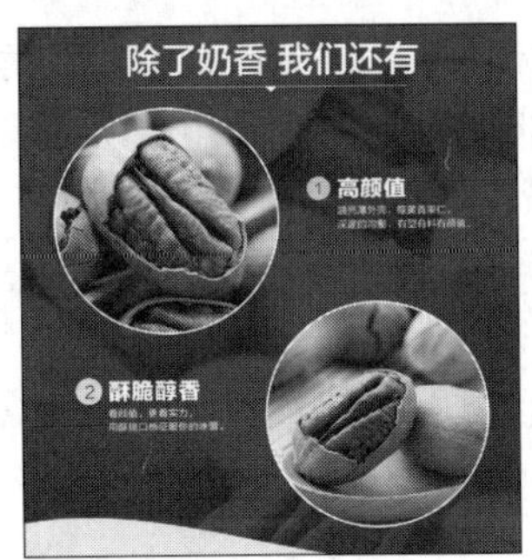

▲ 图6-6 图片布局

▲ 图6-7 文案搭配

6.3.4 优化加载速度

网页加载速度是消费者网购体验中很重要的一个因素，如果商品详情页图片过多、容量过大，或者商品详情页内容的屏数过多，就会延长消费者加载网页的时间；网页加载时间太长，就非常容易增加消费者的跳出率。一般来说，服装类目的商品详情页屏数都较多，因此在制作好商品详情页图片后，可以先将其切片为合适的大小，再上传到淘宝网店中。

6.3.5 关联营销

商品详情页中的关联营销实际上是一种店内促销手段，其常见形式包括商品搭配套餐、商品搭配推荐、促销活动、商品推荐等，如图6-8所示。在商品详情页中添加适当的关联营销，不仅可以激发消费者的潜在需求，提高客单价，还可以起到引导消费者查看相关商品的作用。在设置关联营销时，一般推荐评价和性价比都较好的商品，推荐在精不在多。

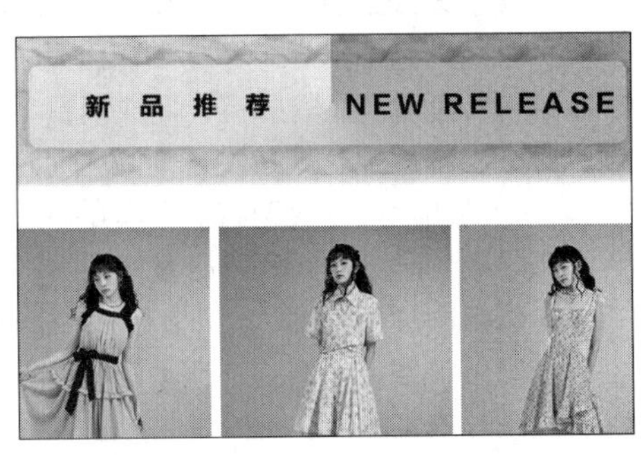

▲ 图6-8 关联营销

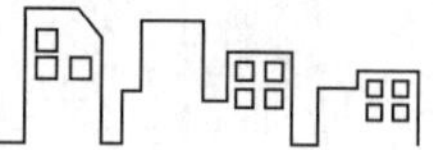

6.4　优化其他内容

除了优化商品标题和商品详情页外，淘宝商品的优化还包括类目、图片、文案、上下架时间等多个方面。详细全面的商品优化对提升网店流量和排名非常有利，因此受到很多商家的关注。

6.4.1　优化类目

优化类目主要是指在商品的类目选择和设置上进行优化，并根据商品类目的关键词匹配商品标题的关键词，从而提高商品与标题的匹配度，提高网店和商品的流量。

- **避免类目、属性错放。**发布商品时，系统会自动根据商品的属性预选对应的类目，但为了不影响商品排名，商家还需要确定预选的类目是否正确、精确。与此同时，填写的商品品牌、材质、规格等属性与商品标题或商品描述也要相符。为了避免选错属性，商家需详细掌握商品的属性信息。
- **商品类目与标题对应。**如果标题中包含相关类目词，该关键词必须与商品类目相匹配。例如，商品类目选择的是湿纸巾，但商品标题中出现的是纸巾，就会被淘宝网判断为类目不符，从而对商品进行降权处理。

6.4.2　优化图片

图片质量直接影响着商品的点击率和转化率。高品质的图片不仅可以引入更多流量和提高点击率，还可以刺激消费者的购买欲，从而提高商品转化率。

1. 遵循图片优化原则

要做好商品的图片优化，需遵循以下5个原则。

- **使用实拍图片。**实拍图片有利于增加商品的真实感，并帮助消费者了解商品信息。如果是服装类商品，还需使用模特实拍图片，通过模特的姿势和动作、穿着和搭配，让消费者清楚地看到商品的实际试穿效果。
- **保证图片清晰度。**图片清晰是网店商品图片的基本要求。清晰的商品图片不仅能更加直观地体现出商品的质感和材质等信息，还可以大大提高商品的美观度，增强商品图片的视觉冲击力，刺激消费者的消费欲望。
- **展示详细细节。**想要体现商品的质量、性价比和特点，就需要展示商品细节。在展示商品局部信息时，需要深度挖掘商品有价值的细节。细节图展示合理，可以加深消费者对商品的好感，促成消费者的购买。
- **突出图片重点。**在优化商品图片时，一定要分清图片内容的主次关系。主体突出的商品图片可以快速将消费者的注意力引导至商品上。为了避免主次混乱，在拍摄商品图片时，拍摄者应尽量使用干净简洁的背景，不要使镜头中出现太多的陪衬物。
- **保持图片美观度。**美观的商品图片更容易获得消费者的好感，并促进商品销售。商家可根据实际需要，在不影响图片效果的前提下添加一些合适的文案内容，以增加图片的美观度。

2. 主图优化

在所有商品图片中，主图的作用尤为重要，商品能否成功出售，在很大程度上取决于主图的质量。为了保证主图质量，获得更高点击率，商家可以根据以下方法优化主图。

- **美观完整**。主图作为商品流量的“敲门砖”，一定要美观完整，特别是搜索结果页的第一张主图，必须要完整地展示出商品主体效果，这样才能提高点击率，如图6-9所示。商家可以根据实际需要添加多张主图，这样消费者在查看时，可点击主图下方的缩略图查看其他主图效果。这些非默认展示的主图可以不局限于商品展示的完整性这一点，转而展示一些商品细节，供消费者查看。
- **展示卖点**。对于部分实用性商品而言，特别是以功能为主要卖点的商品，要想最大化引入流量，只凭借美观的图片是不够的，还需要展示核心卖点来激发消费者的购买欲望。卖点的展示方法与前面介绍的方法基本类似，但是受主图大小和内容的限制，卖点必须简练明确。这就需要商家深入分析目标消费人群的特点，抓住他们的需求，挖掘出合适的商品卖点。一般来说，商品性能、特点、价格、质量、促销信息等都是消费者想要了解的信息，只要能把消费者的需求和商品的优势完美结合，就可以收获良好的效果。例如，购买空调的消费者通常比较关注空调的节能、净化、静音等效果，此时即可针对消费者的需求将这些卖点展示在主图中。图6-10所示为展示空调净化功能的主图。
- **环境引导**。环境引导是指通过将商品放置到实际使用环境中的方式来展示商品，引起消费者的代入感，从而提升消费者的购物欲望，如服装的街拍主图效果、运动用品的运动主图效果等。

▲ 图6-9　商品展示完整的主图

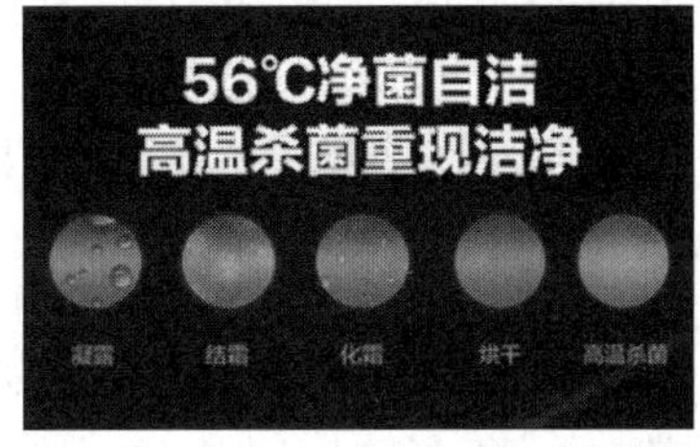

▲ 图6-10　展示空调净化功能的主图

6.4.3　优化文案

对于网店商品而言，文案总是与商品搭配出现的。文案起着展现商品价值、突出商品卖点的作用，其重要性不言而喻。但文案并非适合所有场合，如重在商品外观展示的主图中通常就不会添加文案。

1. 优化主图文案

主图文案一般都用词精练，使人一目了然。好的主图文案需要做到3点：目标明确、紧抓需求、精练表达。

- **目标明确**。一般来说，主图的作用是吸引消费者深入查看、点击或收藏。
- **紧抓需求**。紧抓需求是指明确消费者希望从主图文案中得到的信息。消费者希望知

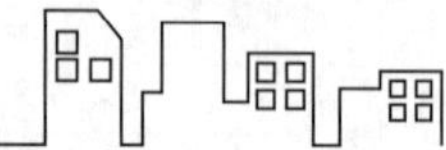

道什么，主图文案中就要包含什么，如价格、品质、活动等。

- **精练表达。**主图文案应精确地表达消费者希望了解的信息，否则消费者难以抓住重点、提取所需信息，就会直接离开。

2. 优化商品详情页文案

商品详情页文案与转化率息息相关，不仅要吸引消费者查看商品，还需要促成消费者的购买行为。商品详情页文案是促成消费者购买的有效手段。在制作商品详情页文案时，首先应明确制作该文案的作用。商品详情页文案的作用主要包括以下几点。

- **引发消费者兴趣。**引发消费者兴趣是吸引消费者关注商品的第一个环节，一般可从品牌介绍、焦点图、目标消费场景设计、商品总体图、购买理由、使用体验等方面考虑。
- **激发消费者需求。**激发消费者需求是引发消费者兴趣的进一步延伸，通过激发消费者的潜在需求，可以巩固其购买行为。
- **获得消费者信任。**消费者购买商品的过程事实上就是对该商品产生信任的过程，商品的细节、用途、参数、好评展示等都是获取消费者信任的有效手段。
- **打消消费者顾虑。**商家品质保证、商品证书、商品价值展示、售后服务等都可以打消消费者的顾虑。
- **促进消费者购买。**通过优惠活动、促销活动等进一步激发消费者的购买欲望，表达物超所值的信息，甚至可以促进消费者购买，帮助他们做出购买决定。

6.4.4　优化商品上下架时间

商品上下架时间是影响商品排名的因素之一，越接近下架时间的商品，排名会越靠前。小商家或新开设网店受成本和网店等级的影响，很多推广活动都无法顺利参加，此时设置商品上下架时间就成了获取商品流量的有效手段。

1. 分析商品上下架时间

淘宝网的商品下架周期为7天，即从商品上架开始计算时间，7天后即为商品下架的时间。如果商品的出售状况正常，淘宝网会继续自动上架该商品。为了获得更多的展示机会，商家需要分析商品上下架时间。

- **分析消费者访问时段。**不同的消费人群会有不同的消费习惯和消费时段，由此可以基本确定消费人群主要的活动时段，从而有目的地设置商品上下架时间。
- **分析行业上下架情况与店铺上下架情况。**分析行业上下架情况可以避开实力强劲的竞争对手，有针对性地规划商品的上下架时间。同时，商家可将行业上下架情况与网店经营数据结合起来，尽可能让商品上架时间在一周内均匀分布，使整个网店的流量保持较稳定的趋势。

2. 商品上下架技巧

商家为了更好地引入流量，需要将商品的上下架时间设置在目标消费人群的主要消费时段中，同时避开流量较少的时段。除此之外，商家还可通过以下技巧来优化商品上下架时间，更好地留住有效流量。

- **时间选择。**一般来说，商品上架尽量安排在流量高峰时段，如9:00—11:00、

12:00—15:00、19:00—23:00等。具体的时间安排应该以本行业目标消费人群的活动时段为准。

- **商品上架时间分布。**在设置商品上架时间时，一般以主要的引流商品为主，然后合理分配其他商品的上架时间，可以在一周中分批上架，以稳定网店在一周中的搜索排名。
- **结合店铺推荐。**商品的上下架时间最好能够与店铺推荐搭配确定，将接近下架时间的商品设置为店铺推荐，得到更多的展示机会和流量。
- **避免整点上架。**当同类目中的商家数量较多时，商品上架时间可能会趋于一致，特别是整点。为增加商品的展示机会，可避开整点上架。

素养课堂：与时俱进，适应淘宝搜索引擎新变化

时代在变化和发展，同时淘宝网也与时俱进，对淘宝移动端进行了一系列的改革，淘宝搜索引擎也包含在其中。优化后的淘宝搜索引擎更加重视消费者的体验感受，增添了图文导航和筛选词，进一步明确消费者的需求，进而促进成交。在输入搜索关键词后，在搜索结果页，部分品类的商品会出现一栏导航和筛选词。例如，搜索“耳机”，在搜索结果页的顶部会出现“热门类型”“热门品牌”“IP联名”等带图文的导航，并罗列不同类型的耳机，如图6-11所示。不同商品类目的搜索结果页会不一样，如搜索“汉服”，除了在搜索结果页的顶部会出现图文导航和筛选词，其右侧还会多一个“高效图览模式”图标，点击该图标，可直接集中浏览商品图片，如图6-12所示。

▲ 图6-11 搜索“耳机”

▲ 图6-12 搜索“汉服”

从搜索引擎的升级可以看出，淘宝网更加注重搜索的精准度和高效性。因此，商家也要学会变更引流策略，在紧随热门需求变化的同时进一步精确标题关键词，提升商品图片的美观度和可信度。例如，某汉服网店针对淘宝搜索引擎的变化，制作了更为精美、更有质感的商品长图素材，增加了消费者进店的可能性。

总结：作为淘宝平台的入驻者，商家要与时俱进，紧跟淘宝发展的步伐，实时了解搜索引擎的新变化，更好地获取搜索流量。除了淘宝网，整个电子商务环境也是瞬息万变的，电子商务行业从业人员也要时刻关注行业新发展，拥抱新变化。

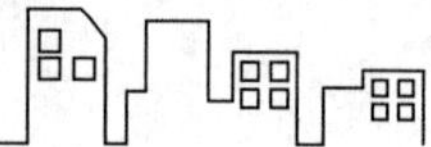

课后练习

1. 选择题

（1）【单选】以下关于淘宝搜索原理的描述中，不正确的是（　　）。

A. 分析消费者的搜索行为

B. 根据消费者输入的关键词为消费者打上需求标签

C. 将与关键词相关的商品推送给消费者

D. 根据消费者的浏览行为将其可能感兴趣的商品推荐给消费者

（2）【多选】以下属于影响淘宝搜索排名的因素的有（　　）。

A. 点击数量　　B. 停留时间

C. 综合评分　　D. DSR评分

（3）【多选】以下属于商品标题主要构成部分的有（　　）。

A. 核心关键词　　B. 属性关键词

C. 长尾关键词　　D. 热搜词

2. 填空题

（1）使用__________可以帮助商家分析和选择热搜词。

（2）商品上下架时间是影响商品排名的因素之一，越__________，排名会越靠前。

3. 简答题

（1）如何优化商品详情页？

____

（2）为什么要优化商品图片？

____

4. 操作题

（1）优化某背包商品的标题，原标题为“街头潮流挎包邮差包”，该包为××品牌原创设计，男女通用，风格为韩式，面料为牛津纺，颜色为黑色，要求为该标题增添品牌名、属性词。

（2）使用选词助手查找网店经营类目的行业关键词，选择数据指标为“搜索人气”“点击率”。

拓展阅读

商品详情页是影响转化率的重要因素，要做好商品详情页优化，前提是了解该商品的目标消费人群，因为不同行业的消费人群对商品详情页图片的要求也不同。

- **服装行业**。服装行业的商品详情页要求有较好的视觉效果，即有全方位、多角度的商品展示图，通常为模特展示图；同时可放置一些细节图、款式和颜色图、对比图等。

- **美妆行业**。美妆行业的目标消费人群通常比较关注商品的使用效果，并且包装、真伪、生产批号、功效等都是需要展示的对象，因此美妆行业部分商品详情页一般需要通过图片搭配文案的方式进行展示。此外，美妆商品详情页还可搭配商品全方位展示图、对比图、商标图、认证证书和质检报告、使用效果对比图、商品参数等，也可搭配一些线下实体店图，提高消费者的信任度。
- **家具行业**。购买家具的消费者通常比较关注商品的实拍效果，因此，商品实拍图、做工和材质细节图、多方位展示图、商品搭配图、款式图都是比较受消费者欢迎的图片类型。此外，家具商品详情页还可放置一些认证证书和质检报告、商品参数、对比图、线下实体店图等。
- **数码行业**。数码行业的商品详情页首先可以放置商品的全方位、多角度的展示图、实拍图和细节图等，再搭配文案对商品功能、参数等进行介绍，还可以放置尺寸图、配件图、材质图等。

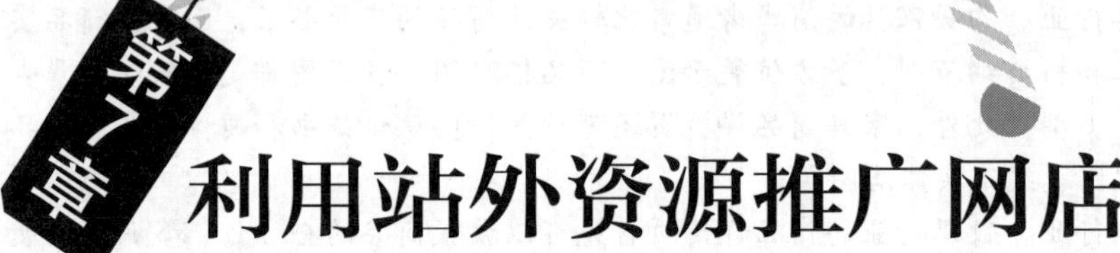

第7章 利用站外资源推广网店

本章引入

网店流量即网店的访问量，直接关系着网店的销售量。因此，要想取得不错的销售量，必须对网店进行推广，为网店引流。当前网店的流量来源很多，商家首先需要了解网店基本流量的构成。同时，在各种新媒体平台火热的背景下，商家还可以通过新媒体平台推广网店，包括微博、微信、抖音、小红书等。

学习目标

1. 了解淘宝网店的流量构成，包括站外流量，站内免费、付费流量等。
2. 掌握利用微博、微信、抖音、小红书推广网店的方法。

知识框架

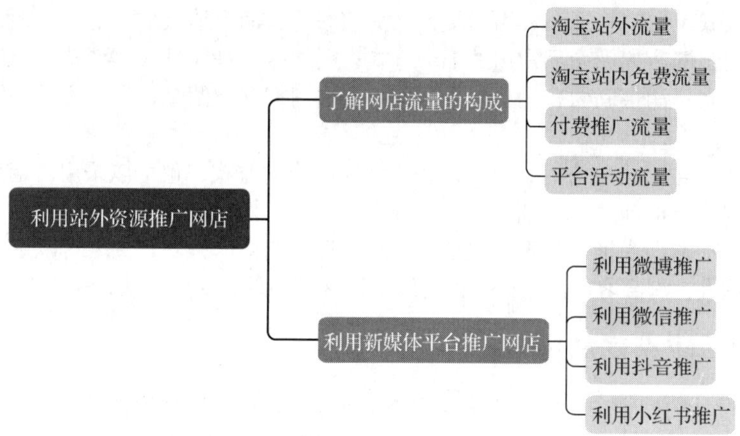

7.1 了解网店流量的构成

网店获取流量的途径非常多，主要可分为站外流量和站内流量。站外流量是指在淘宝网以外的其他互联网平台上获取的流量，如从微博、微信、抖音等站外获取的流量。站内流量是指由淘宝网本身带来的流量，是网店主要的流量来源，如通过淘宝搜索、直通车、引力魔方、天天特卖等获得的流量。

7.1.1 淘宝站外流量

淘宝站外流量是指商家通过在淘宝网之外的平台推广网店，从而带来的流量，如微博、微信等社交媒体平台。另外，知乎、悟空问答等问答平台，抖音、哔哩哔哩等短视频平台也可以用于推广网店及商品，获取流量。商家可以在这些平台上发布符合平台规范的推广内容，并附上购买链接（前提是平台允许），也可以邀请平台上有影响力的达人（擅长某一领域且有大量粉丝基础的人）来推广网店及商品。除此之外，在其他网站投放广告等方式也可为网店带来流量。

获取淘宝站外流量的方式非常多，商家需根据实际情况选择。为了覆盖更多的消费者，很多淘宝商家已经开始开展多平台营销。多平台营销不仅有助于商品销售，还对网店及品牌形象有很大的提升作用。

7.1.2 淘宝站内免费流量

淘宝站内免费流量主要包括站内搜索流量，以及来源于商品收藏、“我的淘宝”页面、“我的订单”页面、直接访问、购物车等入口，搜索、消息、订阅等渠道的流量。对于商家而言，淘宝站内免费流量是非常重要的流量来源，具有成本低、易获取的特点。

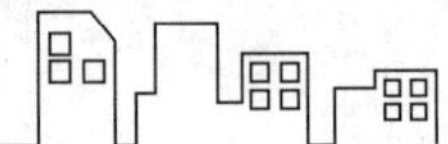

7.1.3 付费推广流量

付费推广是一种比较有效的推广方式，可以帮助商家获取更多的有效流量。淘宝站内的付费推广模式主要有直通车、引力魔方、淘宝联盟、淘宝达人推广等。其中，直通车是一种特定类目下网店热门商品常用的推广方式；引力魔方是一种根据消费者行为获取精准流量的推广方式；淘宝联盟和淘宝达人推广则是由商家支付佣金，专门人员提供推广服务的推广方式。

使用直通车或引力魔方时，既可以采用智能推广的方式，也可以采用自定义推广的方式，后者需要商家提前制订详细、可行的推广计划，包括预算、出价等。淘宝联盟和淘宝达人是一种主动的人为推广方式，也是一种双向选择的推广方式，商家可以选择合适的淘宝客或淘宝达人，淘宝客或淘宝达人也可以根据网店的综合能力来决定是否接受推广。

7.1.4 平台活动流量

除了通过站内搜索和付费推广来获取流量外，商家还可以使用淘宝网提供的一些营销活动进行推广，这也是常见的流量来源之一，如聚划算、淘金币、天天特卖等。如果网店满足活动参与条件，则可通过淘宝的活动入口申请参与，申请通过后，即可在活动区域获得展示机会，使商品被消费者浏览。

7.2 利用新媒体平台推广网店

利用新媒体平台推广网店是获取站外流量的主要手段，特别是近年来，随着微博、微信、抖音、小红书等平台的快速发展和影响力的增强，利用这些平台获取流量越来越受到商家的重视。

7.2.1 利用微博推广

微博是一个公开的社交媒体平台，利用微博推广网店可以达到实时发布和显示消息的目的，微博的用户数量非常大，因此很多商家选择将微博作为推广平台。

1. 注册并设置微博账号

利用微博推广时，商家首先需要注册微博账号，然后引导消费者关注网店微博，通过微博不时地为消费者推送各种活动信息，吸引其前来购买。

商家完成微博账号的注册后，就可以设置微博账号了。微博账号主要由昵称、头像、简介、认证、背景图和其他信息组成，其中，昵称、头像、背景图是商家设置微博账号的重点。昵称最好设置为网店名称，头像最好设置为网店标志或品牌标志，背景图可以设置为商品展示图。另外，商家可在简介中简单描述网店，展示网店的属性和文化，为网店建立起良好的形象，还可添加网店的链接，方便粉丝直接进入网店。如此一来，微博粉丝可以一目了然地看到品牌，记住网店名称，也有助于提升品牌关键词的搜索排名。图7-1所示为某淘宝网店的微博账号。

▲ 图7-1 某淘宝网店的微博账号

为提升微博账号的权威性和知名度，商家可以进行微博认证，通过认证的微博账号的头像右下角处会有一个“V”标志。微博认证包括个人认证和机构认证，二者的具体认证方式不同，商家可以进入微博认证界面查看。

2. 推广方式

在利用微博推广的过程中，商家可以采用以下推广方式促进推广内容的传播。

（1）转发抽奖

转发抽奖是指通过网店微博账号与粉丝进行互动，从转发当前微博内容的粉丝中抽取一名或几名赠送奖品。转发抽奖是一种十分常见的推广方式，不仅可以将网店或活动推广至粉丝的粉丝，扩大影响范围，还可累积更多的粉丝，吸引更多的用户关注网店微博账号。转发抽奖一般都是以“关注+转发”的形式实现的，如图7-2所示。

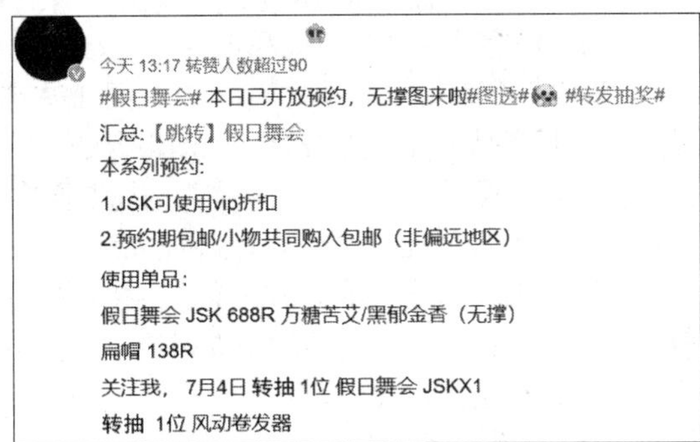

▲ 图7-2 转发抽奖

（2）晒图有奖

晒图有奖是指邀请消费者上传商品图片并@网店微博账号，然后对参加活动的图片进行评比或投票，给予获奖者一定奖品的活动，如图7-3所示。晒图有奖既可以宣传商品，又能培养消费者的忠诚度，是一种非常有效的微博推广方式。

（3）发布话题

微博话题包括普通话题和超级话题，当普通话题的讨论人数过多时，就可能升级为超级话题，从而扩大网店的曝光度，起到营销作用。第一，微博话题应该围绕网店商品、活

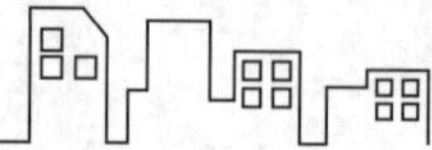

动进行设计。第二，微博话题内容要有吸引力，要能够引起粉丝的传播与讨论，当微博话题的发送量达到一定数量时，还可能被微博官方推荐给更多的微博用户查看。因此，商家在发布微博内容时应尽量带上相关话题，并引导粉丝参与到话题活动中，如带话题转发、参与话题讨论等。图7-4所示为带话题发布的微博内容。

▲ 图7-3　晒图有奖

▲ 图7-4　带话题发布的微博内容

7.2.2　利用微信推广

微信是一款用户数量非常大的即时通信软件。基于其大众化、即时性等特点，利用微信推广具有非常大的发展空间和可观的效果。常见的微信推广方式主要有两种，一种是微信朋友圈推广，一种是微信公众号推广。

1. 微信朋友圈推广

微信朋友圈是一个重要的商品信息发布渠道，其分享的性质更能够为商品引流，也更容易与粉丝互动交流。商家可以通过以下方式在微信朋友圈中为淘宝网店引流。

（1）淘宝移动端分享商品链接

商家打开淘宝移动端之后，进入网店并选择一款商品（建议选择销售量较高的商品），打开商品页面，点击商品主图下方的“分享”超链接，选择分享到“微信”（或选择复制链接、保存图片），然后在微信朋友圈中发布商品链接或图片。

微信好友在微信朋友圈中看到商品后，如果对商品感兴趣，可以复制淘口令，然后打开淘宝移动端，通过系统提供的商品链接直接进入商品页面。这种引流方式操作简单，比较便捷，同时可以实现商品的精准引流。但是不经常看微信朋友圈的微信好友可能会忽略商品链接，且这种方式只为推销商品，互动性和趣味性不强。

（2）千牛移动端分享网店链接

商家还可以用千牛移动端分享网店链接到微信朋友圈。在千牛移动端首页点击右上角的按钮，在打开的列表中选择“分享店铺”选项，在打开的列表中选择“朋友圈”选项，打开微信朋友圈内容编辑界面，如图7-5所示，完善内容后点击发表按钮。

（3）生活分享中植入广告

在微信朋友圈中直接分享商品虽然可以直观地推广商品，但很可能会造成微信好友的反感。特别是对于商家来说，其微信好友的数量非常多，有些可能根本就不认识，此时采用生活分享的方式来推广商品或网店，会给微信好友一种亲切、自然的感受，让他们在不知不觉中认可你所分享的信息，达到软推广的目的，同时还有利于树立本人的形象，让微信好友觉得你是一个有生活情调的人。发布生活分享型微信朋友圈并不复杂，只需写出生活中的趣事，然后将需要推广的信息自然而然地融入其中，让微信好友在真实的生活场景中感受和了解到推广信息。图7-6所示就是在微信朋友圈中分享生活日常的时候植入广告的例子。

▲ 图7-5 千牛移动端分享网店链接

2. 微信公众号推广

微信公众号是商家在微信公众平台上申请的应用账号。微信公众号主要有4种类型，分别是服务号、订阅号、小程序和企业微信，其中，订阅号是商家常用的微信公众号类型。商家想要通过微信公众号推广网店，就要先注册并设置账号，并做好内容编写，与消费者展开互动。

图7-6 生活分享中植入广告

（1）账号注册与设置

微信公众号的账号一般由名称、头像、功能介绍等组成。商家一般应将账号规划成一个品牌来运营，即在微信、微博等平台中都使用相同的账号名称，从而更好地发挥品牌优势。商家可以采用微博账号的设置方法来设置微信公众号。

（2）内容编写

微信公众号推广的内容一般为图文结合的形式，文字要求排版整齐，图片要求精致美观，内容要具有可读性，可以吸引用户阅读。例如，以趣味软文的形式做推广，可引起消费者的兴趣，拉近与消费者的距离，同时策划的网店活动也可通过微信公众号进行宣传。图7-7所示为某图书微信公众号的推广内容，其先是讲述了某热播电视剧的相关内容，然后延伸到推荐的图书内容上，借助该电视剧的热度在结尾完成图书推荐。

（3）与消费者互动

在微信公众号中，商家可以设置自定义菜单与消费者互动。图7-8所示为自定义菜单，该微信公众号就设置了“品牌动态”“商城好物”“会员有礼”等菜单，消费者选择相应的选项就可以查看相关内容。此外，为方便回答消费者的问题，商家还可以设置自动回复或关键词回复，如图7-9所示。这些都可以在微信公众号后台进行设置。

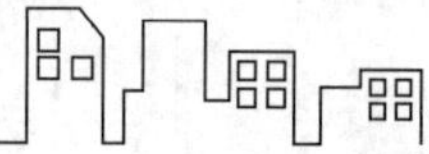

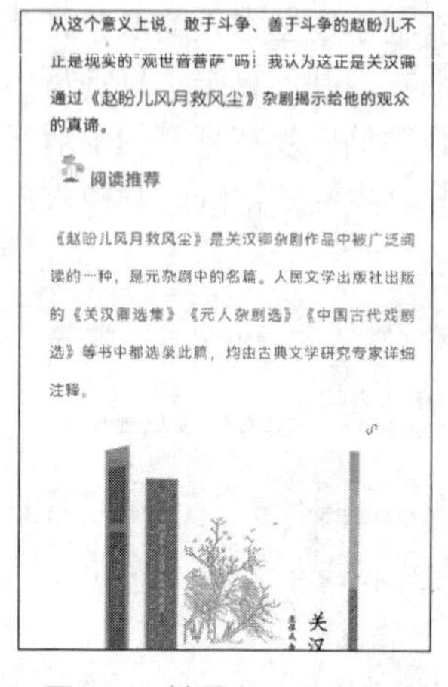

▲ 图7-7　某图书微信公众号的推广内容

▲ 图7-8　自定义菜单

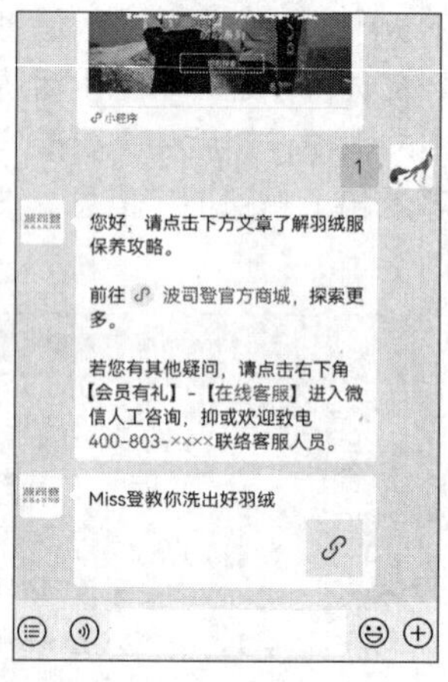

▲ 图7-9　自动回复

7.2.3　利用抖音推广

抖音具有用户多、流量优质、内容直观生动、商业营销性强的优势，是一个不错的推广渠道。抖音主要以短视频或直播来呈现内容，作为第三方平台的商家使用短视频推广商品将更加便捷。

1. 自主推广商品

淘宝商家在发布推广商品的短视频时，可以直接介绍商品的优势，或将商品植入拍摄的短视频场景中。在直接介绍商品的优势时，商家一定要选择热门类目的商品，或有亮点和创意，或娱乐性很强、自带话题性。例如，图7-10所示为直接介绍商品的优势，该短视频就从拍出美丽的Vlog（视频网络日志）出发，直接介绍手机商品强大的拍摄功能。在植入商品时，可将商品植入某个生活场景当中，并巧妙地将网店（品牌）Logo、网店（品牌）名称、商品等置于短视频的醒目位置。图7-11所示为植入商品，该短视频就将手机商品植入故事中作为道具，使其与故事情节紧密相关，植入十分自然。

短视频可以达到宣传网店或商品的作用，但是要达到实际的引流效果，商家还需要添加商品链接，通过链接将消费者引入淘宝网店中。较为直接的方式是在短视频播放界面展示淘宝购物车。商家可进入创作者服务中心，在"商品橱窗"界面开通"商品分享功能"选项，申请成为带货达人，开通带货权限，通过审核后可将商品展示在购物车中。

在抖音中开通带货权限需要满足一定的条件：个人主页公开视频数≥10条、账号粉丝量≥1000个、缴纳作者保证金500元。

▲ 图7-10　直接介绍商品的优势

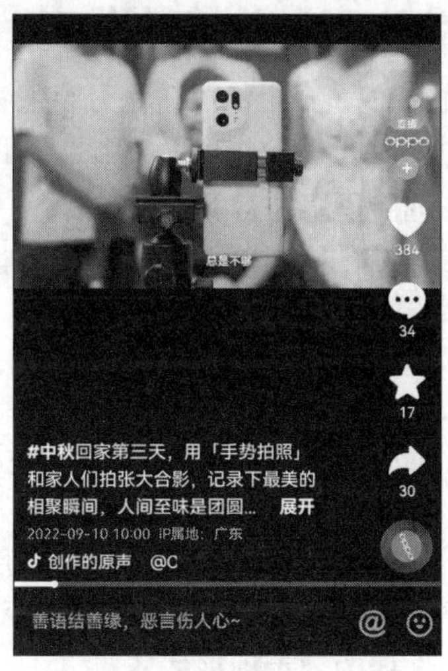

▲ 图7-11　植入商品

2. 达人引流

除了自行发布推广商品的短视频外，商家还可以与抖音上的达人合作。由于达人通常拥有大量的粉丝，因此借助达人的力量可以扩大商品或网店的知名度。商家可以在抖音中搜索“巨量星图”，在搜索结果页中点击 进入 按钮（见图7-12）；打开“巨量星图”入口，选择“我是客户”选项（见图7-13）；在打开的页面中完成注册（见图7-14），然后进入巨量星图发布推广任务。

▲ 图7-12　点击“进入”按钮

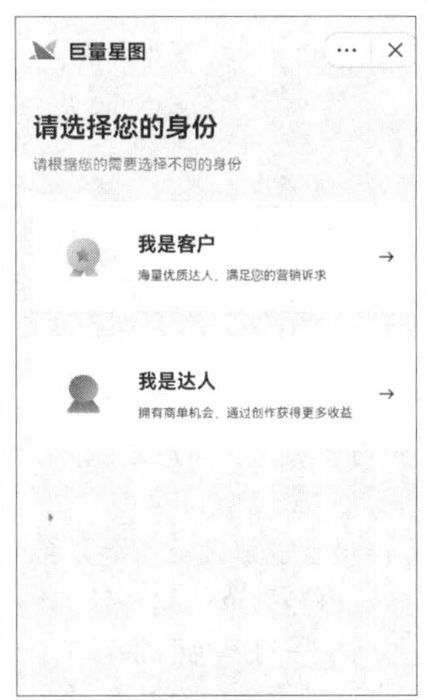

▲ 图7-13　选择“我是客户”选项

▲ 图7-14　注册巨量星图账号

7.2.4 利用小红书推广

小红书是一个生活、购物分享的社区平台，商家可通过分享内容来实现商品的“种草”，进而促进商品的销售。因此，淘宝商家在利用小红书推广时，需要着重打造内容。

1. 选择垂直内容领域

小红书中的内容领域非常广泛，覆盖了时尚穿搭、护肤、彩妆、旅行、餐厅、食谱、综艺、美发、美甲、个人护理、萌宠、运动健身、萌娃、情感、婚礼、电影、电视剧、游戏、科技数码、汽车、读书、健康、家居家装、动漫、舞蹈、母爱、音乐、搞笑、摄影、教育等30多个领域。商家在打造内容时，首先要确定内容领域，以便塑造专业的形象。为方便推广网店中的商品，建议商家专注于网店所在行业领域，打造垂直内容。

在打造垂直内容时，商家可以从以下两个方面入手：一是围绕目标消费人群所关注的话题打造内容，如服装网店围绕服装穿搭技巧打造内容；二是紧跟时事热点，如围绕“冬奥会”热点打造与网店商品相关的内容。

2. 选择内容表现形式

小红书中主要以图文、视频、直播等形式来呈现内容，而图文类、视频内容在小红书中被称为“笔记”。在小红书App主界面中单击界面底部的+按钮，即可发布不同表现形式的内容。对于淘宝商家而言，图文和视频更适合用于分享来自第三方平台的商品。

（1）图文笔记

图文笔记是小红书中常见的内容表现形式，其内容主要由图片和文字组成。商家在发布图文笔记时要先了解其结构，主要包括作者、图片、标记、标题、正文、赞、收藏、评论等，如图7-15所示。

▲ 图7-15 图文笔记的结构

要写出吸引目标消费人群点击与阅读的优质笔记，需要保证笔记内容的独立性、可归纳性和可整合性。

（1）独立性。独立性是指笔记内容能够与其他内容区别开来，能够独立存在于所发布领域，不与其他用户发布的内容重复，同时还能对目标消费人群产生价值，能让目标消费人群看完后有所收获。

（2）可归纳性。优质的笔记内容能够被收录到小红书中对应的内容领域，但要注意内容中应有比较明显的可以体现内容领域的归纳性词语，如地名、穿搭等。否则，该笔记将不能被收录到分类中，也很难得到曝光和推荐。

（3）可整合性。在小红书中，不仅系统会将优质笔记自动收录到对应的话题，用户也可能会在看到优质笔记时将其收藏到自己的专辑，因此，优质的笔记内容是可以被整合的。

（2）视频笔记

笔记视频在小红书中也非常常见，不仅可以更加直观地展示分享给目标消费人群的内容，还能增加目标消费人群的停留时长，提高转化率，特别适用于服装、美妆、玩具、厨具、家居等需要充分展示使用场景的商品。视频时长在30s左右为宜，且要在有效的时间里展现给目标消费人群最有价值的信息。

使用小红书拍摄好视频后，商家可以直接在小红书上剪辑视频，为视频添加字幕、说明文字或特效等，然后直接点击发布笔记按钮。

素养课堂：坚持原创、推陈出新

商家在利用新媒体平台进行推广时，一定要重视推广内容的质量，要做到坚持原创、推陈出新。对于以内容为主要展示方式的新媒体平台而言，内容的原创性是账号保持长久生命力的秘诀。原创性的内容不仅体现了商家的风格和特点，还使得内容更具个性化和独特性，也更具辨识度。另外，各大新媒体平台也鼓励原创，会给予原创优质内容更多的推荐。因此，不管创作能力如何，商家一定要坚持原创，并注意保护好自己的知识成果。为营造良好的创作氛围，打造健康、有序的创作环境，不少新媒体平台开展了打击抄袭、搬运等行为的行动。例如，抖音开展了“抖音原创者联盟”计划，大力打击抄袭、搬运等侵权行为，下架了被投诉的侵权视频超3万多条，并在日常巡查中下架了有版权问题的视频达309万条，永久封禁违规账号300多个。同时，抖音还上线了“粉丝转移”“原创议事厅”等原创保护措施，一方面将侵权账号因恶意搬运而产生的粉丝转移给原创作者，另一方面邀请优质原创作者、专业人士组成评审团，共同评定侵权内容。

商家在发布原创内容的同时还要坚持推陈出新。一方面，商家要坚持学习，学习新的思想、新的技术、新的理念等，不断优化创作思路、创作形式；另一方面，商家也要学会扬弃，坚持好的创作方式、创作理念，摒弃违背社会道德、违反法律的创作行为。

总结：商家坚持原创、维护原创，并坚决抵制抄袭、搬运、伪原创等行为，且不断推陈出新，非常有利于打造有价值的新内容，为内容创作营造良好的环境。

课后练习

1. 选择题

（1）【单选】以下属于站外流量来源的是（　　）。

A. 微信　　B. 订阅　　C. 逛逛　　D. 淘宝联盟

（2）【单选】以下不属于淘宝站内免费流量来源的是（　　）。

A. 购物车　　B. “我的淘宝”页面

C. 消息　　D. 首页焦点图

（3）【多选】常见的微博推广方式有（　　）。

A. 转发他人微博　　B. 晒图有奖

C. 发布话题　　D. 转发抽奖

2. 填空题

（1）微信公众号的类型主要有＿＿＿＿＿＿、＿＿＿＿＿＿、＿＿＿＿＿、＿＿＿＿＿＿＿。

（2）淘宝商家自主发布推广商品的短视频时，可以采用的方法有＿＿＿＿＿＿＿、＿＿＿＿＿＿＿＿。

3. 简答题

（1）如何在抖音上寻找达人推广？

＿＿＿＿＿＿＿＿＿＿＿＿＿＿＿＿＿＿＿＿＿＿＿＿＿＿＿＿＿＿

（2）如果想用小红书推广网店或商品，应当怎么做？

＿＿＿＿＿＿＿＿＿＿＿＿＿＿＿＿＿＿＿＿＿＿＿＿＿＿＿＿＿＿

4. 操作题

（1）在微博上使用转发抽奖的方式推广一款无花果（配套资源：\素材\第7章\无花果.jpg），要求参与条件为“关注+转发”，中奖人数为“3人”，奖品为“2斤装无花果一箱”。无花果有关信息如下。

- 香甜软糯、自然鲜香、皮薄肉厚、个大饱满。
- 新鲜采摘、人工挑选，3斤66元。

（2）在微信朋友圈中推广一款帽子（配套资源：\素材\第7章\帽子\），要求采用生活分享的方式植入广告，并采用图文的形式呈现。帽子有关信息如下。

- 遮阳防晒、潮流百搭、颜色丰富、支持定制图案。
- 棉质材料、舒适透气、结实耐用，原价25.9元/顶、现价19.9元/顶。

（3）为一家特产网店“特产小铺”注册微信公众号，要求类型为订阅号、名称同店名、头像为（配套资源：\素材\第7章\头像.png），简介为“特产小铺售卖各类四川特产，致力于传播四川优秀传统文化，欢迎各位在外的游子，以及对四川特产感兴趣的小伙伴，关注我了解更多内容。”

（4）在小红书上发布一则推广阳山水蜜桃（配套资源：：\素材\第7章\阳山水蜜桃.png）的笔记，要求体现该水蜜桃的特点，其特点如下。

- 国家地理标志产品，个头大、色泽绚丽、肉厚、香气浓郁、汁多味甜。
- 富含无机盐、钙、维生素C等多种物质。
- 绿色健康，生态种植，使用农家肥。
- 原价80元/4斤，活动价69元/4斤，活动3天后截止。

拓展阅读

微信公众号是网店推广的重要渠道，想要获得更好的推广效果，需要合理地使用一些推广技巧。下面针对微信公众号推广提供一些技巧。

（1）内容编写

微信公众号推广是基于移动电子设备的一种推广方式。用户花费在移动电子设备中的时间多为碎片时间，每次浏览信息的时间不长，但是次数较多，且所浏览信息的多少受移动电子设备屏幕大小所限。因此，微信公众号推广内容的编写需要注意以下几点。

- **内容的定位**。每次在微信公众号中发布的内容不能太多，推送内容以3~4个栏目为宜，且需根据推送主题来整理内容。例如，操作类内容需提供具有实操指导性的图文，资讯类内容需提供最新且最具实用性的动态，活动类内容则需提供具有参与性的活动流程等。
- **确定标题**。现在很多用户都订阅了较多的微信公众号，要想从众多微信公众号中脱颖而出，标题就 一定要新颖，具有创意，从而提高用户的阅读兴趣。
- **内容摘要**。微信公众号推广一般都采用图文结合的方式。因为移动端用户具有时间碎片化的特征，所以推广内容切忌文字内容太多，可以通过简练、有吸引力的摘要提升用户的阅读欲望。
- **排版要求**。微信公众号推送内容的排版一般以小段落为主，切忌出现大段文字，因为大段文字容易引起用户的倦怠感和疲劳感。
- **引导关注**。微信公众号推送内容可以被已阅用户分享到其他地方，因此一般需要在推送内容中加入微信公众号信息，如在文章末尾可以附带微信公众号的二维码信息，然后通过提示信息引导用户关注。

（2）推送时间

移动端用户查看微信公众号推送内容的时间多为上下班途中、中晚餐时间、睡前等。因此，微信公众号内容的推送时间可选在这些时段，当然，也可避开发布的高峰期。具体推送时间应该根据运营人员的分析总结而定。

第8章 利用站内资源推广网店

本章引入

淘宝网本身就是一个汇聚了大量流量的电子商务平台。对于商家而言，利用站内资源推广更加便捷和直接，也更容易引进流量。淘宝网为商家提供了多样的推广方式，包括营销活动推广、使用付费工具推广、直播推广、开展淘宝内容营销等，商家只要运用得当，就可以为网店引进大量流量。

学习目标

1. 了解常见的营销活动及活动开展方法。
2. 掌握使用直通车、引力魔方、淘宝联盟等付费推广工具推广的方法。
3. 掌握使用直播和淘宝内容营销渠道推广的方法。

知识框架

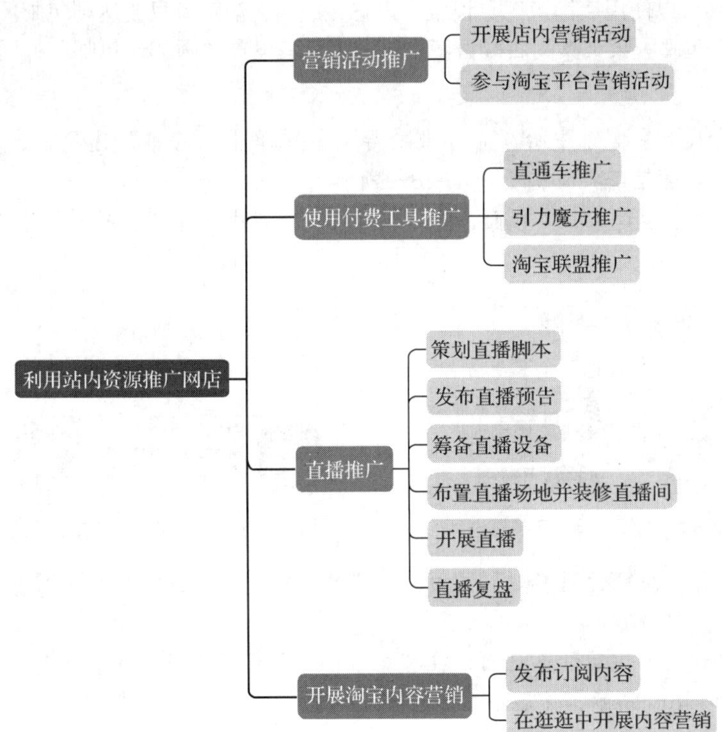

8.1 营销活动推广

营销活动推广是一种常见的推广方式。在网店运营中，处理库存、提高销售额、推销新品、提高品牌认知度、提升网店竞争力等均可以通过营销活动推广来实现。为了帮助商家更好地推广网店、提高网店销售量，淘宝网针对网店实际运营中的不同营销情况（如优惠促销、网店引流、互动营销等），提供了不同的店铺营销工具用于开展店内营销活动。此外，淘宝网还为商家提供了不少平台活动，商家可以有选择性地参加。

8.1.1 开展店内营销活动

店内营销活动主要用于吸引进入网店或商品详情页的潜在消费者购买商品。常见的店内营销活动包括包邮、赠送礼品、赠送优惠券等。

1. 包邮

包邮是一种常见的营销活动，当消费者在网店内购买总价格超过一定金额的商品时，即可享受包邮服务。包邮的价格不可设置过

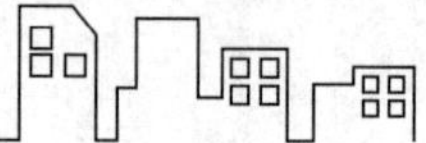

高，这样消费者为了免除邮费，通常会选择足量商品。需要注意的是，该方法只针对利润较少的商品，如果商品利润足够，则可以采用直接免邮的方式来吸引消费者。

包邮活动可以使用店铺宝工具设置。设置完成后，消费者只要达到包邮门槛，全店所有商品都可以包邮。某文具网店准备使用店铺宝工具设置“满39元包邮”的活动。其具体操作如下。

STEP 01 进入千牛卖家中心，在左侧的导航栏中单击“营销”选项卡，在“营销管理”栏中选择“营销工具”选项，如图8-1所示。

STEP 02 打开“营销工具”页面，在“工具列表”栏中选择“店铺宝”选项，如图8-2所示。

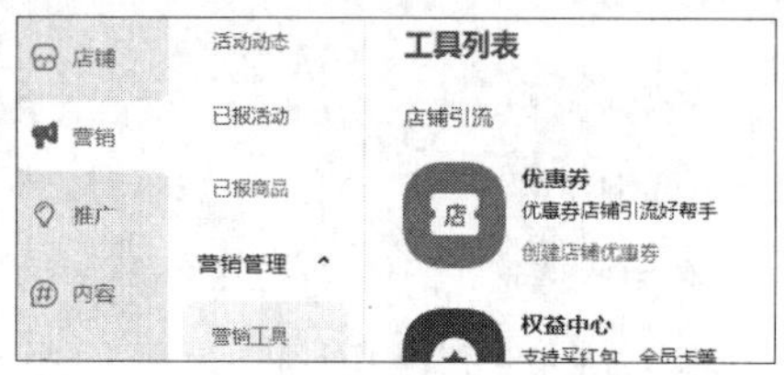

▲ 图8-1　选择“营销工具”选项

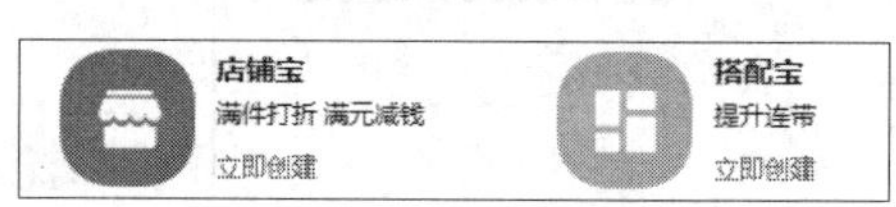

▲ 图8-2　选择“店铺宝”选项

STEP 03 打开“商家营销中心”页面，在“自定义新建”面板中单击 +创建包邮活动 按钮，如图8-3所示。

STEP 04 打开包邮活动设置页面，在“基本信息”页面中设置活动名称、开始时间和结束时间，如图8-4所示，然后单击 下一步 按钮。

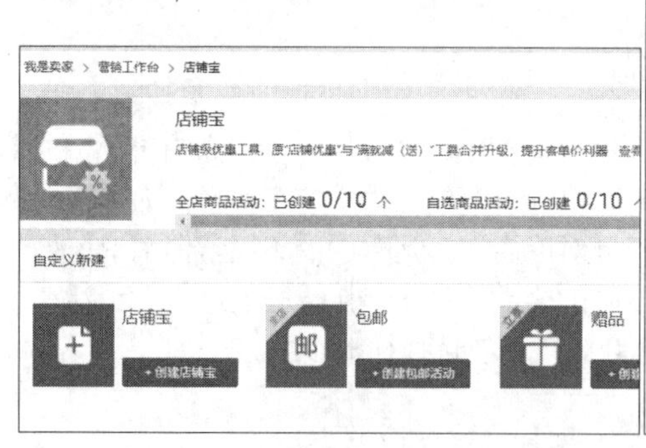

▲ 图8-3　单击“创建包邮活动”按钮

▲ 图8-4　设置基本信息

STEP 05 在打开的页面中设置优惠条件和优惠门槛，这里设置优惠条件为“满元”、优惠门槛为“满39元”，然后单击 资损风险校验 按钮，如图8-5所示。

STEP 06 在打开的页面中系统默认选择全部商品，单击 下一步 按钮，如图8-6所示，完成包邮活动的设置。

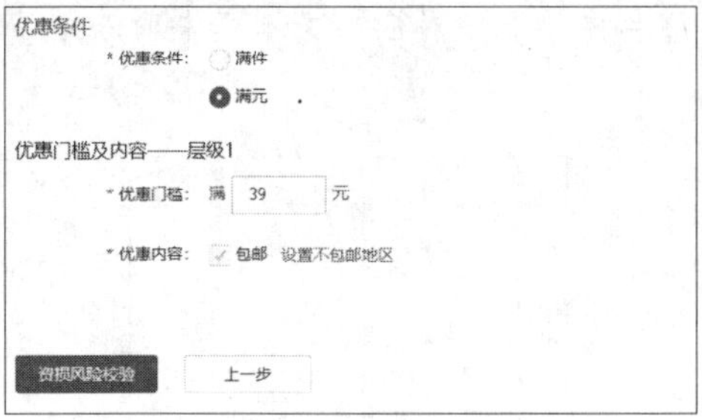

▲ 图8-5　设置优惠条件和优惠门槛

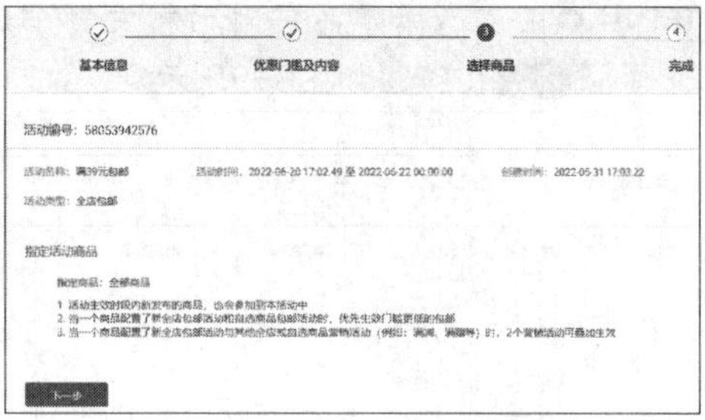

▲ 图8-6　指定活动商品

2. 赠送礼品

赠送礼品是指为促使消费者购买某商品，从而赠送其一定的小礼品，常用于维护与消费者之间的关系，以赢得消费者的好感。除此之外，商家也可以采用达到一定消费额度就赠送某商品的方式。赠送礼品的方式多种多样，不仅可以带给消费者福利，还可以推广新品。

赠送礼品活动也可以使用店铺宝工具设置，设置前需要先发布赠品。现一服装网店计划使用店铺宝工具为新款夏季仿真丝风格衬衣设置“买一赠多”活动，赠品为袜子，用于新品促销，并将赠品信息展示在商品详情页主图中。其具体操作如下。

STEP 01 打开“商家营销中心”页面，单击 +创建赠品活动 按钮。打开赠品活动设置页面，在“基本信息”页面中设置活动名称、开始时间、结束时间、低价提醒等，设置活动目标为“新品促销”，如图8-7所示。

STEP 02 单击 下一步 按钮，在打开的页面中设置优惠条件和优惠门槛，这里设置优惠门槛为“1件”，然后选中“送赠品”复选框，在打开的提示框中单击 确认 按钮。

STEP 03 打开“选择赠品”对话框，选中赠品前的复选框，默认每个用户可自选商品数为“1个”，如图8-8所示。

▲ 图8-7　设置基本信息

赠品需要提前发布，发布流程与发布一般的商品相同，但商品类目要选择“其他/赠品”类目。

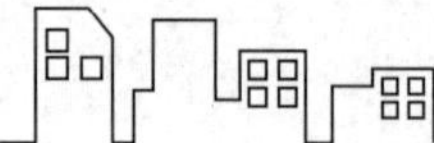

STEP 04 在“选择赠品”对话框右侧“赠品名称”下方对应的文本框中输入赠品名称，单击 确认 按钮，如图8-9所示。

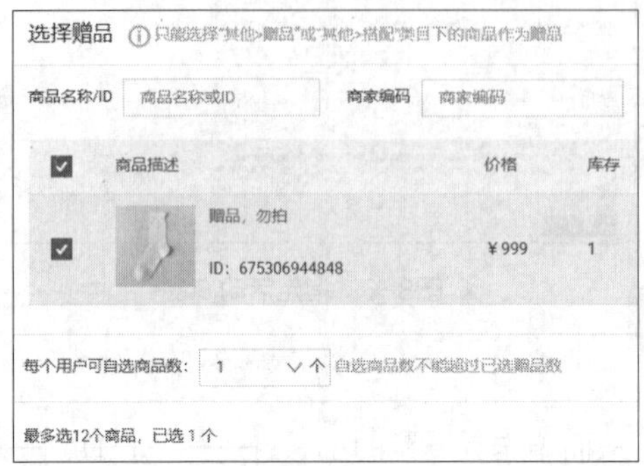

▲ 图8-8　选择赠品

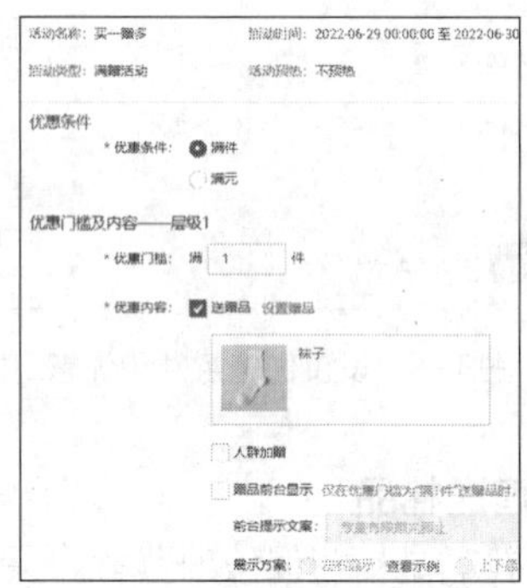

▲ 图8-9　设置赠品信息后的效果

STEP 05 选中“赠品前台显示”复选框，并设置展示方案，然后单击 资损风险校验 按钮，如图8-10所示。

STEP 06 打开“选择商品”页面，选中参与赠品活动的商品前对应的复选框，然后单击 下一步 按钮，如图8-11所示。

▲ 图8-10　设置赠品前台展示

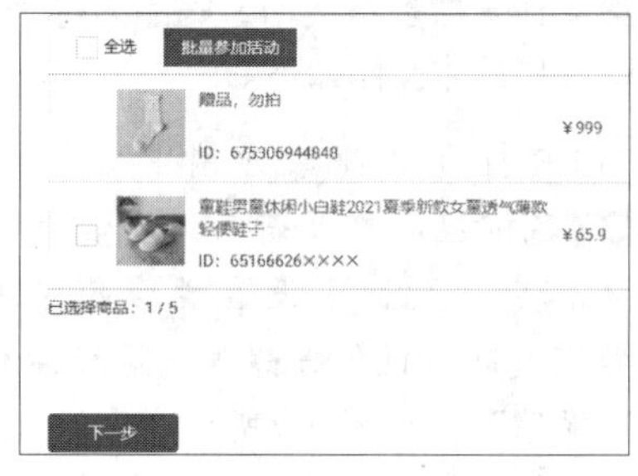

▲ 图8-11　选择商品

STEP 07 提示设置成功，单击 返回列表 按钮返回活动列表查看活动详情。设置完成后赠品信息将在商品详情页主图上展示，效果如图8-12所示。

3. 赠送优惠券

赠送优惠券是一种可以激励消费者再次购物的店内营销活动。优惠券中一般需标注消费额度，即消费到指定额度可使用该优惠券。同时，在优惠券下方还要说明优惠券的使用条件、使用时间和使用规则等。优惠券主要分为3类，分别是针对全店商品的店铺优惠券、针对特定商品的商品优惠券，以及裂变优惠券。其中，消费者只有把裂变优惠券分享给足够数量的好友才能领取并使用该裂变优惠券。

▲ 图8-12　最终效果

赠送优惠券活动可以通过优惠券工具设置。现某水果网店准备使用优惠券工具设置“满199元减15元”的店铺优惠券，活动时间为“2022-06-02—2022-06-03”，发行量为5000张，每人限领1张。其具体操作如下。

STEP 01 打开“商家营销中心”页面，选择“优惠券”选项。在“自定义新建”栏单击 +创建店铺券 按钮，如图8-13所示。

STEP 02 打开“创建优惠券”页面，默认推广渠道为“全网自动推广”，在“基本信息”栏中设置名称、开始时间、结束时间、低价提醒等，如图8-14所示。

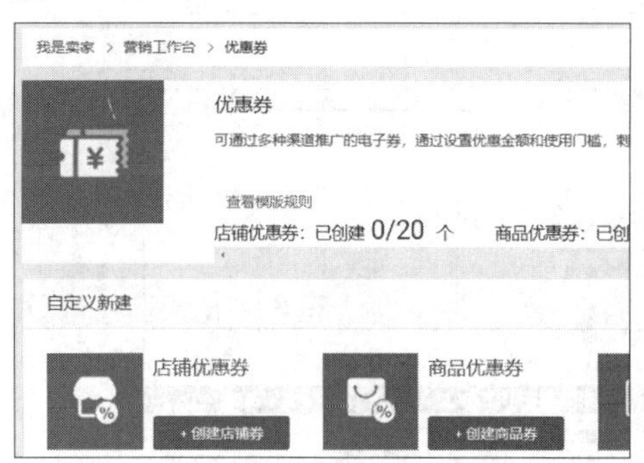

▲ 图8-13 单击“创建店铺券”按钮

▲ 图8-14 设置推广渠道、优惠券基本信息

STEP 03 在“面额信息-面额1”面板中设置优惠金额、使用门槛、发行量、每人限领等，单击 资损风险校验 按钮，如图8-15所示。待提示创建成功后，单击 返回列表 按钮可返回活动列表查看创建的优惠券信息。

▲ 图8-15 设置面额信息

8.1.2 参与淘宝平台营销活动

淘宝平台营销活动主要分为两类，一类是平台大型营销活动（如“双十一”“6·18”），另一类是平台日常营销活动（如聚划算、天天特卖）。通过参与淘宝平台营销活

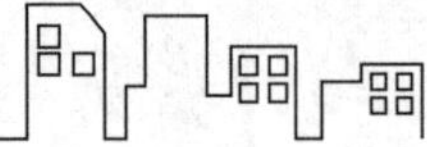

动，商家能够更快速地吸引消费者，并提高商品的销售量。

1. 参与平台大型营销活动

商家如果要参与平台大型营销活动，需要满足一定的条件。通常，商家可以在千牛卖家中心查看自己是否可以报名参加平台大型营销活动。进入千牛卖家中心首页，在页面左侧即可查看自己是否符合报名要求，如图8-16所示。符合报名要求的商家可以单击查看按钮，在打开的页面中查看报名指南、活动规则等活动详情（见图8-17），并根据活动流程完成报名。

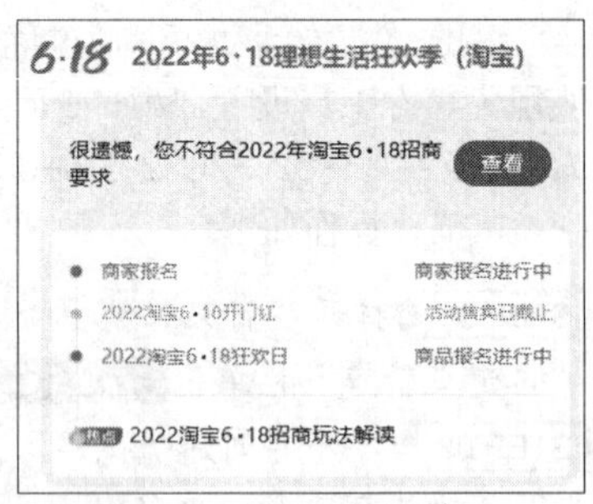

▲ 图8-16　查看是否符合报名要求

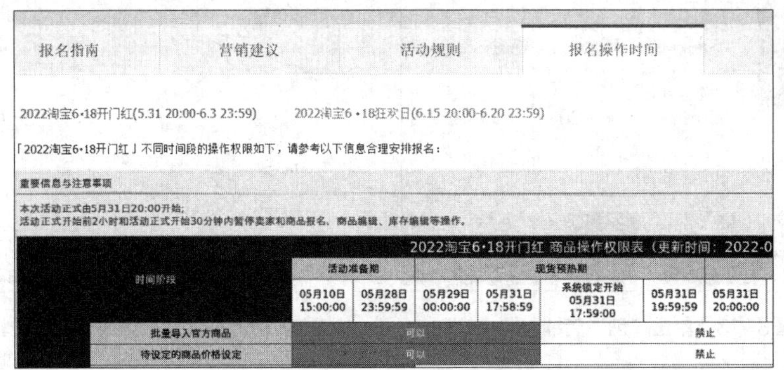

▲ 图8-17　了解活动详情

2. 参与平台日常营销活动

除了参与平台大型营销活动外，一些商家还会通过参与平台日常营销活动来推广网店。平台日常营销活动对商家的要求通常没有平台大型营销活动高，商家可以根据网店推广需要来选择合适的活动参与。具体操作为：进入千牛卖家中心，在左侧的导航栏中单击“营销”选项卡，在“营销活动”栏中默认选择“活动报名”选项，如图8-18所示；进入“活动报名”页面，在默认打开的“可报活动”选项卡下选择想要报名的活动，单击立即报名按钮，如图8-19所示；打开活动报名页面，在页面中查看活动说明、规则、要求等信息，确认符合要求后单击去报名按钮；在打开的页面中签署协议并单击提交按钮提交报名申请，如图8-20所示。

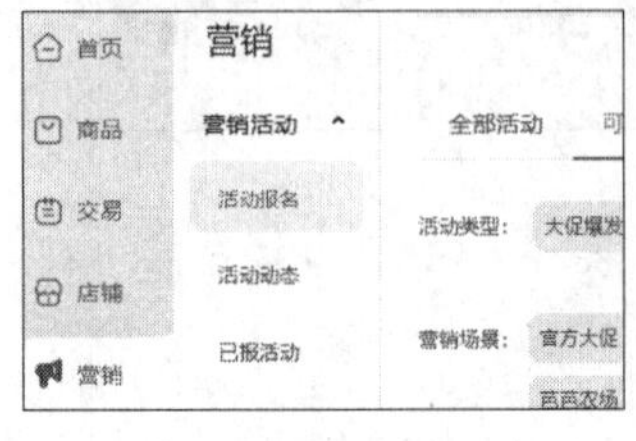

▲ 图8-18　单击“营销”选项卡

▲ 图8-19　单击“立即报名”按钮

▲ 图8-20　单击“提交”按钮

8.2 使用付费工具推广

除了提供营销活动外，淘宝网还为商家提供了多种付费推广工具，如直通车、引力魔方、淘宝联盟等。这些付费推广工具能够帮助商家获得更有利的商品展示位置，更加快速地获得流量和提高销售量。因此，对于商家而言，付费推广是一个非常不错的推广方式。为了更有效地使用付费推广工具进行推广，商家需要了解一些常用的付费推广工具的推广原理、推广位置和操作方法等。

8.2.1 直通车推广

直通车是按照点击数付费的营销推广工具，可以精准地将商品推荐给有需求的消费者，是商家进行宣传与推广的主要手段。直通车不仅可以提高商品的曝光率，还能有效增加网店的流量，吸引更多消费者。

1. 了解直通车

直通车是通过设置推广关键词来展示商品并为商家获得流量的推广方式，淘宝网通过直通车流量的点击数收费。当消费者点击展示位的商品进入店铺后，将产生一次网店流量，当消费者通过该次点击继续查看网店其他商品时，即可产生多次网店跳转流量，从而形成以点带面的关联效应。此外，直通车可以多维度、全方位地提供各类报表及信息咨询，便于商家快速、便捷地进行批量操作。商家可以根据实际需要，按时间段和地域控制推广费用，提高目标消费者的定位准确程度，同时可降低推广成本，提高网店的整体曝光度和流量，从而达成提高销售额的目的。直通车的推广过程如下。

（1）商家为需要推广的商品建立直通车推广计划，设置日限额、推广关键词、出价等，直通车根据商家的设置将其推荐到目标消费者的搜索页面。

（2）消费者在淘宝网中搜索与商品相关的关键词时，就会在直通车推广位置看到相关的直通车商品展示效果。

（3）消费者在直通车推广位置单击展示的商品图片，进入商品详情页时，系统会根据推广商品的点击数扣费，即展示免费，点击收费。

直通车有两种推广方式，分别是标准计划推广、智能计划推广。

- **标准计划推广。**标准计划推广是一种手动推广方式，需要手动设置推广计划的日限额、投放位置、投放地域、投放时间、推广商品等，可以达到精准控制推广计划的目的。
- **智能计划推广。**智能计划推广是由直通车系统自动进行推广，不需要手动设置。

2. 制定直通车推广方案

根据网店的实际情况和推广需求，商家可以选择适合自己的直通车推广方式，在直通车页面中新建和设置推广计划。某服装网店为达到更加精准的投放效果，决定使用标准计划推广主推商品——衬衫，推广目的为促销；设置日限额为30元、投放位置为所有优选广告位、投放地域为所有地域、投放时间为1:00—7:00、折扣比例为70%；设置推荐关键词出价和精选人群；使用智能调价，设置

扫一扫

实例演示

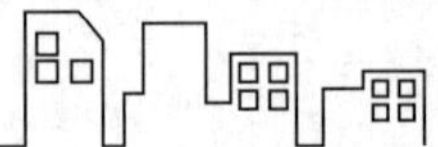

最高溢价30%。其具体操作如下。

▲ 图8-21　选择“直通车”选项

STEP 01 进入千牛卖家中心，在左侧导航栏中单击“推广”选项卡，在打开的列表中选择“直通车”选项，如图8-21所示。之后在打开的页面中单击前往直通车官网按钮。

第一次进行直通车推广的商家，将首先打开“淘宝直通车软件服务协议”页面，同意服务条款后才可进行推广。

STEP 02 在打开页面的上方选择“推广”选项，在打开的下拉列表中选择“标准计划”选项，如图8-22所示。

STEP 03 打开“推广”页面，在底部的面板中，单击“标准推广”选项卡中的+新建推广计划按钮，如图8-23所示。

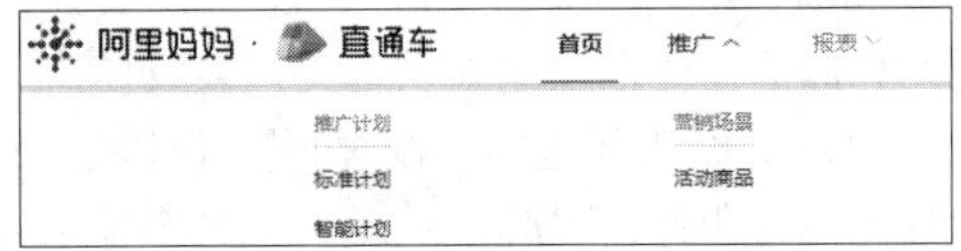

▲ 图8-22　选择“标准计划”选项

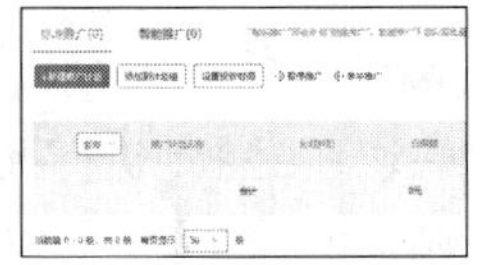
▲ 图8-23　单击“新建推广计划”按钮

STEP 04 打开推广设置页面，在“推广方式选择”面板中选择“标准推广”选项，如图8-24所示。

STEP 05 在“投放设置”面板中的“计划名称”文本框中输入推广计划名称，然后选中“有日限额”单选项，设置日限额为30元，选中“智能化均匀投放”单选项，如图8-25所示。

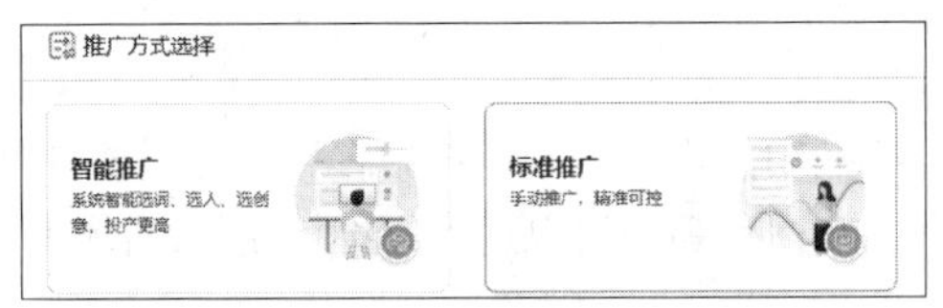

▲ 图8-24　选择“标准推广”选项

▲ 图8-25　设置计划名称、日限额和投放方式

日限额即每日限定的推广预算。商家可以为推广计划单独设置每日扣费的最高限额，所有推广计划的日限额加起来就是账户的总日限额。当推广计划当日消耗达到日限额时，该推广计划下的所有推广商品将全部下线，第二天自动上线。

STEP 06 在“投放设置”面板中单击“设置‘投放位置/地域/时间’”超链接，打开“高级设置”对话框。在“投放位置”选项卡中查看推广位置，并保持默认开启的项目不变，如图8-26所示。

STEP 07 单击“投放地域”选项卡，查看可以推广的地域，这里默认选择所有地域，如图8-27所示，单击确定按钮。如果想取消选择某一地域，可以取消选中地域前方的复选框。

▲ 图8-26 设置投放位置

▲ 图8-27 设置投放地域

STEP 08 单击“投放时间”选项卡，将鼠标指针移动到想要设置折扣的起始时间处，按住鼠标左键不放，拖曳鼠标选择投放时间段，并设置折扣比例。这里选择“1:00—7:00”时间段，并设置折扣比例为70%，单击确定按钮，如图8-28所示。

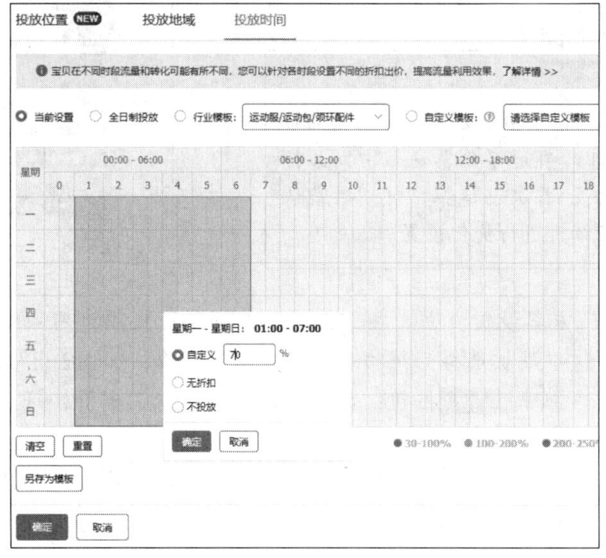

▲ 图8-28 设置投放时间

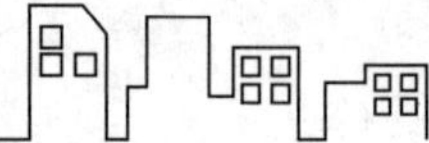

商家可以在流量低谷时段与流量高峰时段设置不同的出价，如在流量低谷时段可以设置低折扣，在流量高峰时段可以设置高折扣。

STEP 09 在“单元设置”面板中单击添加宝贝按钮，如图8-29所示。

STEP 10 打开“添加宝贝”对话框，在其中选择推广商品，这里选择衬衫，然后单击确定按钮，如图8-30所示。需要注意的是，一个标准推广计划最多可以选择5个推广商品。

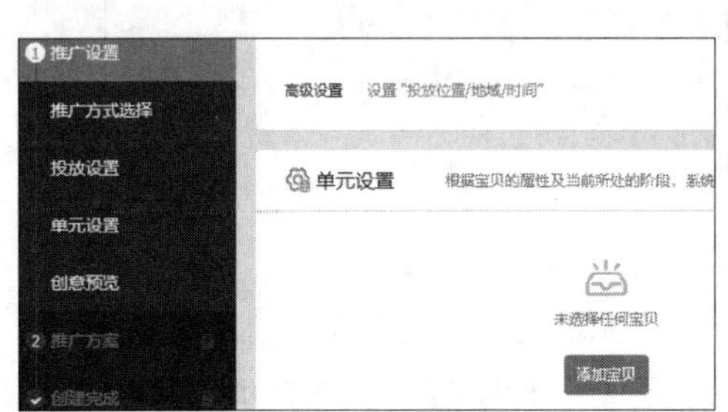

▲ 图8-29　单击“添加宝贝”按钮

▲ 图8-30　添加商品

STEP 11 在“创意预览”面板中预览直通车推广效果，然后单击进一步添加关键词和人群按钮，如图8-31所示。

创意往往呈现为能够吸引消费者、为商品带来流量的视觉设计。直通车创意通常由商品标题和商品图片组成，首次创建推广计划时默认使用商品主图，后续可进行优化设置。

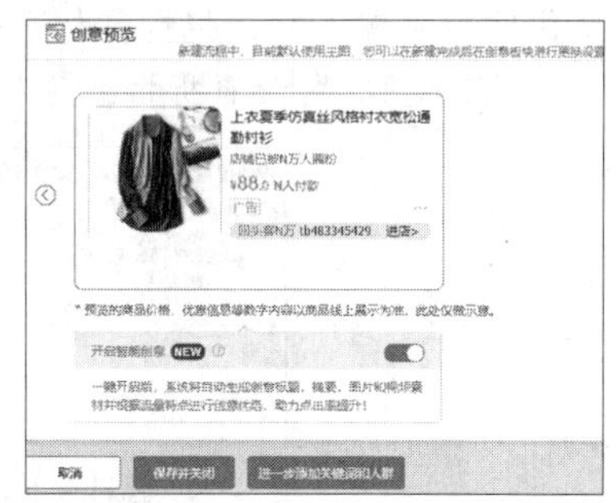

▲ 图8-31　预览直通车推广效果

STEP 12 打开推广方案设置页面，在“推荐关键词”面板中查看系统推荐的关键词、关键词的出价等，这里默认选择系统推荐的关键词、出价，如图8-32所示。如果想要添加更多关键词，可以单击+更多关键词按钮；如果想要修改关键词出价，可以单击修改出价按钮，修改关键词在不同设备中的出价。

STEP 13 在“推荐人群”面板中查看推荐精选人群，这里默认选择系统推荐的精选人群，如图8-33所示。如果想要添加更多精选人群，可以单击+更多精选人群按钮，在打开的对话框中添加精选人群。

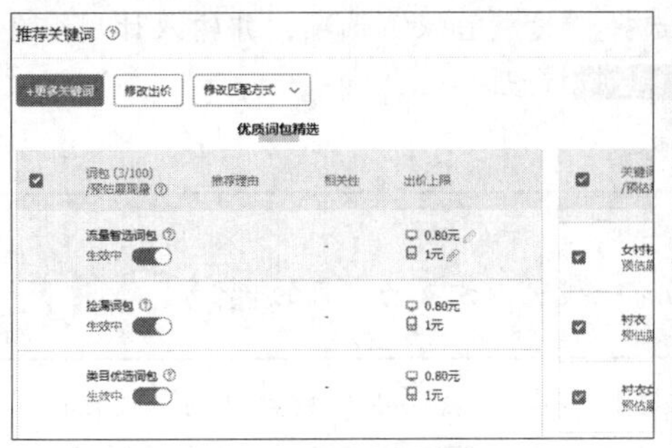

▲ 图8-32 设置推荐关键词　　▲ 图8-33 设置推荐精选人群

STEP 14 在“智能调价”面板中可以设置溢价，这里保持默认设置的最高溢价30%，如图8-34所示。单击完成推广按钮完成直通车标准计划推广设置，系统将提示创建成功。

▲ 图8-34 设置溢价

8.2.2 引力魔方推广

引力魔方基于淘宝大数据和智能推荐算法进行精准推广，能够帮助商家发现潜在目标消费者，实现高效拉新和营销闭环，从而提高网店的销售量。引力魔方提供了两种推广方式：一种是自定义计划推广，商家可以获取更精准的流量，但操作相对复杂；另一种是依托于投放管家的智能推广，商家只需要选择商品，设置出价和每日预算。

某服装网店决定使用投放管家为衬衫制订引力魔方推广计划，目的是拉新，并设置出价为0.39元（一般按照市场平均价的30%~50%出价，待展现不理想时再加价，且每次加价0.1元或0.2元）、每日预算为100元、投放日期为15天。其具体操作如下。

STEP 01 进入千牛卖家中心，在左侧的导航栏中单击“推广”选项卡，在打开的列表中选择“引力魔方”选项，如图8-35所示。然后在打开的页面中单击前往引力魔方官网按钮。

STEP 02 打开阿里妈妈引力魔方首页，单击进入后台按钮。在打开的页面中单击+新建计划按钮，如图8-36所示。

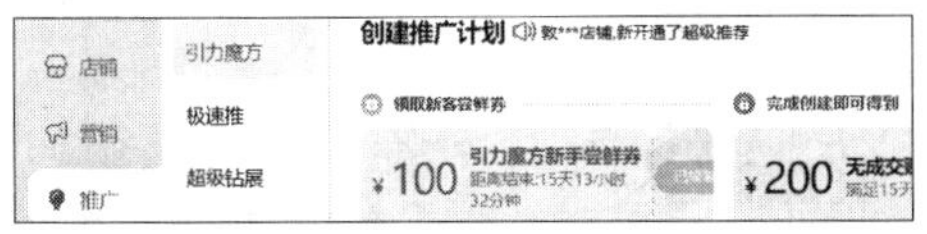

▲ 图8-35 选择“引力魔方”选项　　▲ 图8-36 单击“新建计划”按钮

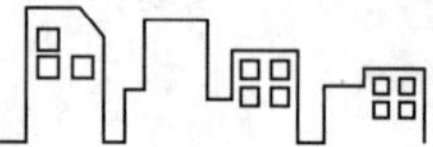

STEP 03 在打开的“设置计划组”面板中选择“投放管家”选项，并输入计划组名称“拉新衬衫”，如图8-37所示，然后单击下一步，设置计划按钮。

1个计划组可以设置多个计划，计划组名称一般可以设置为“目的+货号”。

STEP 04 在打开的页面中输入计划名称“衬衫1拉新”，然后在“设置计划”面板的“主体选择”栏中保持默认选中“自定义商品”单选项，单击选择宝贝按钮，如图8-38所示。

STEP 05 在打开的“选择宝贝”对话框中单击衬衫对应的添加按钮，然后单击确定按钮，如图8-39所示。

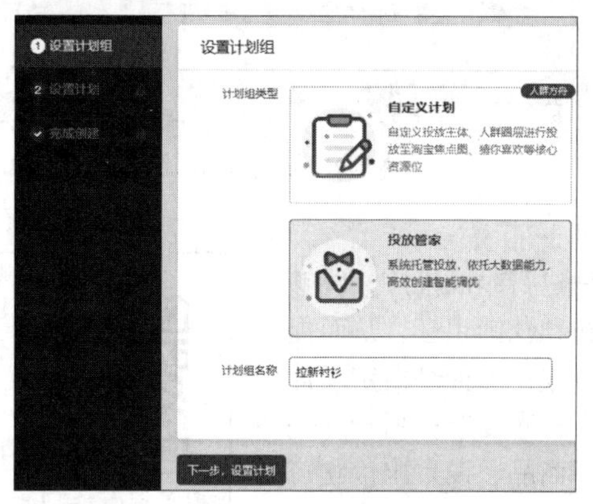

▲ 图8-37　设置计划组

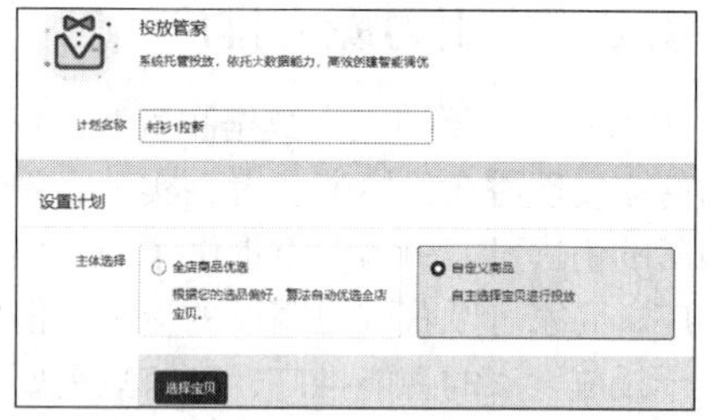

▲ 图8-38　设置计划名称和主体选择

STEP 06 在“投放策略”面板的“目标出价”数值框中输入“0.39”，在“预算设置”栏后的“每日预算”数值框中输入“100”，单击“投放日期”下拉按钮，在打开的列表中选择“15天后结束”选项，单击下一步，完成创建按钮，如图8-40所示，完成引力魔方推广计划的创建。

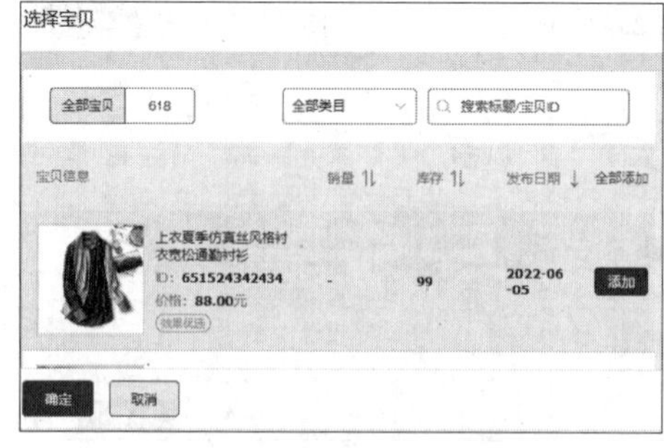

▲ 图8-39　选择推广商品

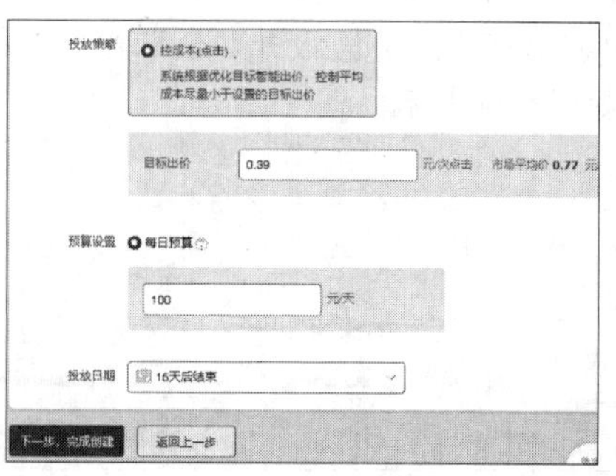

▲ 图8-40　设置目标出价、每日预算和投放日期

8.2.3 淘宝联盟推广

淘宝联盟是专为淘宝网商家服务的推广工具，其推广主要由淘宝客完成，商家需要支付淘宝客一定的推广费用（按销售额乘以佣金率计算）。淘宝客是通过淘宝联盟接单，为商家推广商品，吸引消费者购买商品，促成商品成交的一类人。淘宝联盟以实际销售额为基础计算费用，不容易浪费推广资金。某网店决定使用淘宝联盟推广一款丑橘，并设置全店通用佣金率为1.6%，然后为丑橘建立单品推广计划，设置推广时间为2022.03.01～2022.03.15，佣金率为2%。其具体操作如下。

STEP 01 进入千牛卖家中心，在左侧的导航栏中单击“推广”选项卡，在打开的列表中选择“淘宝联盟”选项，如图8-41所示。

STEP 02 在打开的“快捷加入”页面中单击“开通‘支付宝代扣服务’”栏下的“立即授权”超链接。在打开的页面中输入支付密码和校验码，单击同意协议并提交按钮，如图8-42所示。

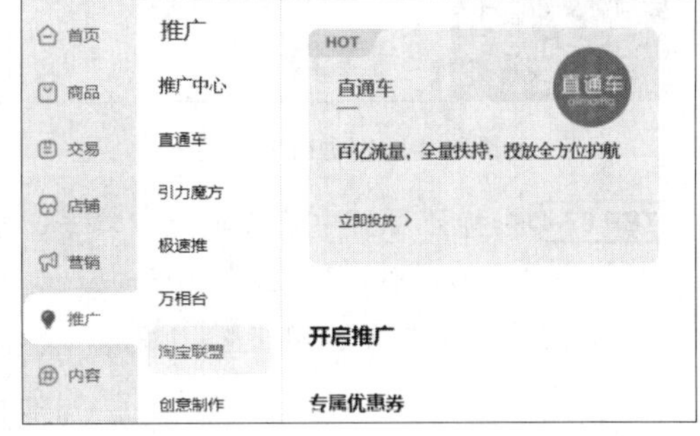

▲ 图8-41 选择“淘宝联盟”选项

STEP 03 此时将自动返回“快捷加入”页面，并显示“您已完成支付宝授权”，然后单击“设置通用计划佣金率”栏下的“立即设置”超链接。在打开的对话框中设置通用佣金率为1.6%，单击确定按钮，如图8-43所示。选中“快捷加入”页面下方的复选框，单击立即开通按钮。打开的页面提示入驻成功，单击返回首页按钮。

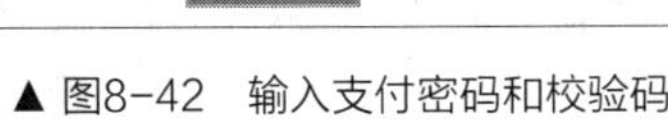

▲ 图8-42 输入支付密码和校验码

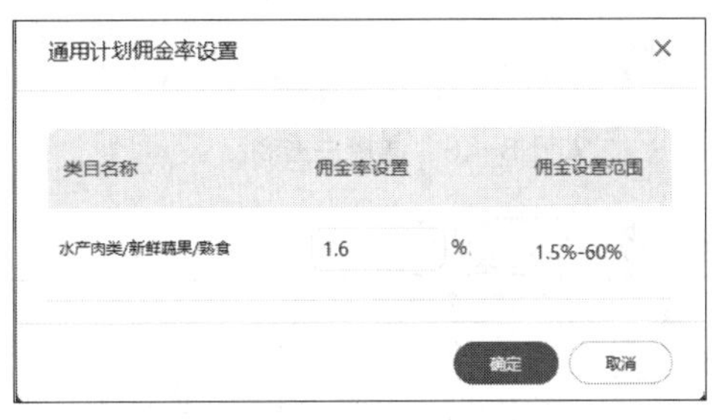

▲ 图8-43 设置通用佣金率

STEP 04 打开淘宝联盟首页，单击“添加单品推广”对应的立即推广按钮。在打开的页面中单击添加主推商品按钮，如图8-44所示。

STEP 05 在打开的对话框中输入联系人信息，选中下方的复选框，单击下一步按钮，如图8-45所示，然后单击右上角的×按钮关闭对话框。

STEP 06 在打开的“添加主推商品”对话框中选择丑橘，单击确定按钮，如图8-46所示。

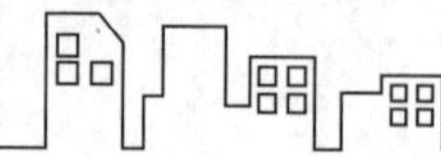

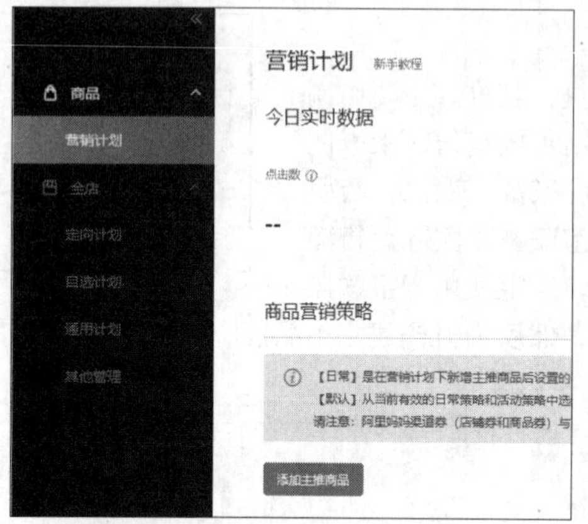

▲ 图8-44　添加主推商品

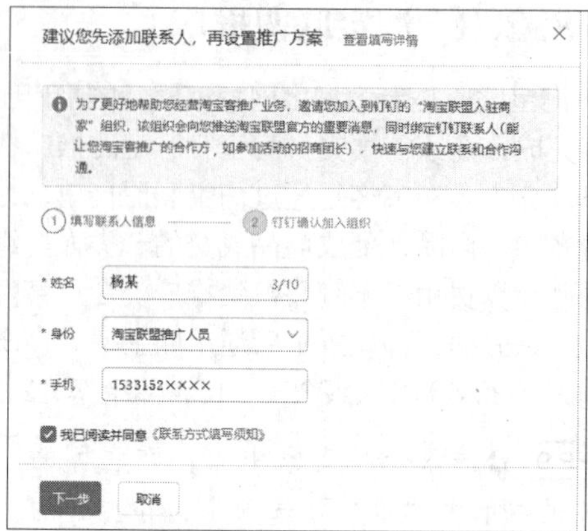

▲ 图8-45　输入联系人信息

STEP 07 在打开页面中的日期上方单击，在展开的面板中单击“不限”按钮，设置推广时间为“2022-03-01—2022-03-15”，单击确定按钮。在“佣金率”数值框中输入“2”，如图8-47所示。单击保存设置按钮，完成推广计划的创建。

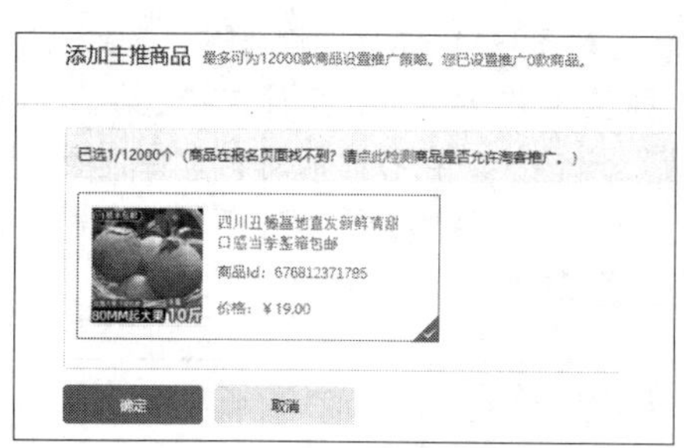

▲ 图8-46　选择主推商品

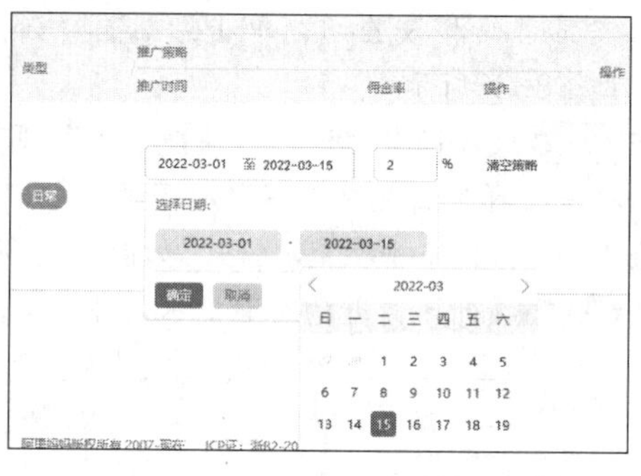

▲ 图8-47　设置推广时间和佣金率

经验之谈

商家可以设置较高的佣金率，选择高性价比、质量有保证的商品，以吸引优质淘宝客。此外，商家还可以在各大社交平台等发招募贴，或加入相应的淘宝客QQ群、微信群，主动挖掘优质淘宝客。

8.3　直播推广

随着观看直播成为人们日常生活的重要组成部分，直播推广凭借其直观有效、说服力强、互动性强等特点快速发展，并成为一种重要的营销推广方式。商家可以借助淘宝直播为网店推广引流，以快速提升品牌形象或增加销售量。淘宝直播推广具有参与门槛低、直播内容多样化等优势，其直播内容将会展现在淘宝移动端首页的“淘宝直播”频道和点淘App中，可以实现“商家边直播边销售，消费者便观看边购买”。使用直播推广，商家首先要做好直播准备，包括策划直播脚本、发布直播预告、筹备直播设备、布置直播场地、装修直播间等，然后开展直播活动，并在直播结束之后复盘，以获得良好的直播推广效果。

8.3.1 策划直播脚本

策划直播脚本是开展直播推广的第一步，清晰明了的直播脚本有利于推动直播有序进行。因此，在策划直播脚本时，商家要明确直播的各要素，包括直播人员、时间、背景、主题、商品、交谈内容等。直播脚本主要分为单品直播脚本和整场直播脚本两种。

1. 单品直播脚本

单品直播脚本以单个商品为单位，是用于规范单个商品的解说。单品直播脚本的核心是突出商品卖点，它包括商品卖点、商品用途、商品价格等要素。单品直播脚本一般以表格形式呈现。表8-1所示为某多功能锅的单品直播脚本。

表 8-1 某多功能锅的单品直播脚本

项目	宣传点	具体内容
品牌介绍	品牌理念	×× 始终以向大众提供智能、性价比高、实用的家电商品为己任，倡导智能家居生活。选择 ×× 品牌不只是选择一种商品，更是选择一种生活方式
卖点	用途多样	具有煮、蒸、涮、炒、煎等多种烹饪功能
卖点	设计	（1）商品分体式设计，可以当锅，也可以当碗 （2）莫兰迪色系，温柔雅致 （3）锅体有不粘涂层，易清洗
商品优惠信息	第 2 件半价	在直播间下单的小伙伴备注“××”可享受第 2 件半价的优惠
注意事项	引导消费者分享直播间并点赞，引导消费者加入微信粉丝群	

2. 整场直播脚本

整场直播脚本以单品直播脚本为单位，是对整场直播的规划，通常涉及整个直播流程和相关内容。直播通常遵循一定的流程，一般是开场预热→活动预热→逐一讲解商品、互动→回顾主推商品或预告下一场直播内容。按照直播流程策划直播脚本更有利于合理有序地推动直播推广。例如，某家居网店准备在9月10日20:00—21:35开设直播，用以营销10款新品，期间穿插红包活动和福利赠送活动，某家居网店的直播简介如表8-2所示。表8-3所示为某家居网店的直播流程。

表 8-2　某家居网店的直播简介

直播简介			
直播时间	2022-09-10，20:00—21:35		
直播地点	×× 直播室		
直播主题	×× 品牌秋季家居服上新		
商品数量	10 款		
直播人员	主播：××	助理：××	客服：××

表 8-3　某家居网店的直播流程

直播流程				
时间段	流程规划	人员分工		
		主播	助理	客服
20:00—20:10	开场预热	自我介绍，与进入直播间的消费者打招呼，介绍开场直播截屏抽奖规则，强调每日定点开播，预告今日主推商品	演示直播截屏抽奖的方法，回答消费者在直播间的提问	向各平台分享开播链接，收集中奖信息
20:11—20:20	活动预热	简单介绍本场直播所有商品，说明今晚直播间的优惠及活动	展示所有商品，补充主播遗漏的内容	向各平台推送直播活动信息
20:21—20:25	商品推荐	讲解第 1 款商品，全方位展示商品外观，详细介绍商品卖点，回复消费者提问，引导消费者下单	与主播完成画外音互动，协助主播回复消费者提问	发布商品链接，回复消费者订单咨询
20:26—20:30	商品推荐	讲解第 2 款商品	同上	同上
20:31—20:35	红包活动	与消费者互动，发送红包	提示发送红包时间节点，介绍红包活动规则	发送红包，收集互动信息
20:36—20:40	商品推荐	讲解第 3 款商品	与主播完成画外音互动，协助主播回复消费者提问	发布商品链接，回复消费者订单咨询
20:41—20:45	商品推荐	讲解第 4 款商品	同上	同上

续表

直播流程				
时间段	流程规划	人员分工		
		主播	助理	客服
20:46—20:50	福利赠送活动	点赞满 ×× 即抽奖，中奖者获得保温杯一个	提示福利赠送时间节点，介绍抽奖规则	收集中奖者信息，与中奖者取得联系
20:51—20:55	商品推荐	讲解第 5 款商品	发布商品的链接，回复消费者订单咨询	发布商品链接，回复消费者订单咨询
20:56—21:00	商品推荐	讲解第 6 款商品	同上	同上
21:01—21:05	福利赠送活动	点赞满 ×× 即抽奖，中奖者获得优惠券 30 元	提示福利赠送时间节点，介绍抽奖规则	收集中奖者信息，与中奖者取得联系
21:06—21:10	商品推荐	讲解第 7 款商品	发布商品的链接，回复消费者订单咨询	发布商品链接，回复消费者订单咨询
21:11—21:15	商品推荐	讲解第 8 款商品	同上	同上
21:16—21:20	商品推荐	讲解第 9 款商品	同上	同上
21:21—21:25	商品推荐	讲解第 10 款商品	同上	同上
21:26—21:35	直播预告	预告明日主推商品，引导消费者关注直播间，强调明日准时开播	协助主播引导消费者关注直播间	回复消费者订单咨询

8.3.2 发布直播预告

为了取得更好的直播推广效果，商家通常需要提前在微博、微信、网店首页等进行直播预告和宣传，让消费者提前知晓直播信息。直播预告通常由开播时间和直播主题两部分组成。其中，直播主题可以通过一个简洁明了的标题呈现，让消费者一目了然。开播时间意在告知或提醒消费者定时观看。为了让消费者形成观看习惯，商家可以有规律地定时直播。商家可以在淘宝直播中控台中发

扫一扫

实例演示

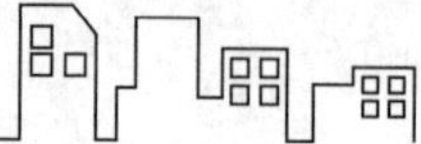

布直播预告，但要先下载淘宝主播App，并进行实人认证，认证成功后即可发布直播预告。

现某女装网店准备开通淘宝直播功能，并通过淘宝直播中控台发布直播预告，预告标题为“秋季新品上新”。其具体操作如下。

STEP 01 下载淘宝主播App，并进行实人认证。进入千牛卖家中心，在左侧的导航栏中单击“内容”选项卡，在打开的列表中选择“内容创作”栏下的“去直播”选项，在打开的页面中单击 发布直播 按钮。进入淘宝直播首页，在“封面图”栏中单击“上传图片”按钮，如图8-48所示。

STEP 02 打开“打开”对话框，选择封面图（配套资源：\素材\第8章\直播封面.jpg），单击 打开(O) 按钮，如图8-49所示。

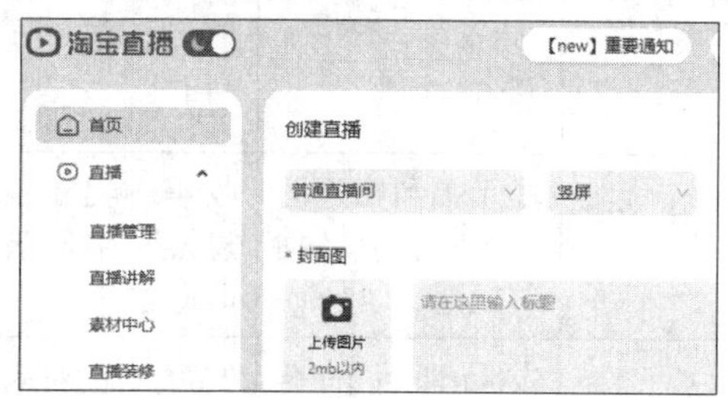

▲ 图8-48　单击“上传图片”按钮

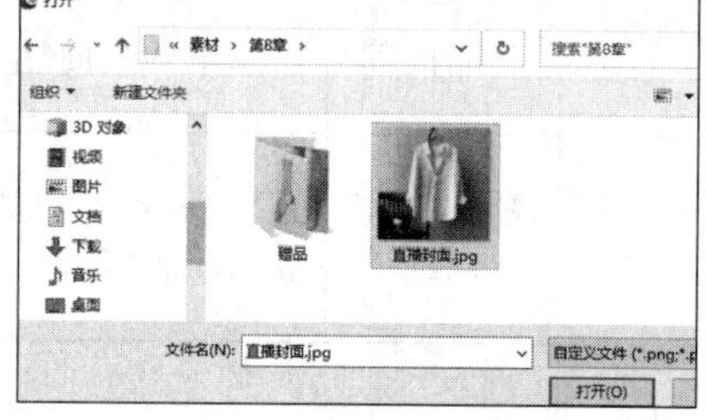

▲ 图8-49　选择封面图

STEP 03 打开“上传”对话框，调整封面图的大小，然后单击 保存 按钮，如图8-50所示。

STEP 04 在封面图左侧的标题文本框中输入直播标题“秋季新品上新”，单击“直播时间”列表框，在展开的列表框中选择直播开始时间，这里选择“2022-06-07 20:00:00”，然后单击 确定 按钮，如图8-51所示。单击“搜索附近位置”下拉列表框，在展开的下拉列表中选择直播所在地。

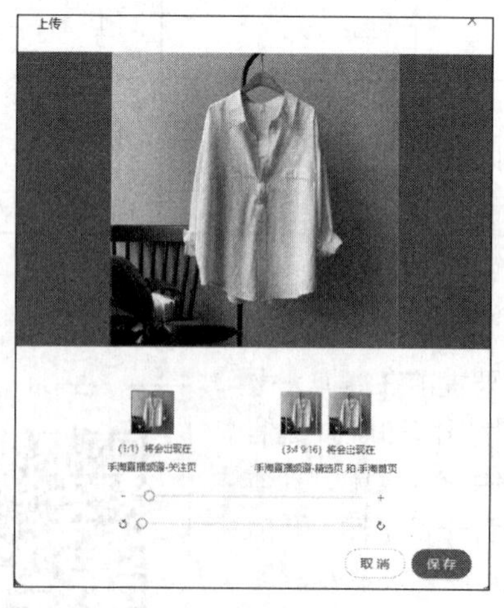

▲ 图8-50　调整封面图的大小

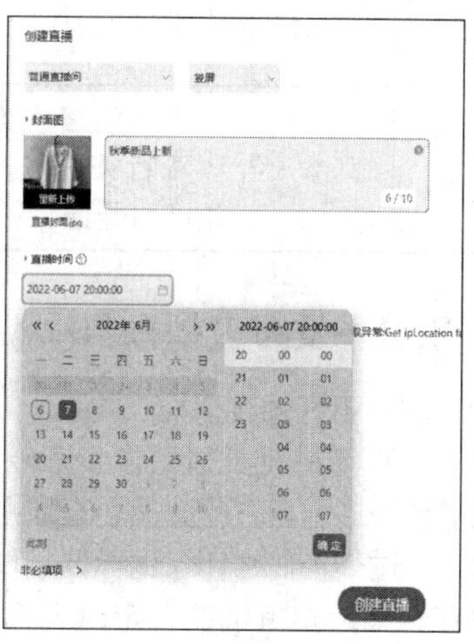

▲ 图8-51　设置直播标题和时间

STEP 05 单击 选择频道 按钮，打开“添加标签”对话框，选中“当季新款”单选项，单击 确定 按钮，如图8-52所示。返回淘宝直播首页，单击 创建直播 按钮，完成创建。直播预告效果如图8-53所示。

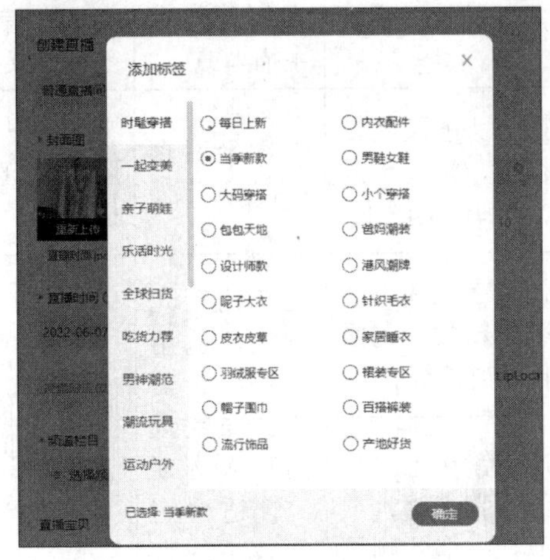

▲ 图8-52 添加标签

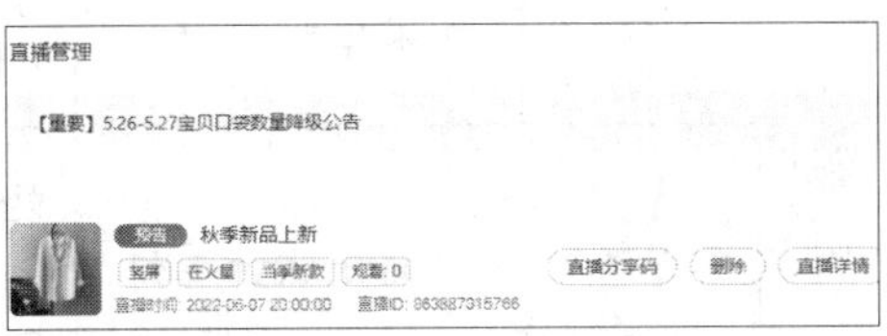

▲ 图8-53 直播预告效果

8.3.3 筹备直播设备

直播设备即直播过程中所需的设备，包括拍摄设备、灯光设备和辅助道具等。

1. 拍摄设备

常见的拍摄设备有手机、计算机、专业摄像机等。不同拍摄设备的选取要求和配套设备如表8-4所示，商家可以根据实际需求选择。

表 8-4 不同拍摄设备的选取要求和配套设备

拍摄设备	选取要求	配套设备
手机	画面清晰、运行速度快	落地支架或桌面手机支架、另一部用于观看直播情况的移动设备
计算机	用途多样	一部用于观看直播情况的移动设备，质量较好的摄像头、话筒
专业摄像机	画面清晰、聚焦效果好	摄像机支架、话筒、视频采集卡、监视器、调音台、切换台、一部用于观看直播情况的移动设备

2. 灯光设备

常见的灯光设备包括直播间环形灯、柔光箱/灯/球等。合理布光能够提升直播间的质感，常见的直播间布光方案如表8-5所示。

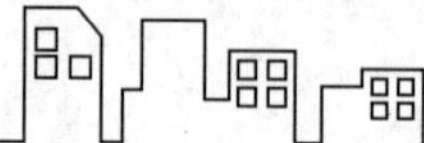

表 8-5　常见的直播间布光方案

<table>
<tr><th>数量</th><th>类型</th><th>主灯 / 辅助灯</th><th>位置摆放</th><th>适用范围</th><th>优点</th></tr>
<tr><td>1 盏灯</td><td>环形灯</td><td>主灯</td><td>距主播 1m 左右的正前方且比主播高 15cm 左右</td><td>适用于手机直播，仅有主播入镜</td><td>操作简单，有瘦脸、美颜的效果</td></tr>
<tr><td>2 盏灯</td><td>不限</td><td>同为主灯，或一盏为主灯，一盏为辅助灯</td><td>靠近摄像头的两侧且距离相等，略高于摄像头，光线投向主播</td><td>主播坐着直播带货</td><td>突显主播脸部与直播商品</td></tr>
<tr><td rowspan="2">3 盏灯</td><td>环形灯 1 盏、柔光箱 2 盏</td><td>环形灯为主灯，柔光箱为辅助灯</td><td>环形灯放在主播正前方，柔光箱放在主播两侧且距离相等</td><td rowspan="2">主流的布光方案，适用于服装、美妆、珠宝直播和人物专访，适合空间较小的直播间</td><td rowspan="2">还原立体感和空间感</td></tr>
<tr><td>柔光球 1 盏、柔光箱 2 盏</td><td>柔光球为主灯，柔光箱为辅助灯</td><td>柔光球在镜头上方且高于镜头和主播，柔光箱放在主播两侧且距离相等</td></tr>
<tr><td>4 盏灯</td><td>环形灯 1 盏、柔光箱 2 盏、柔光球 1 盏</td><td>环形灯为主灯，其他灯为辅助灯</td><td>环形灯正对主播，柔光箱放在主播两侧且距离相等，柔光球位于主播头顶前上方</td><td>有助理或嘉宾参与的直播</td><td>打亮主播正面和直播间局部空间</td></tr>
<tr><td>5 盏灯</td><td>柔光球 1 盏、柔光箱 1 盏、环形灯 3 盏</td><td>柔光球为主灯，其他灯为辅助灯</td><td>柔光球正对主播，柔光箱正对主播侧边的装饰物、背景墙等，2 盏环形灯位于主播两侧且光线打向主播，另 1 盏环形灯位置低于主播脸部，光线可投向主播或商品</td><td>知名主播直播间、物件较多的直播间</td><td>打亮主播正面和直播间，提升画面的质感</td></tr>
</table>

3. 辅助道具

直播时，为了更好地开展活动或展现重要信息，商家通常会准备一些辅助道具，如样品、商品展示台、宣传海报、摆件，以及直播过程中需要用到的玩具、道具、奖品实物等。例如，一场零食大礼包的直播活动设计了转盘抽奖环节，需要的道具包括零食、品牌宣传海报、游戏用转盘玩具等。

8.3.4　布置直播场地并装修直播间

完成直播预告的发布后，还要做好直播场地的布置，并装修好直播间。一个舒适、美观的直播间能够给消费者留下好印象，而这离不开对直播场地的布置和直播间的装修。

1. 布置直播场地

直播通常分为室内直播和室外直播，对应着室内场地和室外场地，商家可以根据直播活动的主题及需求进行选择。

- **室内场地。**室内场地包括办公室、直播室等，适合商品体验、培训、见面会等直播主题。室内场地需要根据营销目的进行简单装饰，以增强直播氛围，提升直播效果，但不能过于花哨，以纯色、浅色背景为主。需要注意的是，为保证直播的收音效果，室内场地需要有良好的隔音效果，且直播现场应保持较为安静的状态。
- **室外场地。**室外场地包括广场、公园等，商家可以根据直播活动的特点来选择具体场地，但一般不建议在过于嘈杂的场地直播。如果晚上在室外直播，需要做好补光。

2. 装修直播间

装修直播间即为直播间设置样式，将营销信息（如主播信息、红包信息、商品信息）等显示在直播播放界面，是直播开始前需要完成的一项重要任务。为了便于操作，商家可以直接使用淘宝直播中控台提供的模板来装修，并将直播营销信息、直播活动等显示在直播界面。

其具体操作为：进入淘宝直播中控台，选择“直播装修”选项，在“模板装修”栏下选择合适的模板，然后单击 立即使用 按钮，如图8-54所示；在打开的面板中，根据步骤完成模板内容的设置。

▲ 图8-54 选择装修模板

8.3.5 开展直播

完成直播前的所有准备工作之后，商家就可以按照直播脚本开展直播了。直播的开展分为直播开场、直播过程、直播结尾3个阶段，每一个阶段都承担着不同的使命，商家需要采取不同的举措。

1. 直播开场

直播开场通常需要告知消费者直播的营销商品、嘉宾、地点、重点环节等，不仅可以

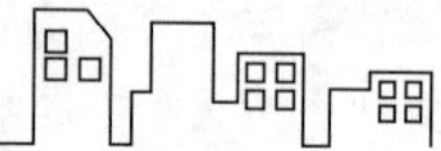

将消费者引入直播场景，还可以让消费者在第一时间明白直播提供的价值。通常，在开场时间来观看直播的消费者主要是忠实粉丝、在直播平台随意浏览的消费者，后者可能通过开场及后续的直播内容转化为粉丝。一般而言，直播开场可以使用直接介绍、提出问题、故事开场等方式。

- **直接介绍**。直接介绍即在直播开场时直接告诉消费者本次直播的相关信息，包括欢迎语、主播的自我介绍、营销商品、直播主题、直播时间、重点环节等。但是，由于介绍的内容比较枯燥，建议简短进行。
- **提出问题**。在直播开场就提出问题可以引发消费者思考，使消费者产生参与感，进而提升消费者继续观看直播的兴趣。同时，商家还能通过消费者的反馈预测本次直播的效果。
- **故事开场**。故事开场可以为直播活动营造良好的氛围，可以是身边人的趣味小故事、也可以是热点故事。但不要选择争议性太大的故事，否则容易引起消费者的激烈讨论，使其无法快速进入直播主题，如果发生这一现象，主播需要立即转移消费者的注意力。

2. 直播过程

直播过程是对直播内容的详细展示。在直播过程中，商家还可以开展一些互动活动来活跃氛围，如弹幕互动、参与剧情、直播福利、发起任务、引导关注等。

- **弹幕互动**。弹幕是以字幕形式出现的评论，以飘在屏幕中的形式密集出现，所有观看直播的消费者都可以看到这些内容。直播时，消费者的评论会以弹幕的形式出现，主播在直播过程中要关注弹幕的内容并挑选一些内容进行回复，特别是消费者的提问、建议、赞美等，如“身高××、体重××适合什么尺码？”。除此之外，主播还可以提出问题，让消费者以弹幕的形式回复，如“有××困扰的人在吗？有的在弹幕上扣1”。
- **参与剧情**。参与剧情适合室外直播，通过邀请消费者参与直播内容的下一步策划与执行，加强消费者的参与感，同时还能借助消费者的创意增加直播的趣味性。如果采纳了消费者的意见，可以给予该消费者一定的奖励，提高消费者的参与积极性。例如，美食探店直播的主播可以询问消费者“接下来我们去哪家店探店，大家可以打在公屏上”。
- **直播福利**。在直播过程中，消费者可能会打赏主播礼物，但为了维护与消费者之间的情感，主播也可以通过发红包或赠送礼物等方式来回馈消费者。为了提升直播间的人气，主播可以给红包和礼物设置简单的领取条件，如关注或分享直播间等。
- **发起任务**。在直播中，发起任务是指让消费者按照指定的方式，在指定的时间内完成一系列任务。发起任务可以快速凝聚消费者，形成团体力量，使消费者有一种成就感和满足感。例如，主播可以给消费者设置点赞任务，规定点赞数达到多少时可以抽奖；或者给消费者设置刷屏任务，规定消费者需在弹幕中输入特定的话语才能参与截屏抽奖。
- **引导关注**。在直播过程中，为了将消费者转化为粉丝，主播可以时不时地引导消费者关注直播账号。例如，可以直接提醒“还有没关注我的吗？没有关注的小伙伴点击关注啊”。

3. 直播结尾

在整个直播过程中，观看直播的消费者的数量会发生变化，能够观看到结尾的消费者，通常是直播的目标消费者。因此，在直播结尾时，主播要注意转化这些消费者，除了再次引导这些消费者关注自己外，还可以邀请他们加入粉丝群、向他们表达感谢等。

- **再次引导关注**。在直播结尾时，主播可以强调自己的优势，再次引导消费者关注账号。
- **邀请加入粉丝群**。在直播结尾时，主播可以告知消费者粉丝群的加入方式，邀请其加入，进一步沉淀粉丝。如果消费者愿意加入粉丝群，就说明这部分消费者对直播内容的认可度较高，具有转化为忠实粉丝的潜力。
- **表达感谢**。在直播结尾时，主播表达对消费者支持本次直播活动的感谢，可以提升消费者的集体荣誉感，加深消费者对主播的好感，间接影响消费者的关注、入群行为。

8.3.6 直播复盘

直播复盘是直播推广的最终环节，可以帮助商家发现直播中存在的问题，并形成有针对性的解决方案。特别是刚涉足直播的商家，存在很多不足之处，更需要在直播后复盘。复盘时，首先要发现并分析直播问题，再提出解决方案，为下一场直播积累经验。

1. 发现并分析直播问题

直播复盘的第一步是发现直播活动存在的问题，可以通过以下两种方法来进行。

- **直播团队主观发现问题**。直播团队可以凭借自身的经验和参与直播活动的经历，快速地发现整场直播活动中哪个环节或哪个方面存在不足。
- **通过数据分析客观发现问题**。数据分析可将直播中存在的问题具体化、量化。例如，某款商品的实际销量为8万件，预期销量为10万件，远未达到预期效果，商家可以通过相关数据分析原因。

发现问题后，商家应侧重分析重点问题，包括主播状态、团队配合情况、直播销售数据、直播间粉丝问题、直播间人气变化、直播话术和平台规则等，然后进一步分析问题产生的原因。例如，整场直播的流量主要来源于直播平台推荐（如直播推荐、短视频推荐），说明直播预热效果较好，获得了充分的公域流量。但是直播新增粉丝少，转化新粉丝的占比（新增粉丝/观看用户总数）极低，说明陌生用户没有被直播内容吸引，那么商家就要分析直播场景是否合理，商品是否具有吸引力，主播是否专业，话术运用是否恰当，直播互动是否存在不足等，通过排除法找到问题产生的原因。

2. 提出解决方案

紧接着，商家需要有针对性地提出解决方案，部分问题的解决方案如下。

- **优化场景布置**。物料摆放整齐，直播间风格与主播个人形象匹配，直播间整齐陈列主推商品和周边商品。
- **培训主播**。增强主播的商品讲解能力、话术表达的感染力和亲和力，并做好直播脚本和话术的准备工作。
- **优化商品**。根据目标消费人群挑选合适的商品，提高商品的性价比，采用限定数量

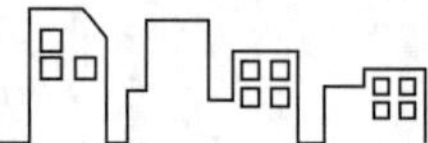

等策略促进消费者下单。

- **增强互动**。丰富互动玩法，开展红包活动、抽奖活动，上架更多引流商品，提高消费者参与直播互动的积极性。

最后，还需要将改善后的方案应用到下一场直播中，不断提高直播质量和直播效果。同时，商家要注意检验直播团队提供的解决方案是否有效，并进一步优化方案。

8.4　开展淘宝内容营销

扫一扫

拓展阅读：订阅内容类型

通过淘宝移动端的升级可以看出，淘宝提高了对内容营销的重视程度，还为商家提供了多个内容营销渠道，订阅和逛逛便是其中主要的内容营销渠道。

8.4.1　发布订阅内容

订阅属于商家的私域运营渠道，订阅的出现进一步深化了网店与消费者的关系。与此同时，订阅覆盖了商品动态、导购等多个场景，可以实现更精细的私域运营。订阅的内容一般以图文、短视频等形式出现，其内容多为优惠折扣、热销商品、新品上架、清单等。商家在发布订阅内容后，订阅了网店（在网店首页点击了“订阅”）的消费者就可以在淘宝移动端的订阅频道内查看商家发布的内容，其入口位于淘宝移动端首页的顶部。

扫一扫

实例演示

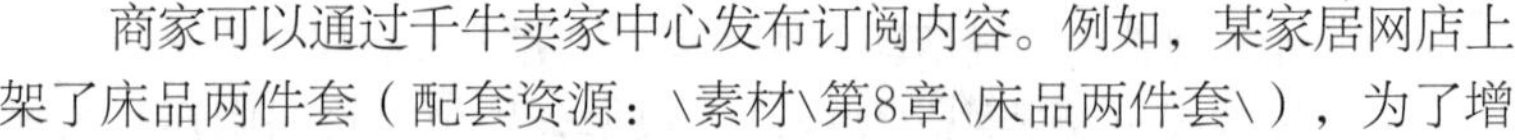

商家可以通过千牛卖家中心发布订阅内容。例如，某家居网店上架了床品两件套（配套资源：\素材\第8章\床品两件套\），为了增加关注度，该网店决定发布关于床品两件套的订阅内容，内容类型为评测，添加的标签为“纯色被套”。其具体操作如下。

STEP 01 进入千牛卖家中心，在左侧的导航栏中单击“内容”选项卡，在默认打开的“发订阅”页面中选择内容发布工具，这里选择“图文评测”选项，并单击对应的“立即创作”按钮，如图8-55所示。

▲ 图8-55　选择“图文评测”选项

单击“发订阅”页面右上角的“更多”按钮，可以查看更多内容发布工具。

STEP 02 打开设置活动内容页面，在“内容设置”栏中单击“＋添加评测图”按钮，如图8-56所示。

STEP 03 打开“选择图片”对话框，选择评测图，单击“确认”按钮，如图8-57所示。

▲ 图8-56 单击“添加评测图”按钮

▲ 图8-57 选择评测图

STEP 04 裁剪图片，单击 保存 按钮。打开“点击图片添加宝贝标签”对话框，点击图片，在“标签”文本框中输入“纯色被套”，单击“+添加宝贝”按钮，如图8-58所示。

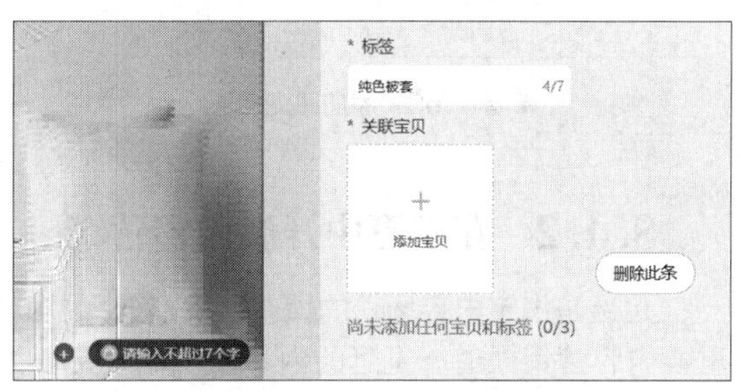

▲ 图8-58 添加标签并单击“添加宝贝”按钮

STEP 05 打开“商品选择”对话框，选择床品两件套，如图8-59所示，单击 确认 按钮完成选择。返回“点击图片添加宝贝标签”对话框，单击 确认 按钮关闭对话框。

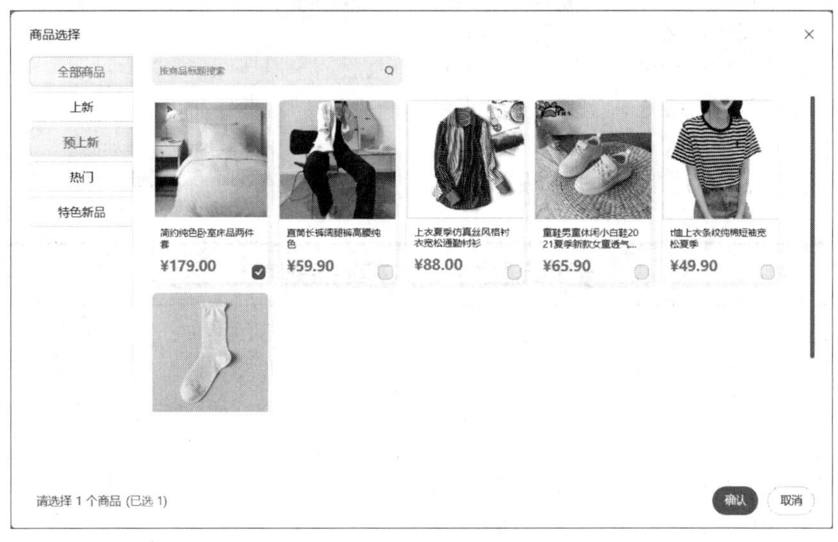

▲ 图8-59 选择商品

STEP 06 使用相同的方法添加第2张评测图片，在“添加评测描述”文本框中输入图8-60所示的文本，然后单击 下一步 按钮。

STEP 07 在打开的页面中设置发布时间，这里默认选中“立即发布”单选项，单击 提交 按钮将内容发布到订阅频道中，如图8-61所示。

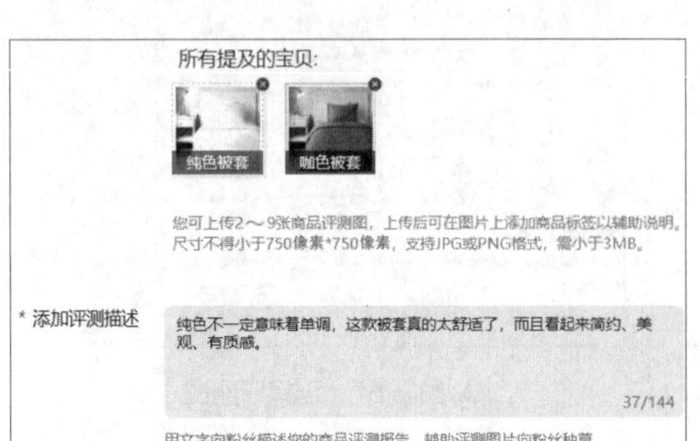

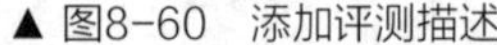
▲ 图8-60　添加评测描述

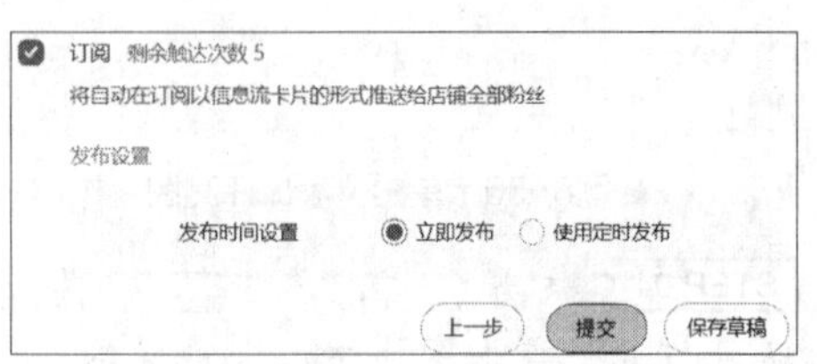

▲ 图8-61　设置发布时间

8.4.2　在逛逛中开展内容营销

逛逛是淘宝内容场景的重要组成部分，是消费者、淘宝达人分享商品、购买体验等的重要内容营销渠道。逛逛的内容展现形式主要为短视频、图文，商家可以利用逛逛的特性，开展内容营销。

逛逛的内容主张是“真实”“有生活气息”。根据设备的不同，逛逛内容的发布方法不同。在淘宝移动端，商家需要进入逛逛，点击右上角的按钮，然后在打开的页面中选择相册中的图片或拍视频等，制作内容并发布。在淘宝PC端，商家需要进入淘宝·光合平台，选择“发逛逛视频”或“发逛逛图文”等选项（见图8-62），然后按照要求上传相关信息。

▲ 图8-62　选择发布形式

素养课堂：遵守直播规范

近年来，随着加入直播的平台、机构、商家、主播等的增加，直播领域出现了一些乱象。为了促使直播行业健康发展，国家互联网信息办公室、国家税务总局、国家市场监督管理总局联合印发了《关于进一步规范网络直播营利行为促进行业健康发展的意见》，明确表示直播相关人员应依法履行个人所得税代扣代缴义务，不得转嫁或者逃避个人所得税代扣代缴义务。对于商家而言，更不要想着通过直播获取财产收入的同时，运用各种手段想方设法地逃避纳税义务，否则得不偿失。除此之外，国家还发布了《关于加强网络直播规范管理工作的指导意见》，要求网络直播平台应当坚持把社会效益放在首位、社会效益和经济效益相统一，强化导向意识，大力弘扬社会主义核心价值观，大力扶持优质主播，扩大优质内容生产供给；培养网络主播正确的世界观、价值观、人生观，有效提升直播平台“以文化人”的精神气质和文化力量；严禁为未满16周岁的未成年人提供网络主播账号注册服务。

与此同时，直播过程中涉及推荐商品，为规范广告行为，商家还应当遵守《中华人民共和国广告法》。一方面，商家的直播用语要谨慎、文明，不得使用“国家级”“最高级”“最佳”等用语，以及含有淫秽、色情、赌博、迷信、恐怖、暴力的内容；另一方面，商家在推荐商品时不得虚假宣传，商品的性能、功能、产地、用途、质量、规格、成分、价格、生产者、有效期限、销售状况、曾获荣誉等信息，或者服务的内容、提供者、形式、质量、价格、销售状况、曾获荣誉等信息，应当真实无误。如果违反相关法规，商家将受到严厉的处罚。

例如，某知名主播在直播的过程中过分夸大某款美容仪的功能，使用“全脸激活胶原蛋白、提拉紧致、提拉淡纹……坚持用一个月，就相当于打了一次××（另一类美容仪器），效果真的很可怕、很神奇”等语言，并将其与另一种商品进行对比，然而二者的功能、效果等存在较大差异，且没有证据作支撑，被监督管理局认定为虚假宣传，被罚款30万元。

总结：商家在直播的过程中要遵守国家出台的各项相关法律法规，履行纳税义务，提供积极健康的直播内容，并如实宣传商品。

课后练习

1. 选择题

（1）【多选】以下哪些营销活动可以通过店铺宝设置（　　）。

A. 包邮　　B. 赠送礼品　　C. 赠送优惠券　　D. 搭配套餐

（2）【单选】以下属于淘宝日常营销活动的是（　　）。

A. “年货节”　　B. “6·18”

C. 天天特卖　　D. “9·9大促”

（3）【多选】以下属于淘宝站内付费推广工具的有（　　）。

A. 直通车　　B. 引力魔方　　C. 小火苗　　D. 淘宝联盟

2. 填空题

（1）________________是专为淘宝网商家服务的推广工具，其推广主要由______________完成。

（2）单品直播脚本以____________为单位，整场直播脚本以____________为单位。

3. 简答题

（1）直通车的推广过程是怎样的？

____

（2）直播的流程是什么？

____

4. 操作题

（1）使用店铺宝开展包邮活动，并设置偏远地区不包邮。

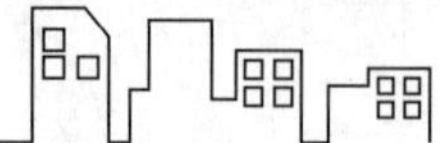

（2）根据网店情况，选择合适的商品报名参加淘宝天天特卖活动。

（3）为网店中的一款商品使用直通车推广，要求推广方式为标准计划推广、日限额为100元、投放位置为所有地区，为10:00—15:00设置120%投放，为20:00—22:00设置150%投放，其余时间为100%投放。

（4）为单个商品设置“满99元减35元”的优惠券。

（5）请根据以下信息为攀枝花凯特杧果撰写单品直播脚本。

- 果园直发、新鲜采摘、顺丰包邮。
- 绿色种植，物理防虫，不打农药。
- 富含维生素A和维生素C。
- 个大、皮薄、核小、汁多、味甜。
- 原价28元/5斤，直播价20元/5斤。

（6）选择两款商品，使用“图文评测”工具发布订阅内容。

（7）选择一款商品，在淘宝移动端发布推荐该款商品的图文到逛逛中。

拓展阅读

本章主要介绍了利用站内资源推广网店的一些方法，以帮助商家更好地推广网店。下面主要介绍利用站内资源推广网店的一些技巧，以帮助读者更好地掌握相关知识和技巧。

1. 不适合使用直通车推广的情况

并不是任何商品、任何网店都适合使用直通车进行推广，如以下情况使用直通车推广产生的收益可能就不太明显。

- **商品图片不好看**。商品图片是在直通车推广中影响点击率的重要因素，商品图片不好看，点击率较低，会导致网店流量低。
- **商品价格太高或太低**。价格太高的商品的转化率一般都不会太高，那么由直通车带来的收益就不高；而对于价格太低的商品，消费者会很容易怀疑其质量，从而直接影响转化率。一般来说，价格适中的商品更适合参加直通车推广，收益也更好。
- **商品没有销量**。消费者的从众心理会在很大程度上影响他们的消费行为，销售量高的商品更容易取得消费者的信任和好感，从而商品转化率就高，参与直通车推广的性价比就高。
- **中小商家争夺热门关键词**。淘宝网中的关键词热度越高，流量就越大，因此热门关键词的竞争环境更激烈，竞价更高。对于中小商家而言，不论是激烈的竞争环境还是高昂的竞价，都不是轻易可以承受的。因此，中小商家最好通过锁定长尾关键词的方式参与竞争。

2. 直通车的竞价技巧

直通车竞价是一个需要不断总结和分析的过程，盲目竞价不仅无法带给网店足够的流量，还会花费大量的成本。下面介绍一些简单的竞价技巧。

- 关注转化数据，有技巧地调整关键词出价。在商品推广初期，商家可以适当限制直通车的花费。

- 删除上一个月展现量大于100、点击量非常低或为0的关键词。
- 分析转化数据，找到排名靠前的关键词，提高关键词出价。
- 分析转化数据，从高到低整理和排列关键词的竞价，降低转化率低于2%的关键词出价。

3. 使用行业模板设置直通车投放时间

商家在设置投放时间时可以使用行业模板。其具体操作为：选中“行业模板”单选项，在“请选择行业模板”下拉列表框中选择商品对应的类目，其下方的列表框中展示了对应行业在不同时段的折扣，如图8-63所示。完成所有时段的设置后单击对话框右上角的×按钮关闭对话框。

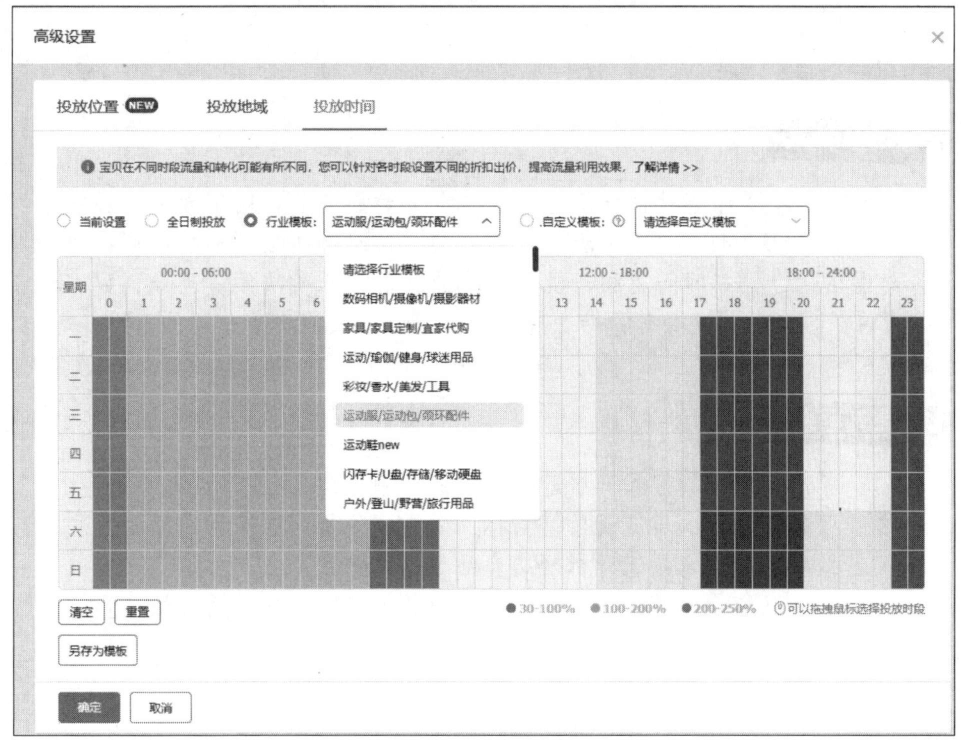

▲ 图8-63 使用行业模板

4. 受淘宝客欢迎的网店的特点

淘宝客这种先成交再付费的模式可以有效降低商家的推广风险，但是淘宝客与网店之间存在双向选择的关系。一般来说，佣金比例高、商品利润高、商品销售量高、商品评价好的网店更受淘宝客欢迎。

5. 寻找淘宝达人的途径

商家可以到阿里V任务平台寻找淘宝达人，该平台是淘宝内容营销服务平台，商家可以根据实际需求在其中寻找合适的淘宝达人。

网店数据分析

本章引入

网店数据分析是网店经营过程中非常重要的环节。网店数据既反映了网店的经营状况，也暗示了网店经营的方向。通过网店数据分析，商家可以及时发现运营过程中的问题和商机，并快速地做出正确决策。因此，商家学会分析流量、商品、交易等网店数据，对于网店的发展有着重要的意义。

学习目标

1. 了解电商大数据和网店运营数据的基础知识。
2. 了解常用的网店流量数据指标，并掌握分析网店流量数据的方法。
3. 掌握使用生意参谋分析网店商品数据的方法。
4. 了解网店交易数据指标，并掌握分析网店交易数据的方法。

知识框架

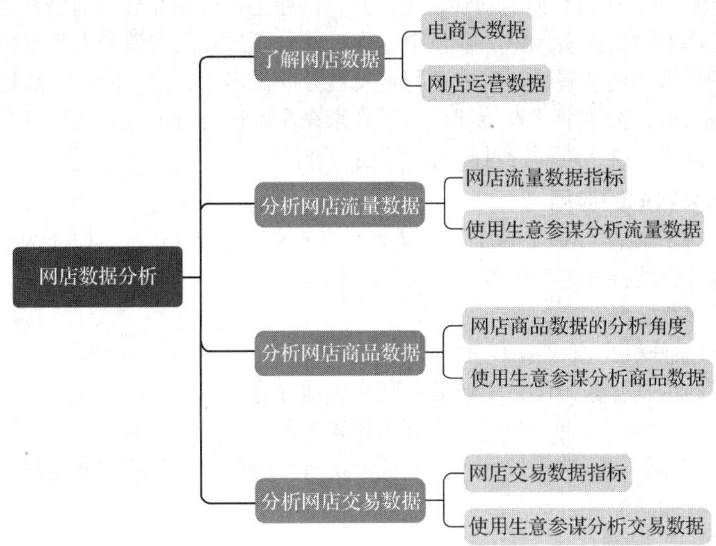

9.1 了解网店数据

数据可以帮助人们发现规律，了解事实，尤其在互联网时代，数据的查看、统计和分析更加重要。商家要了解网店运营现状、预测网店发展方向、制订网店运营计划等都离不开数据的支持。

9.1.1 电商大数据

自信息时代来临，数据就不再是虚拟陌生的符号，而成了驱动业务增长的关键，数据技术也变成企业的竞争优势。在信息技术和网络技术持续发展的背景下，电子商务逐渐与大数据接轨，并迅速迎来了电商产业发展的新高峰。现今的电商创业者只有懂得电商大数据，才能够更好地了解市场、行业、商品和用户，才能为网店的持续发展提供助力。

1. 电商大数据的概念

说到电商大数据，首先应该了解大数据。通俗地说，大数据其实就是一个通过大数据工具抓取、管理和处理信息的数据集合，利用大数据技术可以从各种类型的数据中快速获得有价值的信息。大数据的应用非常广泛，大到科学研究、社会信息审查，小到社交联结、内容推荐，可以说渗透了人们生活和工作的方方面面。举一个直接的大数据例子，很多消费者有阅读新闻的习惯，且大多数消费者阅读新闻时有比较明显的偏好，如某位消费者喜欢使用某新闻客户端阅读体育新闻，该新闻客户端通过分析该消费者的阅读习惯、行为等数据，可以了解该消费者的阅读偏好，继而自动向该消费者定向推送各种体育新闻，而不会推送该消费者不喜欢阅读的娱乐新闻等。

大数据技术的重要价值是分析大数据。只有通过数据分析，商家才能获取准确且有价值的信息，获得不同使用者的行为和趋势，从而为使用者推送其更需要、更喜欢的内容。

电商大数据建立在大数据的基础之上，其目的是通过收集和分析消费者的行为、习惯等数据，挖掘消费者的消费偏好。在整个电商行业，通过互联网消费大数据分析，商家可以了解当下消费者的消费趋势，为电商行业发展方向做出预测。同时，大数据技术还可以分析目标消费人群，提炼消费者特征，然后商家在全网通过特征匹配挖掘符合目标消费人群特征的潜在消费人群，进而针对该人群开展精准营销。

2. 电商大数据的应用

大数据技术在电商行业发挥着巨大作用，其应用已经十分普遍，如消费者画像分析、广告精准投放、智能推荐等都使用了大数据技术。

（1）消费者画像分析

消费者画像分析是指根据不同分析维度、特征统计、样本等数据勾勒出消费者的特征，包括消费行为与需求画像、消费偏好画像、地理分析画像和设备管理画像等。消费者画像分析是商家了解消费者，制订精准营销计划的前提。例如，消费偏好画像分析是通过分析消费者的浏览偏好、购买偏好等，推送消费者曾经浏览、收藏过的关联商品，或与消费者偏好相符合的商品。

（2）广告精准投放

广告精准投放建立在消费者画像分析的基础之上，若商家想将广告推送给更精准的目标消费人群，就需要了解目标消费者画像，然后进行定向推广。例如，某商品的目标消费人群为一、二线城市的职业女性，且她们多通过移动电子设备完成购物。若商家想将广告推送给她们，则首先需要通过大数据技术和工具分析出目标消费者的特征，然后在推广工具中建立定向推广计划，设置目标消费者的性别、类型、地域，并设置移动平台推广，最后该广告将被推广至符合条件的消费者的移动电子设备上，从而提高广告投放的精确度。

（3）智能推荐

淘宝推广工具中的智能推荐也使用了大数据技术。智能推荐可以根据消费者画像分析的结果，识别并预测出不同类型消费者的兴趣或偏好，从而有针对性地、及时地向消费者主动推送其所需商品信息，以满足不同消费者的个性化需求。智能推荐以合适的方式将信息推送给合适的消费者，可以大幅度地提高点击率、消费者活跃度，也可以有效地激活沉默的消费人群。

9.1.2　网店运营数据

网店运营数据涉及网店运营的各个数据指标，是网店运营的基石。通常，商家在做出决策之前都必须了解网店运营数据，包括行业数据、流量数据、收藏数据、单品数据、客服数据、服务数据、物流数据和DSR数据等。

- **行业数据**。了解行业数据可以帮助商家把握整个行业的市场行情，了解行业变化的趋势，降低网店运营风险。此外，了解行业数据包括了解同行业其他店铺的经营状况，如类目成交金额、商品动销情况、行业销售排名等，从而学习其他网店的优点，检验自己网店的不足。淘宝网店一般可通过阿里指数查看和分析行业数据。

- **流量数据**。流量数据是指网店的访问量，是体现网店营销效果的重要数据指标，也是网店得以生存和发展的基石。
- **收藏数据**。收藏数据是指收藏商品及网店的消费者数量，包括单品收藏数据和网店收藏数据。收藏数据体现了消费者的购买意向。收藏数据越大，消费者返店再访问的流量越多，消费者产生购买行为的概率也会越高。
- **单品数据**。单品数据是指单个商品的销售数据表现，如访客数、页面浏览量、点击率、访问深度、详情页跳出率、下单转化率、下单件数、下单买家数和客单价等。单品数据反映了该单品的销售情况，商家可针对单品数据表现不佳的商品进行优化。
- **客服数据**。客服数据可以体现客服人员的工作情况，如工作业绩、工作态度等。通过对客服个人、客服团队、网店整体数据等进行全方位的统计分析，商家可以了解网店整体的客服情况；通过统计客服的销售额、销售量和销售人数，商家可以了解客服的营销情况；通过统计客服的客单价、客件数，商家可以了解客服的关联营销能力；通过多维度统计客服的转化率，包括询单到下单的成功率、下单到付款的成功率、询单到付款的成功率等，商家可以了解客服的职业技能和服务水平。
- **服务数据**。服务数据主要体现网店的服务质量，包括退款维权情况、评价概况等。通过退款维权分析，商家可以了解网店近30天的退款情况和纠纷情况，从而进行优化处理，以防对商品的排名产生影响。
- **物流数据**。物流数据主要反映网店的物流情况，包括正在派送的包裹数、已揽收的包裹数、已签收的包裹数、异常包裹数、物流差评率、物流详情完整度、拒签率和签收成功率等。物流数据影响着消费者对网店的整体评价，因此商家需实时关注。
- **DSR数据**。DSR数据即网店评分，也称DSR评分，是指在淘宝网交易成功后，消费者对本次交易评分，评分项目为宝贝描述、服务态度和物流服务。DSR评分是网店信用的直接表现形式。如果DSR评分很低，不仅会降低消费者对网店的信任度，也会使商品申报各种活动受阻，因此，如果网店DSR评分低，商家必须进行优化。

9.2 分析网店流量数据

流量是网店持续发展的关键。商品的质量再好、包装再精致，没有流量，也无人问津，因此引流一直是网店运营过程中绕不开的问题。商家想要更好、更精确地引流，首先就要了解主要的流量数据指标，并学会使用数据分析工具进行分析，从中发现网店的流量问题，从而有针对性地调整引流策略。

9.2.1 网店流量数据指标

网店流量数据中的重点指标主要包括访客数、浏览量、收藏/加购率、跳出率、转化率等，这些数据可以从不同方面反映网店存在的各种问题。

- **访客数**。访客数是一天内通过不同途径访问网店页面的消费者数量，同一消费者在一天内多次访问网店只记录一次。该数据指标可以反映网店的真实人气。
- **浏览量**。浏览量是网店某一页面被消费者浏览的次数，同一消费者多次浏览，每次浏览都会被记入浏览量。分析该数据指标可以了解消费者对网店的关注度。

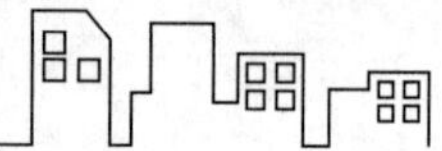

- **收藏/加购率**。收藏/加购率是消费者收藏或加购商品的比率，其计算公式为：收藏/加购率=收藏/加购人数÷访客数。该数据指标不仅可以反映消费者选购商品的动向，还可以从侧面体现商品受欢迎的程度。同时，商家将购物车信息与商品页面分析结合起来，还可判断商品的转化情况。例如，某商品加购率高，但是实际转化率偏低，说明商品在价格、商品描述等方面可能存在问题，商家需要优化价格或描述页。
- **跳出率**。跳出率是指当网站页面展开后，消费者仅浏览了该页面就离开网站的比率。跳出率高对网店非常不利，商家需要及时找到跳出率高的原因。影响网店跳出率的因素有很多，如目标消费人群定位不准确、访问页面内容不吸引消费者、页面访问存在问题和广告与访问页不符等。
- **转化率**。转化率是指在网店产生购买行为的人数与到店人数的比率，直接体现为营销效果。转化率可结合多个渠道进行分析。例如，结合商品页面进行分析时，适合观察热门商品、热门品牌、商品分类等转化效果，并针对低转化率的页面进行合理、完善的调整；当结合入口页面进行分析时，适合观察着陆页对网店销售的影响力，并可根据其数据评估相关促销活动的实际效果。

9.2.2 使用生意参谋分析流量数据

数据是网店运营的强大支撑，淘宝为商家提供了多种数据分析和管理工具，帮助商家分析和总结店铺的经营数据，其中常用的是生意参谋。生意参谋是一款功能非常强大的数据分析工具，可以全面展示网店运营的各项核心数据，包括实时数据、流量数据、品类数据、交易数据、直播数据、内容数据、服务数据等，非常便利。商家在使用生意参谋分析网店流量数据时，可以重点分析流量概况、流量来源。

1. 分析流量概况

流量概况反映了网店流量的大致变化，在生意参谋首页的导航栏中单击“流量”选项卡，在打开的页面中可查看流量概况。商家可在“流量看板”的“流量总览”板块查看网店实时流量总览（见图9-1），并分析访客数、浏览量等数据指标，掌握引流策略的实施情况。

▲ 图9-1 查看流量总体情况

从图9-1可以看出，“访问店铺”与“访问商品”数据较前日同时段均下降超过15%，“直播间访客数”较低，仅有1人，但成交转化率大幅上涨，较前日同时段上涨了23%左右，“关注店铺人数”和“店铺页访客数”也在上涨，说明流量虽然下降，但精准度有所提升。因此，该网店现阶段应进一步引流，增加网店的人气与粉丝，并推广直播间。

2. 分析流量来源

在“来源分析”栏可查看店铺来源、商品来源、内容来源、媒介监控等数据。流量来源分为移动端和PC端，商家可以以月、周、日为单位来查询流量来源。图9-2所示为某网店移动端30天内的网店流量来源构成。可以看出，该网店的流量主要来源于付费流量、淘内免费流量和自主访问流量，且趋于稳定。

在分析流量来源时，商家可根据需要查看本店和同行的流量来源的对比。除此之外，商家还可以针对某商品分析其流量来源，以便进一步打造热门商品。

通过分析流量来源，商家可以了解当前网店的流量结构。对于流量不足的情况，商家需要借助推广方式提高网店流量；对于转化率不高的情况，商家需要分析商品详情页、价格、网店装修、商品展示技巧、商品形象包装和促销活动搭配等因素，找到转化率不高的原因并进行优化。

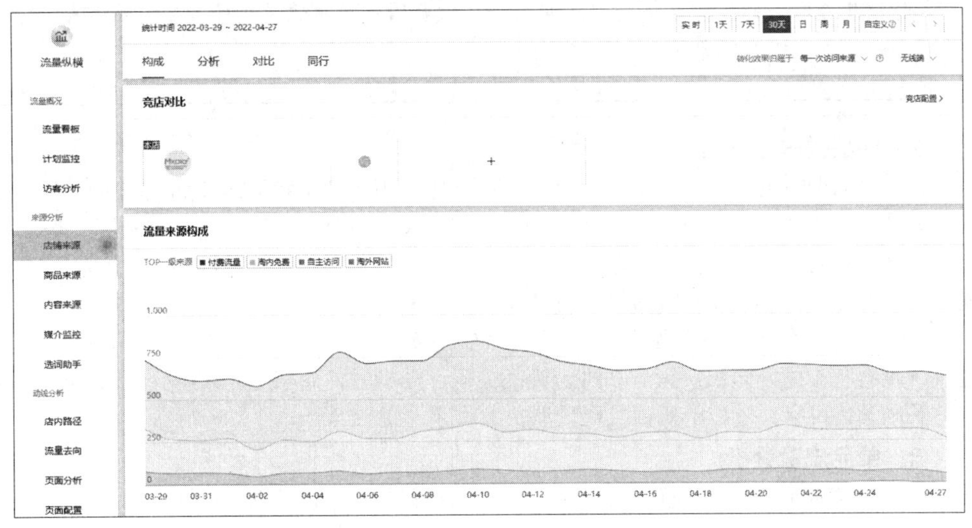

▲ 图9-2　某网店移动端30天内的网店流量来源构成

9.3　分析网店商品数据

网店中的商品数量众多，涉及的数据也非常多，这使得分析网店商品数据变得十分困难。为此，商家要找准分析商品数据的角度，并有针对性地分析。

9.3.1　网店商品数据的分析角度

商家除了通过分析基本营销数据来了解商品情况之外，还可从商品销售量、商品关联

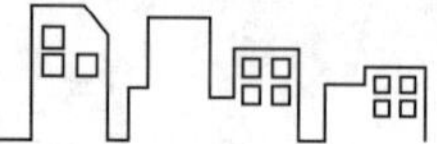

性和单品流量等角度来分析商品数据。

1. 商品销售量分析

商品销售是一个需要不断完善和优化的过程。商品在不同时期、不同位置、不同价格阶段，其销售量会不同，商家需要根据不同情况实时调整销售策略。

一般来说，与网店商品销售量有关的数据有拍下件数、拍下笔数、拍下金额、成交件数、成交笔数、成交金额、成交用户数、客单价、客单价均值、回头率、支付率和成交转化率等。商家和客服人员需要针对不同的数据提出相应的对策。例如，拍下件数多，但支付率低，说明消费者可能对商品存在质疑，需要客服人员与消费者沟通以提高支付率；回头率低，客服人员则需要进行一些必要的会员关系管理，做好老客户营销。商家需要了解和跟踪每个商品的销售情况，这样不仅可以持续完善销售计划，促进销售量的增长，还可以优化库存和供应链体系，提高供应周转效率，降低成本。

客单价是指每一个消费者平均购买商品的金额，即平均交易金额。客户流量和客单价是与销售额有关的重要数据，因此网店除了需要增加客户流量之外，还应该尽量通过关联营销等方式提高客单价。

2. 商品关联性分析

商品关联性分析是通过挖掘消费者的购买数据，得出消费者群体的购买习惯的内在共性，如通过分析商品数据发现消费者总是同时购买某几件商品，那么就可以开展关联营销（多表现为将几件商品搭配在一起销售）刺激消费者消费，让其从只购买一件商品发展为购买多件商品，从而提高网店的整体销售额。

商品关联性分析一般需要建立在一定的数据基础上。基本数据量越大，分析准确率就越高，越有利于商家做出决策。在进行商品关联性分析时，商家还应该学会发现和寻找更多的关联销售机会，搭配出新颖且更受消费者欢迎的商品组合。

3. 单品流量分析

分析网店商品数据有利于商家实时改善网店经营现状。在策划营销活动时，分析单品流量可以起到非常重要的作用，通过大量的数据信息可以获取更精准的单品引流效果，打造出更适合市场的热门商品。单品流量分析一般包括来源去向分析、销售分析、访客特征分析和促销分析等内容。

- **来源去向分析**。通过来源去向分析，商家可以了解引流来源的访客质量、关键词的转化效果、来源商品贡献等，也可以清楚地看到引流来源的效果。
- **销售分析**。通过销售分析，商家可以了解商品的销售量变化趋势，从而掌握规律、迎合变化，提高网店转化率。
- **访客特征分析**。通过访客特征分析，商家可以了解商品访客的潜在需求，从而迎合消费者的需求，达到增加销售额的目的。

- **促销分析**。通过促销分析，商家可以量化搭配商品效果，开发和激活网店流量，增加销售量，提高客单价。

9.3.2　使用生意参谋分析商品数据

生意参谋的商品数据分析主要包括商品排行、商品360、连带分析、商品诊断等内容，有利于商家实时掌握和监控网店商品信息。

1. 商品排行

在生意参谋中打开“商品排行”选项卡，查看不同商品的排名情况，并通过分析支付金额、支付件数、支付转化率、商品加购件数、商品访客数等，实时调整商品的经营策略。图9-3所示为某淘宝宠物用品网店的商品排行情况，从中可以看出，该网店销售情况较好的是猫条、猫砂，其中，位于前列的猫条的支付金额、支付转化率较高，但商品访客数大幅下降，说明要拓宽该商品的推广渠道。而猫罐头的商品访客数较昨日同时段上涨了80%，但支付转化率却为0%，说明该商品的主图、详情页或价格等可能需要进行优化。

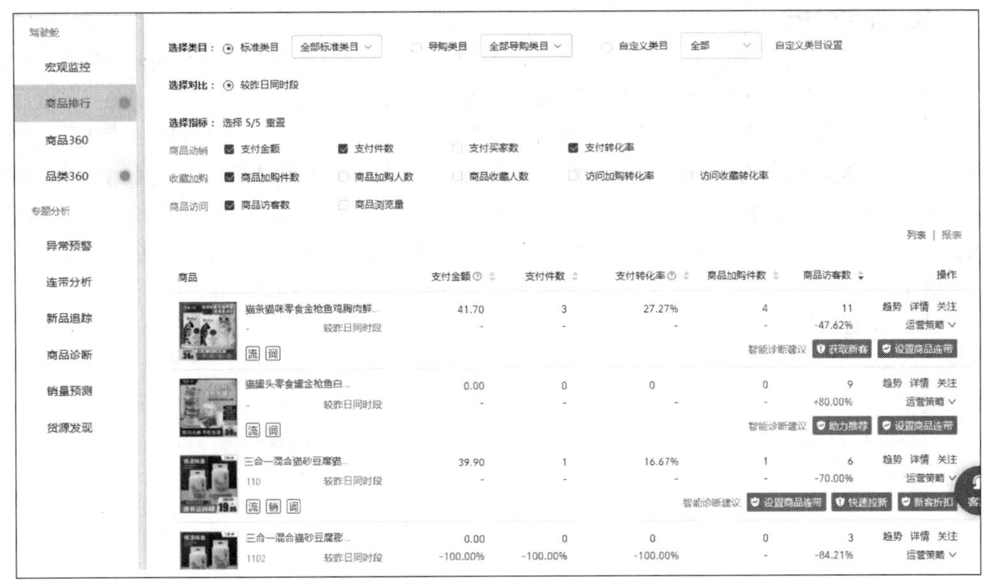

▲ 图9-3　某淘宝宠物用品网店的商品排行情况

2. 商品360

商品360可以全方位地分析商品数据，并提出优化建议。单击“商品360”选项卡，在打开的页面中可分别查看商品在单品诊断、销售分析、流量来源、标题优化、内容分析等方面的数据，以寻找商品优化路径。图9-4所示为某商品在商品360中的“单品诊断”页面，可以看到该商品的支付金额、支付件数、支付转化率均在上涨，不过收藏加购率较日常下降了25%左右，因此，商家可以结合商品360的意见进行主图优化。

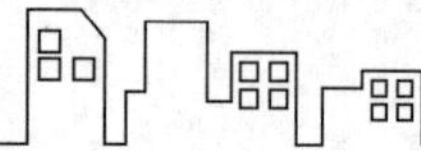

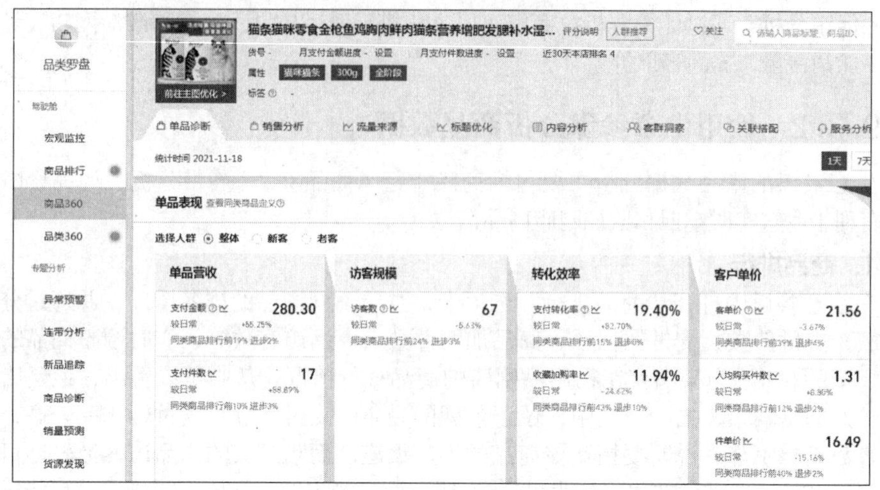

▲ 图9-4　某商品在商品360中的“单品诊断”页面

3. 连带分析

连带分析为商家提供了关联营销思路，商家不仅可以根据洞察数据设置关联营销，还可以考察关联营销（如搭配套餐）中的商品情况。单击“连带分析”选项卡，在打开的页面中可查看连带分析数据（商品之间的相关性数据）。“关联洞察”中展现了店内引流能力最强、销售量最高的商品与店内其他商品的潜在关系，可以帮助商家合理应用店内的引流商品、热门商品，并联合其他商品做有针对性的关联。在“连带效果”中，商家可查看关注商品通过商品详情页引流到其他商品的转化效果，以进一步调整关联策略。例如，图9-5所示为某网店的关联洞察数据，并提供了可以与热销商品形成关联营销的商品，商家可以据此设置网店推荐、开展套餐促销活动等。

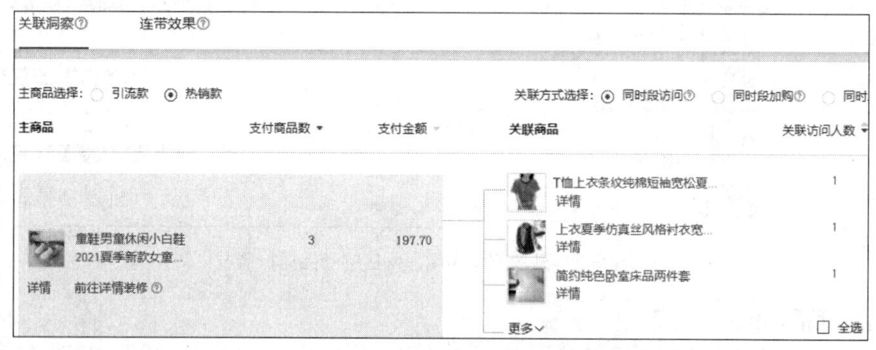

▲ 图9-5　某网店的关联洞察数据

4. 商品诊断

单击“商品诊断”选项卡，在打开的页面中使用“商品温度计”功能可以查看当前商品的诊断情况。如果当前商品存在问题，生意参谋将给出可能的建议供商家参考。例如，图9-6所示为使用“商品温度计”功能诊断某商品的诊断结果，可以看出，在页面打开时长方面，该商品存在图片过大、加载时间过长的问题，需要调整图片大小。

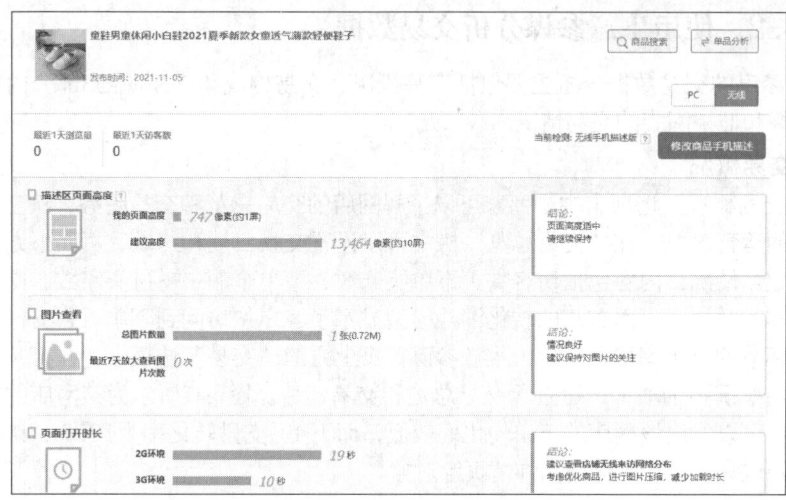

▲ 图9-6 使用“商品温度计”功能诊断某商品的诊断结果

9.4 分析网店交易数据

交易数据反映了商品的实际转化效果，而商品的实际转化效果又与访客数、客单价等数据指标有关。为了掌握网店的交易情况，商家可以使用生意参谋分析相关的交易数据，再具体分析影响交易数据的因素，有针对性地改进。

9.4.1 网店交易数据指标

访客数不仅是衡量流量的数据指标，也是重要的交易数据指标，影响着成交的数量。除此之外，网店的交易情况还反映在以下数据指标上。了解这些数据指标的含义和计算方法，更有助于商家掌握网店交易情况，并分析原因。

- **客单价。**客单价由每笔订单价与人均交易订单数决定，每位消费者支付的金额越高，客单价就越高，其计算公式为：客单价=成交金额÷成交客户数。客单价在某种程度上反映了目标消费人群的消费力，直接影响着网店的最终销售额，是网店运营时不可忽视的交易数据指标。
- **下单转化率。**下单转化率即下单人数与总访客数之比。有的消费者在下单后，会迟迟不付款成交，这些未付款订单就会影响网店的下单转化率。下单转化率与成交转化直接相关。一般来说，通过购物车、“已买到的宝贝”超链接、商品收藏或各种活动等途径访问网店的消费者都具有明确的购物目的，其下单转化率会比较高；而其他如通过类目访问、站外访问等途径访问网店的消费者，其下单转化率则相对较低。
- **支付转化率。**支付转化率即支付人数与总访客数之比，能够准确反映网店的整体成交转化情况。如果支付转化率过低，商家就需要看看商品主图是否不够美观、价格是否过高、商品详情页是否缺少消费者想了解的信息等。

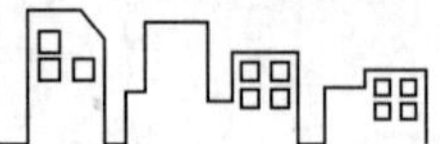

9.4.2　使用生意参谋分析交易数据

生意参谋的交易数据分析主要包括交易概况、交易构成和交易明细3部分内容，有利于商家掌握和监控网店的交易情况。

1. 交易概况

在“交易概况”选项卡中，商家可以了解网店的交易总览和交易趋势，从整体的角度分析网店的运营情况。在“交易总览”栏中可以设置交易日期和终端，页面下方会显示对应的交易数据情况，内容包括访客数、下单买家数、下单金额、支付买家数、支付金额、客单价等实时数据，页面右侧的转化漏斗模型显示了客户从访问到下单再到支付的整个过程中不同环节的转化率情况。单击生意参谋首页上方的“交易”选项卡，在打开的页面中单击“交易概况”选项卡，可查看交易总览和交易趋势。图9-7所示为某网店的交易总览数据，从中可以看出该网店的下单转化率较低，而下单-支付转化率为100%，访问量与下单量的差距过大，需要优化商品详情页等对象。

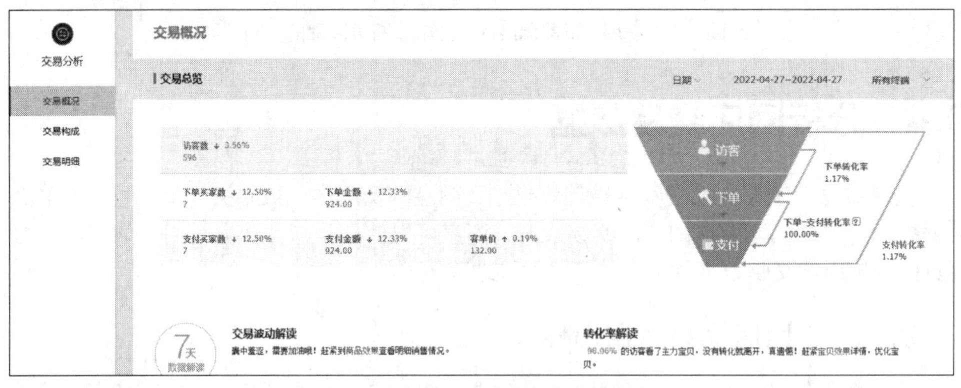

▲ 图9-7　某网店的交易总览数据

2. 交易构成

“交易构成”选项卡中显示了交易的终端、类目、品牌、价格带等构成比例，以及交易后资金回流的情况。单击“交易构成”选项卡，将显示不同终端的交易构成情况。其中，“终端构成”栏显示了各个终端在指定时期的支付金额、支付金额占比、支付商品数、支付买家数、支付转化率等数据，通过对比这些数据就能清楚各个终端的交易情况。图9-8所示为某网店的终端构成数据，从中可以看出该网店大部分交易数据都发生在无线端（即移动端），但PC端的支付转化率高于无线端，因此不应该忽视对PC端网店的维护与运营。

“类目构成”栏显示了网店交易的类目构成情况，“品牌构成”栏显示了网店经营的所有商品中各品牌的交易占比情况，“价格带构成”栏显示了所有交易商品的价格分布情况。图9-9所示为某网店的价格带构成数据，从中可以看出该网店在此时段售出的都是80～150元和200～400元的商品，其他价格带的商品在该时段未做出销售贡献。

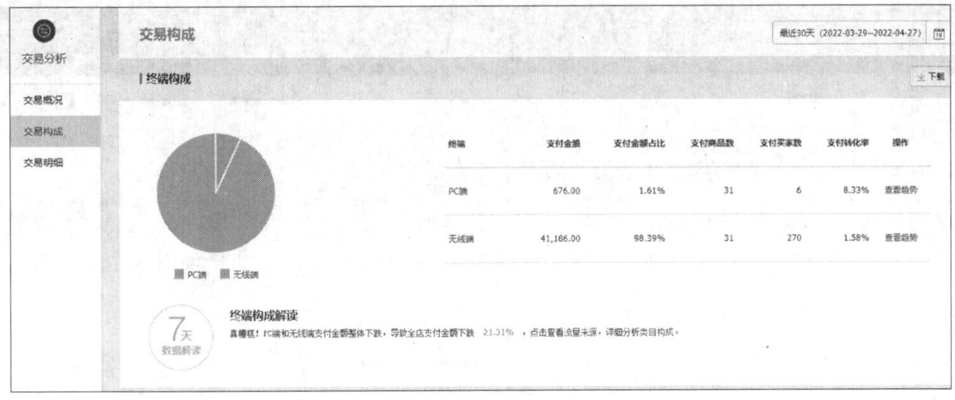

▲ 图9-8　某网店的终端构成数据

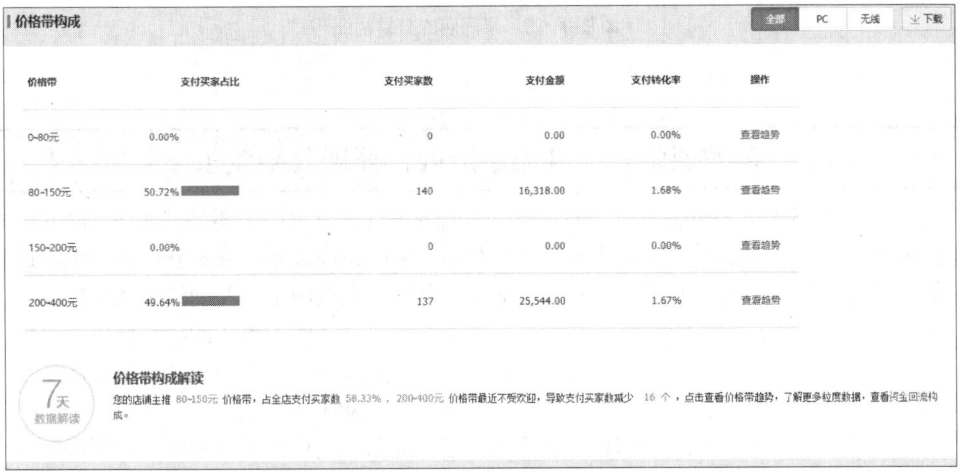

价格带构成　　全部　PC　无线　下载

价格带	支付买家占比	支付买家数	支付金额	支付转化率	操作
0~80元	0.00%	0	0.00	0.00%	查看趋势
80~150元	50.72%	140	16,318.00	1.68%	查看趋势
150~200元	0.00%	0	0.00	0.00%	查看趋势
200~400元	49.64%	137	25,544.00	1.67%	查看趋势

7天 数据解读

价格带构成解读

您的店铺主推 80~150元 价格带，占全店支付买家数 58.33% ，200~400元 价格带最近不受欢迎，导致支付买家数减少 16 个 ，点击查看价格带趋势，了解更多粒度数据，查看资金回流构成。

▲ 图9-9　某网店的价格带构成数据

3. 交易明细

交易明细分析可以帮助商家全面掌控网店交易情况和收支情况。单击“交易明细”选项卡，可查看详细的交易数据。“交易明细”选项卡中显示了一定日期的交易情况，包括订单编号、订单创建时间、支付时间、支付金额、确认收货金额、商品成本、运费成本等，商家也可以设定日期范围。图9-10所示为某网店的交易明细。

生意参谋的功能十分强大，不仅可以分析网店经营数据，还可以监控和分析市场、网店服务质量和物流质量，在首页单击相应的选项卡即可。需要注意的是，生意参谋的部分功能需要购买才可使用。

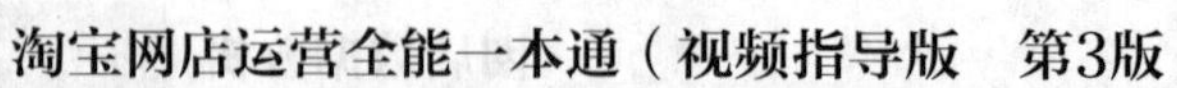
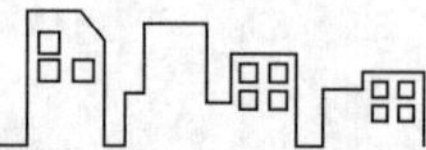

▲ 图9-10　某网店的交易明细

素养课堂：摒弃流量造假，开展公平竞争

在互联网时代，流量为王，无论是电子商务平台、应用程序还是其他与互联网相关的行业，大多数都需要流量才能生存与发展。为此，很多不法商家开始进行流量造假，通过刷单、刷榜等形式提升网店流量，更有甚者直接使用虚假的流量数据来作为商品品质的保证，误导消费者购买商品，严重扰乱了电子商务市场的经营秩序，也给了不法分子实施诈骗的机会。对此，国家出台了相关法规，并开展了“清朗”行动，大力打击流量造假、黑公关和网络水军，进一步规范网络市场秩序。

《移动互联网应用程序信息服务管理规定》征求意见稿第十条规定，应用程序提供者应当规范经营管理行为，不得通过虚假宣传、捆绑下载等行为，或者利用违法和不良信息诱导用户下载，不得通过机器或人工方式刷榜、刷量、控评，营造虚假流量。从中可以看出，国家对于流量造假的问题十分重视，后续还可能会针对此问题出台与电子商务商家相关的规定。

同时，淘宝网也配合国家“清朗”行动，展开了“打击流量造假、黑公关、网络水军”专项整治行动。在打击流量造假时，淘宝网分环节治理刷分控评、刷单炒信、刷量增粉、刷榜拉票等流量造假问题，其主要表现为：雇专业写手写“种草笔记”“测评”，刷分控评，在短视频、直播、商品销售等环节制造虚假销售量、虚假好评，以及批量购买粉丝、使用人工或技术手段刷榜等。在此次整治行动中，淘宝网加强了违规惩罚力度，并建立了管控长效机制，以构建良好的网络生态环境。

总结：流量造假不仅会损害商家自己的信誉，也是违法行为，是不可取的。商家不仅要杜绝流量造假，也要抵制流量造假，开展公平竞争，共同构建公平、公正、有序的电子商务市场秩序。

课后练习

1. 选择题

（1）【单选】以下不属于DSR评分项目的是（　　）。

A. 宝贝描述　　B. 商品价格　　C. 服务态度　　D. 物流服务

（2）【单选】以下关于网店流量数据指标的说法中，正确的是（　　）。

A. 访客数是消费者在一天内访问网店的次数

B. 网店某一页面被同一消费者多次浏览，只有一次被记入浏览量

C. 收藏/加购率体现了商品的受欢迎程度

D. 跳出率对网店的影响不大

（3）【多选】在生意参谋的“流量”选项卡中，可以进行的操作有（　　）。

A. 查看流量总览　　B. 查看店铺来源

C. 查看访客访问时段　　D. 查看行业数据

2. 填空题

（1）商品的关联销售多表现为____________，即让消费者从只购买____________发展为____________。

（2）生意参谋的商品数据分析主要包括____________、____________、____________、____________等内容。

3. 简答题

（1）可以从哪些角度分析网店商品数据？

____

（2）什么是支付转化率？

____

4. 操作题

（1）使用生意参谋查看并分析淘宝网店的流量数据，包括移动端和PC端的流量总览，以及网店流量来源。

（2）使用生意参谋分析网店商品数据，查看商品排行，并使用商品360分析排行首位的商品，使用“商品温度计”功能诊断排行在末尾的商品，根据诊断建议优化该商品。

（3）使用生意参谋分析网店交易数据，查看并分析交易概况，交易终端构成、类目构成和价格带构成，并查看当日的交易明细。

拓展阅读

网店数据分析是商家在网店经营过程中必须掌握的知识。商家在经营初期常常对网店发展感到迷茫，此时就必须学会查询和分析网店的经营数据，及时导正网店的发展方向，抓住网店初期的黄金发展期。下面针对网店数据分析的一些常见问题提出解决建议。

1. 网店健康诊断

网店健康诊断主要是对网店的浏览量、访客数、流量结构、成交转化率、收藏量等数

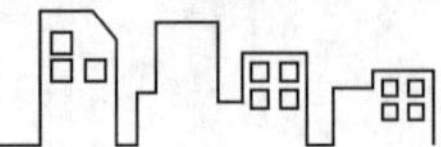

据进行平衡对比，诊断是否低于同行标准、是否需要优化、主要优化什么等。

网店健康诊断一般以诊断流量结构为主，对比自主搜索进店流量、站内免费资源进店流量、站外搜索进店流量、付费进店流量的比例，通过结构占比来分析整个网店流量结构的合理性，从而优化网店流量结构，提高网店的流量质量。

网店引流的根本目的是销售商品，并提升网店的经济效益，但并不能单纯地通过流量结构来评价流量质量，商家还需分析各流量结构的占比、各流量带来的收益等。网店经营受多方面因素的影响，且其影响是持续发展和变化的。例如，随着时间的流逝，某网店主推款商品的流量结构会发生变化，由于流行元素改变，该商品的自然搜索流量逐步下滑，该商品不再受消费者青睐，反之其他非主推款商品的自然搜索流量上升幅度快，但由于该网店并未合理优化这类商品，导致其转化率不高。此时，网店必须重新评估网店商品的流量结构，关注自然搜索流量上升的商品情况，优化其商品详情页和流量结构。网店健康诊断需平衡各个方面的流量，分析出问题的流量和流量出问题的原因，结合商品实际情况进行完善。

2. 网店DSR评分低的影响

销售量、关键词热度和DSR评分都是淘宝网店非常直观且重要的数据，其中DSR评分不仅是影响网店商品排名权重的重要因素，还是商家申报活动的硬性指标。若网店DSR评分过低，会对网店的很多方面产生不良影响。

（1）影响搜索排名

淘宝网对消费者的购物体验进行了统一的数据统计，并根据统计结果对网店给予不同的扶持。如果DSR评分低于同行业其他店铺，则网店搜索排名将低于其他网店，而网店搜索排名将直接影响商品流量和商品销售量。

（2）影响转化率

淘宝网店DSR评分是消费者比较关注的一项数据，评分低的网店容易给消费者带来质量不好、服务不好的主观印象，即使引入了流量，转化率也会偏低，而转化率低也会影响淘宝网对网店的流量扶持，从而影响商品销售量。

（3）活动受限

淘宝官方开设的活动通常是营销效果良好的促销活动，不仅可以提高网店商品的曝光率和销售量，还可以引入数量可观的新客户，积累更多老客户，对网店的持续发展十分有利。但淘宝官方的很多营销活动对DSR评分有严格的要求，若网店DSR评分偏低，则会直接影响网店申报活动。

（4）金牌卖家

金牌卖家是淘宝网店的一个重点优势标志，消费者更喜欢选择到金牌卖家网店购买商品。金牌卖家网店的服务质量、购物体验、商品性价比等一般都高于非金牌卖家网店，同时其销售额也更加可观。如果网店的DSR评分不合格，则会直接影响金牌卖家的获得。

3. 可以提高DSR评分又不会花费较多成本的小技巧

提高DSR评分的方法有很多，下面一些技巧既容易赢得消费者好感，又不会花费太多成本，商家可以根据实际情况酌情选择。

- **短信提醒**。消费者在网店中购买商品后，都比较关注商品的发货时间和收到商品的时间，针对消费者的这一心理，商家可以投其所好地为消费者提供短信提醒服务，如发货时提醒消费者商品已发出，物流到达消费者所在城市时发送物流同城提醒，从而提升消费者的购物体验。例如，“禀报××大人，您在××购买的××已由××镖局快马加鞭押送至××城市，预计×日内即可到达，请大人注意接镖验镖哟！”

- **感谢信**。当商品性价比不高，难以获得消费者的主动好评时，商家可以通过制作手写感谢信、个性感谢信等方式来提升消费者的好感，表明服务态度，间接提升DSR评分。
- **贴心包裹**。包装效果会在消费者收到商品时留下第一印象，切忌包装盒破旧损坏，包装不严密等。为了方便消费者拆开包裹，商家可以提供一些小巧简易的开箱工具，同时还可以在外包装上打印一些贴心提示，以赢得消费者的好感。

第4篇 管理售后

网店物流与仓储

本章引入

物流与仓储是网店运营过程中的一个重要部分，直接关系着消费者对网店的评价。商家在开店之前，必须调查和了解不同快递公司的信息，包括价格、质量、速度和包装等，以更好地选择物流服务商，并管理物流。同时，商品的发货时效、商品到达时包装的完好程度等会受到仓储的影响，为减少消费者的投诉，商家还需要管理好仓储。

学习目标

1. 了解网上商品主要的发货方式，并学会选择合适的快递公司。
2. 掌握服务商、运费模板等的设置方法。
3. 了解仓储与物流管理的内容，并掌握具体的管理方法。

知识框架

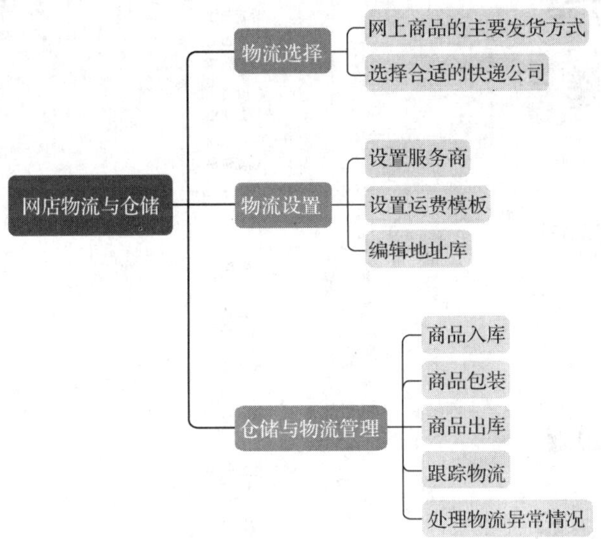

10.1 物流选择

网店经营作为一种构建于网络之上的商务模式，其商品的流通基本都是依靠物流来完成的。因此，商家首先必须了解网店物流的类型和选择方法。

10.1.1 网上商品的主要发货方式

现在提供物流服务的公司非常多，淘宝集合了各种类型的物流发货方式，主要包括快递和物流托运等。

1. 快递

快递是目前淘宝商家采用最多的一种物流发货方式，快递的发货速度快，价格比较固定适中，支持上门取货和送货上门，同时还可通过网络跟踪商品物流的进度，为买卖双方的货物收发都提供了很大的便利。随着物流的发展，现在快递公司的内部管理结构越来越完善，服务质量提升较大。淘宝商家常用的快递公司有宅急送、韵达、顺丰、申通、中通等，如图10-1所示，它们的服务模式基本类似，商家根据需要选择即可。

经验之谈

在发货前，商家首先应该确认能为消费者所在地提供快递服务的公司，既可以询问消费者，也可以自行查询快递公司的服务范围。若常用快递公司不提供消费者所在地的物流服务，则商家需要联系消费者，告知物流方式需要更改。发货后，商家要注意关注商品的物流情况，查看消费者的收货情况，确保物流正常。

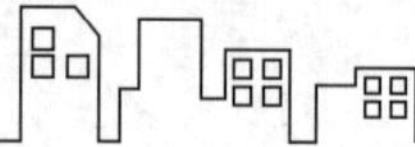

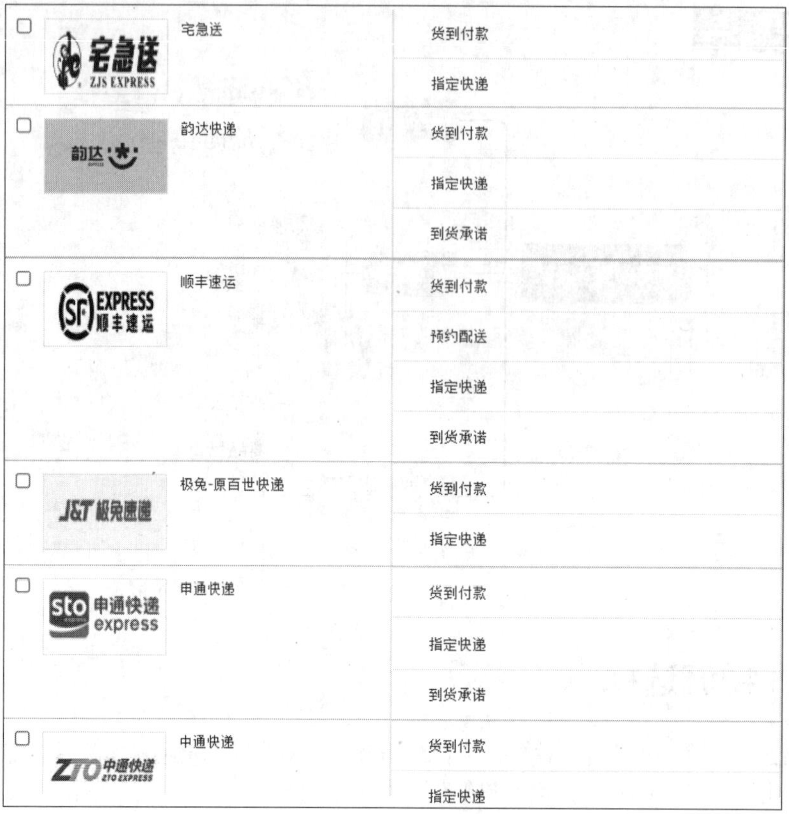

宅急送
宅急送 ZJS EXPRESS
货到付款
指定快递
韵达快递
韵达
货到付款
指定快递
到货承诺
顺丰速运
SF EXPRESS 顺丰速运
货到付款
预约配送
指定快递
到货承诺
极兔-原百世快递
J&T 极兔速递
货到付款
指定快递
申通快递
sto 申通快递 express
货到付款
指定快递
到货承诺
中通快递
ZTO 中通快递 ZTO EXPRESS
货到付款
指定快递

▲ 图10-1　常见的快递公司

2. EMS

EMS即邮政的特快专递服务，在中国境内是由中国邮政提供的一种快递服务，不仅为电子商务商家提供快递服务，还为其他行业提供物流服务，同时还提供国际邮件快递服务。图10-2所示为EMS提供的部分服务。EMS的运送范围很广，可送至各个地方，速度较快，运送安全，支持送货上门，可在网络中跟踪物流信息。

国内业务
国际业务
增值业务
物流服务
首页 > 国内业务
产品介绍
寄件推荐
国内特快专递
国内特快特惠
政务专递
商务专递

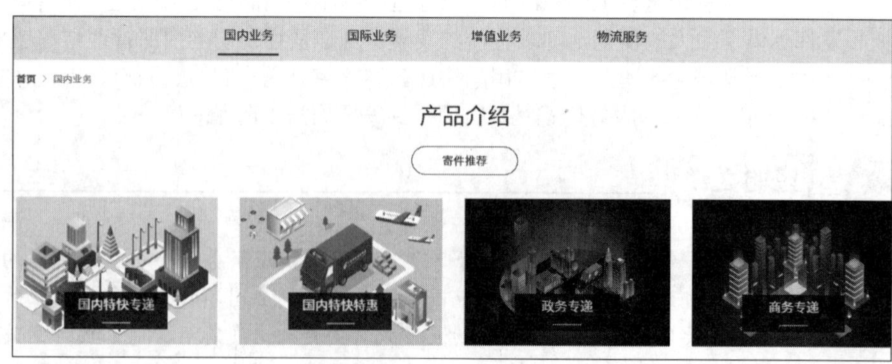

▲ 图10-2　EMS提供的部分服务

3. 物流托运

不方便使用快递运送的大件物品或超重物品，可以使用物流托运。在托运之前，商家必须对物品进行完善的包装和标记。一般来说，物流托运主要有汽车托运、铁路托运和航空托运等形式。托运所需的时间为航空最快，铁路次之，汽车较慢；托运价格则是航空最高，铁路较低。在进行托运时，商家要注意备注联系方式。

现在有很多提供托运服务的物流公司，商家可直接委托这些物流公司完成托运。在委托物流公司进行托运时，商家要事先了解物流托运公司，以免出现货物丢失、货物破损等情况。

10.1.2　选择合适的快递公司

电子商务的快速发展带动了物流行业的发展，现在物流行业的服务范围越来越广，加入这个行业的企业也越来越多。因此，在复杂的物流环境中，商家初期选择快递公司时一定要十分慎重，快递安全、快递价格、发货速度和服务质量等因素都需优先考虑。

1. 快递安全

快递安全是商家必须考虑的问题，丢件、物品破损等情况会严重损害网店的服务质量，引起消费者的强烈不满。为了保证商品的安全，对于贵重物品，商家可以选择EMS或顺丰并进行保价，从而保障消费者的利益。在选择其他快递服务时，商家要有购买保险的意识，同时需要了解理赔服务。此外，商家还可对物品进行保护包装，在包装箱上标注易碎、轻放等字样，叮嘱快递公司注意保护物品等。

对于易碎、易损坏的商品，商家不仅需要进行多重保护，叮嘱快递公司安全运送，还需要提醒消费者在签收之前先验货。

2. 快递价格

快递价格与成本息息相关，为了降低成本，很多商家都愿意优先选择价格更低的快递服务，这当然无可厚非，但也绝不能一味盲目地以低价为选择标准。如果低价的物流服务是以物流质量低为代价，那么商家将得不偿失。因此，商家需详细对比各个快递公司。首先，商家要了解想要选择的快递公司，通过各个快递公司的官方网站查询快递公司的基本资料、联系方式等，筛选出综合质量良好的快递公司；其次，商家要选择负责自己所在地的各个快递公司的网点，与负责该区域的人员沟通价格，可以在对比多家之后再做决定；最后，如果合作愉快，商家可以适当地议价，尽量拿到比较低的友情价格，降低物流成本。

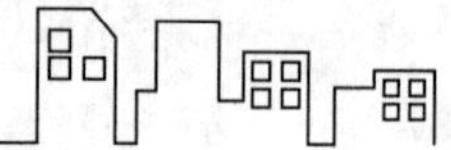

3. 发货速度

在网上购物的消费者，通常对物流的速度非常在意，物流速度快，会非常容易赢得消费者的好感；反之，则容易引起消费者的不满甚至投诉。商家一定要注意快递的发货速度，首先网店发货的速度要快，其次快递公司揽件及发货的速度也要快。由于快递公司在不同地区的网点一般都采用独立核算的方式，因此不同地区的快递网点的服务质量、发货速度等可能都不一样，商家最好亲自考察并对比自己所在区域的快递网点的发货速度，选择比较优秀的快递网点。

4. 服务质量

服务质量是商家挑选快递服务的标准之一。快递行业作为服务行业之一，应该具备服务行业的精神，遵守服务行业的准则。质量好的快递服务会给消费者带来舒适的服务体验，从而提高消费者对网店的好感度。

10.2　物流设置

选择好快递公司后，商家还要进行物流设置后才可发货。物流设置包括设置服务商、设置运费模板和编辑地址库等。

10.2.1　设置服务商

淘宝网提供了很多服务商（即快递公司），商家可以选择心仪的或常用的服务商并进行开通。其具体操作为：进入千牛卖家中心，在左侧的导航栏中单击“交易”选项卡，选择“物流管理”栏下的“物流工具”选项，打开“物流工具”页面，单击“服务商设置”选项，如图10-3所示；在打开的页面中查看主流的服务商，选中需要开通的服务商前方的复选框，然后单击其后的开通服务商按钮，如图10-4所示。如果想要同时开通多个服务商，可以单击批量开通服务商按钮进行设置。如果商家在设置服务商时没有编辑过地址库，则需要先编辑好地址库，然后才可以设置服务商。

▲ 图10-3　单击“服务商设置”超链接

< 物流工具

物流公司： 物流服务：全部 搜索

开通指定快递服务后，开通的服务商可被消费者下单时查看并选择，服务说明详见《指定快递服务介绍》

物流公司	开通的服务	操作
全选 批量开通服务商 开通电子面单		
中国邮政	指定快递	开通服务商
圆通速递	货到付款 指定快递 到货承诺	开通服务商
天天快递	指定快递	开通服务商

▲ 图10-4 选择并开通服务商

10.2.2 设置运费模板

由于网店中的消费者来自不同地区，而不同地区的快递服务费用通常是不一样的，因此商家需要设置运费模板，从而区分不同地区的消费者的运费。某服装网店准备按照商品类目来设置运费模板，由于商品重量较轻，因此准备按件计价，并设置大部分地区包邮，偏远地区不包邮。其具体操作如下。

扫一扫

实例演示

STEP 01 打开“物流工具”页面，在“基础配置”栏中单击“运费模板设置”超链接。

STEP 02 打开“物流服务”页面，单击 新增运费模板 按钮，如图10-5所示。

STEP 03 在“模板名称”文本框中输入模板名称，这里输入“T恤”，并设置“发货地”，默认选中“自定义运费”单选项和“按件数”单选项，如图10-6所示。

新增运费模板

系统模板-商家默认模板 最后编辑时间:2021-06-22 15:05 复制模

运送方式	运送到	首件(个)	运费(元)	续件(个)
快递	中国	1	0.00	1

▲ 图10-5 单击“新增运费模板”按钮

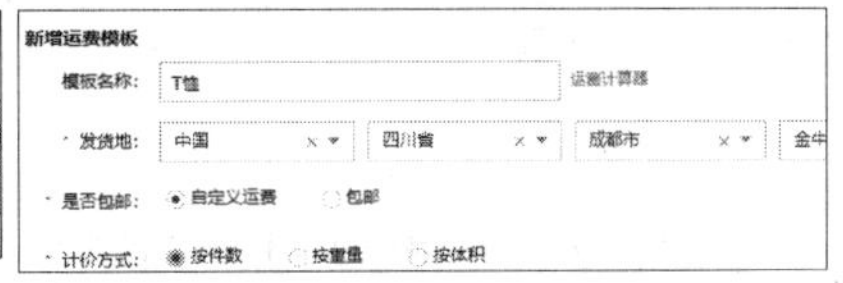

▲ 图10-6 设置模板名称、发货地、是否包邮和计价方式

在设置计价方式时，商家可以根据实际情况选择。如果网店经营的是小件商品，商家可以选择“按件数”或“按重量”计价；如果网店经营的是体积较大的商品，则可以“按体积”计价。在设置价格时，商家最好根据快递服务商的价格标准进行设置。

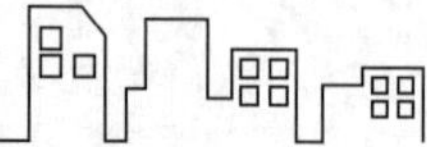

STEP 04 在“运送方式”栏中选中“快递”复选框，在打开的列表中设置默认运费为“1件内0.00元，每增加1件，增加运费0.00元”，如图10-7所示。

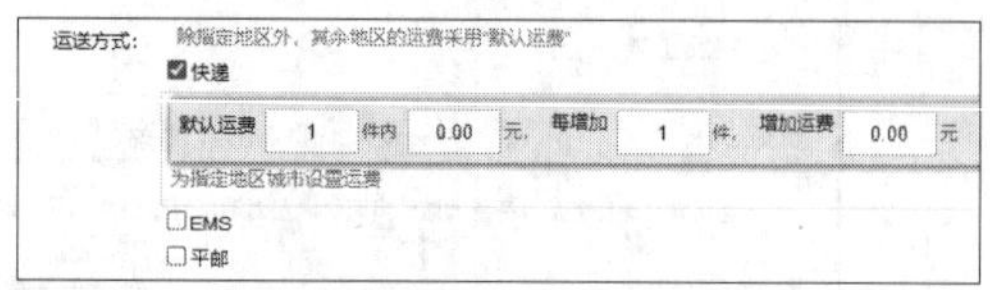

▲ 图10-7　设置默认运费

经验之谈

如果网店中商品的运费不随着重量、数量或体积的增加而增加，可将运费都设置为“0”元，然后单独设置指定地区的运费模板。

STEP 05 单击“为指定地区城市设置运费”超链接，在打开的“运送到”栏中的“首件数（件）”数值框中输入“1”，在“首费（元）”数值框中输入“15.00”，在“续件数（件）”数值框中输入“1”，在“续费（元）”数值框中输入“0.00”，如图10-8所示。

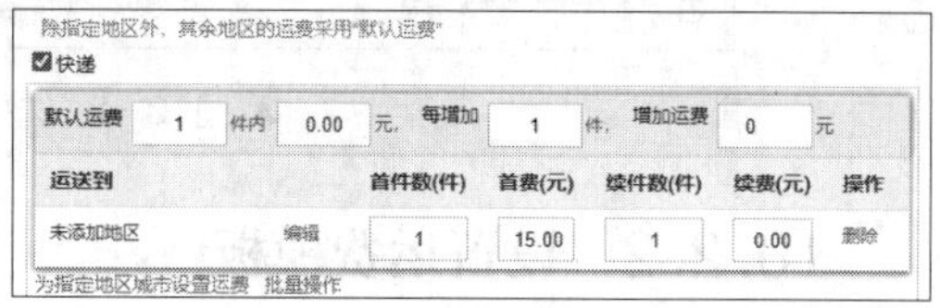

▲ 图10-8　设置指定地区运费

STEP 06 单击“未添加地区”对应的“编辑”超链接，打开“选择区域”对话框，选择地区，如图10-9所示，然后单击保存按钮。

STEP 07 查看已经设置好的运费模板，确认无误后单击保存并返回按钮完成设置，如图10-10所示。在寄送商品时，选择该模板名称即可应用。

▲ 图10-9　选择须支付运费的地区

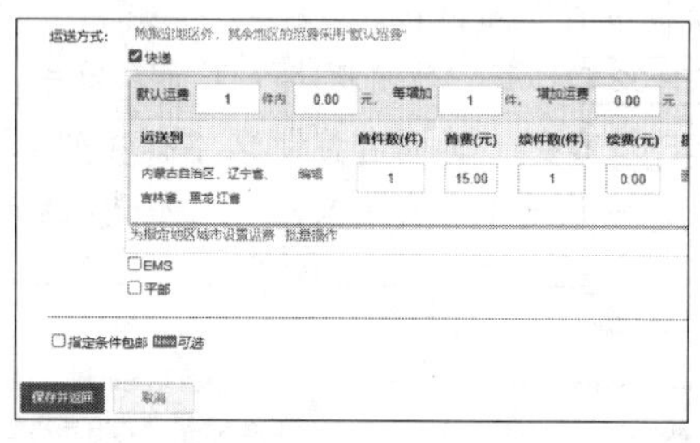

▲ 图10-10　查看运费模板

经验之谈

在运费模板上方单击“修改”或“删除”超链接，可重新编辑模板或将模板删除。

10.2.3　编辑地址库

地址库即商家的地址，当商家需要发货或消费者申请退货时，则需要商家的地址。编辑地址库的方法为：打开“物流工具”页面，单击“地址库”超链接，单击添加新地址按钮，打开“添加新地址”对话框；输入联系人、所在地区、街道地址、手机号码等，填写完成后单击 确定 按钮，如图10-11所示。

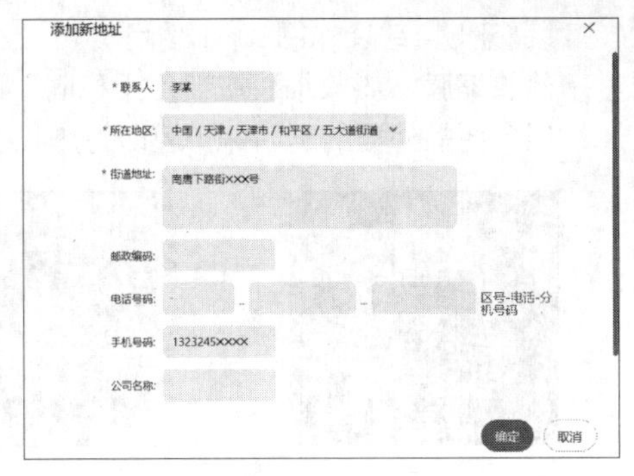

▲ 图10-11　编辑地址库

10.3　仓储与物流管理

仓储与物流管理即对仓库和仓库中储存的物资进行管理。仓储地不仅是商品的保管场所，还是仓库物资的流转中心。在管理过程中，商家不仅要做好商品入库、商品包装和商品出库，还要实时跟踪物流，处理物流异常情况等。

10.3.1　商品入库

商品入库是网店日常运营工作中的一部分，一般包括商品检查、货号编写和入库登记3个步骤。

- **商品检查**。商品检查是指对入库的商品进行检查，一般需要检查品名、等级、规格、数量、单价、合价和有效期等信息。通过商品检查，商家可以了解入库商品的基本信息，筛选出不合格的商品。
- **货号编写**。当商品种类和数量较多时，需要区分商品，一般采取编写货号的方式。在编写货号时，商家可以采用商品属性或名称+编号、商品属性或名称缩写+编号的方式。
- **入库登记**。入库登记是指按照不同商品的属性、材质、颜色、型号、规格和功能等，分别将其放置到不同的货架中，同时编写入库登记表格，记录商品入库信息。

10.3.2　商品包装

商品包装即使用包装材料将商品包装好，这样不仅方便物流运输，还能在物流运输过程中对商品起到保护作用。商品包装方法需要根据实际情况而定，不同类型商品的包装要求不一样。

1. 常用的包装方法

商品包装是商品的一部分，反映着商品的综合品质。商品包装一般分为内包装、中层包装和外包装3种。

（1）内包装

内包装即直接包装商品的包装材料，主要有OPP自封袋、PE自封袋和热收缩膜等。一般情况下，生产商品的厂家已经对商品进行了内包装。

- **OPP自封袋**。OPP自封袋透明度较好，质地较硬，可以保证商品的整洁性和美观性，文具、小饰品等小件商品均可使用OPP自封袋作为内包装。OPP自封袋如图10-12所示。
- **PE自封袋**。PE自封袋比较柔软，主要用于防潮防水、防止物品散落等，可反复使用，明信片、小样品、纽扣、散装食品、小五金等都可以使用PE自封袋作为内包

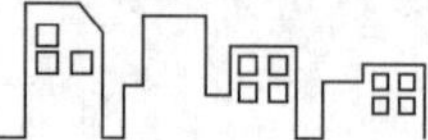

装。PE自封袋如图10-13所示。

- **热收缩膜。** 热收缩膜主要用于稳固、遮盖和保护商品，效果类似于简单的抽真空，很多商品外覆的透明保护膜即为热收缩膜。热收缩膜包装效果如图10-14所示。

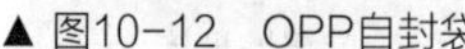

▲ 图10-12　OPP自封袋

▲ 图10-13　PE自封袋

▲ 图10-14　热收缩膜包装效果

（2）中层包装

中层包装通常指商品与外包装之间的填充材料，主要用于保护商品，防止商品在运输过程中损坏。报纸、气泡膜、珍珠棉、空气柱等都可以用于中层包装。

- **报纸。** 如果商品不属于易碎品，且不容易产生擦痕等，可使用报纸作为中层包装，主要起到防潮作用。
- **气泡膜。** 气泡膜是一种十分常见的中层包装材料，可以防震、防压和防滑。数码产品、化妆品、工艺品、家具、家电和玩具等都可以使用气泡膜作为中层包装。气泡膜如图10-15所示。
- **珍珠棉。** 珍珠棉是一种可以防刮、防潮的包装材料，也有一定的防震作用。薄的珍珠棉可以包裹商品，厚的珍珠棉可用于填充、做模和固定商品等。珍珠棉如图10-16所示。
- **空气柱。** 空气柱里面含有大量的气体，用于包裹商品，可起到防震缓冲、防磕碰的作用。空气柱如图10-17所示。与空气柱原理类似的还有空气袋，也可以作为填充材料。

▲ 图10-15　气泡膜

▲ 图10-16　珍珠棉

▲ 图10-17　空气柱

商家在选择中层包装材料时，可根据实际情况选择，灵活使用各种填充材料。例如，包装水果的网格棉也可用于其他小件商品的包装或作为填充材料使用。

（3）外包装

外包装即商品最外层的包装，通常以包装袋、包装盒和包装箱为主。下面对常见的外包装材料进行介绍。

- **包装袋**。包装袋是一种比较柔性的包装材料，韧性较高，且抗拉抗磨，主要有布袋、纸袋等种类。纺织品等柔软抗压的商品一般可采用包装袋进行包装。包装袋如图10-18所示。
- **编织袋**。编织袋主要用于包装大件的柔软商品，在邮局、快递、物流等多种场合都十分常见。
- **复合气泡袋**。复合气泡袋是一种内衬气泡膜的包装袋，具有较好的防震效果。书籍、相框等物品均可使用复合气泡袋进行包装。复合气泡袋如图10-19所示。

▲ 图10-18　包装袋

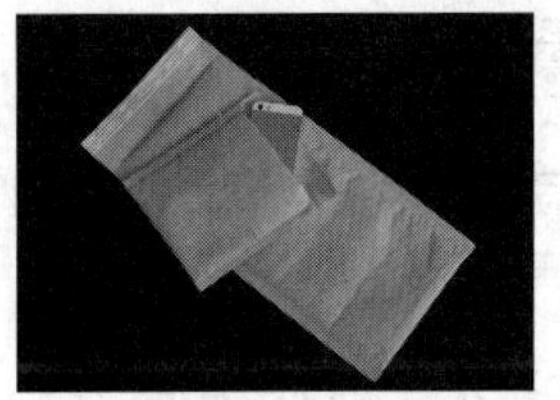

▲ 图10-19　复合气泡袋

- **包装盒**。包装盒是一种具有较好的抗压强度的包装材料，不易变形，多呈几何形状。糖果、巧克力、糕点、护肤品等小件物品使用包装盒的概率较高。为了提升消费者的购物体验，不少商家使用了拉链纸箱（见图10-20）作为包装盒，只需轻轻一拉就可打开包装盒，非常省事。
- **包装箱**。包装箱与包装盒类似，通常体积和包装量较大，使用范围比较广，主要用于固体货物的包装，非常适合作为运输包装和外包装。包装箱如图10-21所示。

▲ 图10-20　包装盒

▲ 图10-21　包装箱

2. 包装时的小技巧

在包装商品时，商家可在包装箱上做一些贴心小提示（如易碎物品，轻拿轻放；请先验货再签收；新鲜水果，加急配送，快递员辛苦了），这样不仅可以提醒快递员注意寄送，还可以顺势宣传网店。此外，为了增加消费者对网店的好感，商家还可送一些贴心卡片、小礼品，或使用具有个性特色的包装箱等。包装小技巧示例如图10-22所示。

▲ 图10-22　包装小技巧示例

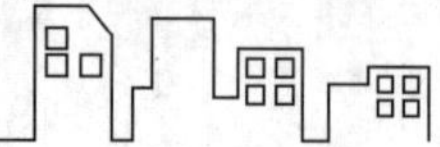

10.3.3　商品出库

商品出库是指仓库人员根据商品出库凭证，按所列商品编号、名称、规格、型号和数量等，准确、及时、保质保量地将商品发给收货方的一系列工作。对于淘宝网店而言，商品出库主要包括核对并提取商品、联系快递员取货和填写并打印物流信息等主要步骤。

- **核对并提取商品**。当收到出库通知时，仓库人员首先需要核对出库商品的信息，并根据商品信息提取对应的商品，填写商品出库表，登记商品出库信息，选择快递公司。
- **联系快递员取货**。根据商品所在地区联系快递公司在该区域的网点，通知快递员前往取货。
- **填写并打印物流信息**。填写商品的物流单，记录并打印商品的物流信息，方便对物流信息进行保存和跟踪。

10.3.4　跟踪物流

将商品包装好并交给快递公司负责运输后，商家还应时刻关注和监督快递公司的发货和运输信息，跟踪物流情况，保证商品可以在短时间内到达消费者手中，避免因物流速度过慢而引起消费者的不满。通过千牛卖家中心即可跟踪物流，具体操作为：进入千牛卖家中心，在左侧的导航栏中单击“交易”选项卡，选择“物流管理”栏中的“包裹监控”选项，在打开的页面中查看当前订单的物流状态，如图10-23所示。

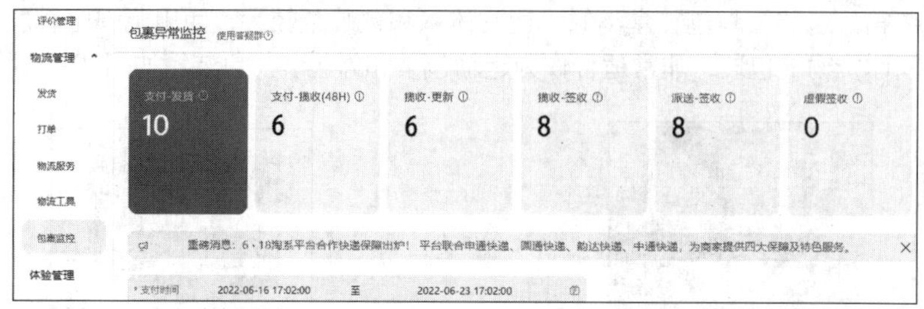

▲ 图10-23　物流跟踪

10.3.5　处理物流异常情况

在快递运输过程中，有可能会出现包裹丢失、包裹破损和包裹滞留等物流异常情况。商家必须及时了解包裹的物流异常情况，与快递公司取得联系，并快速采取相应的解决方案。

1. 包裹丢失

包裹丢失属于物流中比较严重的问题。出现包裹丢失的情况时，商家一定要与物流方沟通，及时了解包裹丢失的详细情况。一般来说，包裹丢失分为人为和非人为两种情况，如果是人为原因造成的包裹丢失，则商家需要追究责任人的责任。为了防止这种情况的发生，商家在包装商品时，特别是包装电子产品等贵重商品时，一定要做好防拆措施，并提醒消费者先验货再签收，将风险降至最低。如果是非人为原因造成的包裹丢失，那么商家可以要求快递公司详细排查商品的物流信息，检查包裹是否遗漏在某个网点，如果确实找不到了，商家可以追究快递公司的责任。

不管是何种原因造成的包裹丢失，都可能延长消费者收到包裹的时间。为了避免纠纷，在商品出现丢失情况时，商家应该及时告知消费者，并与之协商好处理办法，如果消费者不接受该情况，商家则要尽快重新发货。

2. 包裹破损

包裹破损是一种非常影响消费者好感度的情况，商品包装不当、快递运输不当等都可能导致包裹破损情况的发生。为了预防这一情况，商家在包装商品时，一定要仔细严谨，选择合适的包装材料，保证商品在运输过程中的安全。如果是运输不当的原因，商家则需要追究快递公司的责任。

对于消费者而言，收到破损包裹是一件非常影响情绪的事情，这可能直接导致差评的产生。因此，商家一定要重视商品的合理包装，如果是易碎易坏商品，则要告知快递员小心寄送，并在包装箱上做出标识。

包裹丢失和破损不仅会影响物流质量，还会造成消费者、商家和快递公司等多方的损失，处理起来既耗时又烦琐，商家一定要避免出现包裹丢失和破损的现象。商家可选择服务质量更好的快递公司，并确保商品包装的安全。

3. 包裹滞留

包裹滞留是指货物长时间停留在某个地方，迟迟未派送。包裹滞留分为人为滞留和非人为滞留两种。其中，人为滞留多由派送遗漏、派送延误等原因引起，非人为滞留则多由天气等客观原因造成。如果是人为原因造成的包裹滞留，则商家需要联系快递公司了解滞留原因，催促快递公司及时派送。如果是非人为原因造成的包裹滞留，则商家应该及时与消费者联系，告知其滞留原因，并请求消费者理解。

素养课堂：遵守职业道德，做好仓储与物流管理

对于商家而言，仓储与物流同样重要。因此，商家在选择仓储与物流管理人员时，除了要关注其职业技能，更要看重其职业道德。拥有良好职业道德的仓储与物流管理人员能够帮助商家避免很多不必要的损失，甚至能够帮助商家优化管理系统和流程，进而提升消费者的购物体验，为网店树立良好的品牌形象。

一般来说，仓储与物流管理人员需要遵守以下职业道德：

- 爱岗敬业，具有强烈的责任感和使命感；
- 诚实守信，忠于职守，不偷窃、盗用物品；
- 服从安排，严格遵守仓储或物流管理规则；

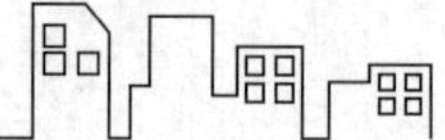

• 具有团队协作精神，互帮互助；

• 勇于开拓、善于创新。

张某就是一位非常优秀的仓储与物流管理人员。张某在一家销售灯具的网店负责仓储与物流管理工作，连续3年被评为优秀员工。在职期间，张某一直尽职尽责。一次，网店新进了一批灯具，这批灯具由于材料较为昂贵、制作精细，成本较高，要求在入库前一定要认真查看是否有损伤。张某发现，大部分员工草草看过之后就准备直接入库，他觉得不放心，于是要求大家严格查看，并将之前检查过的灯具重新检查了一遍，果然发现了几个灯具有不同程度的损伤，及时为网店避免了损失。

总结：职业道德不是一道枷锁，而是一面锦旗。仓储与物流管理人员在工作的过程中应当严格遵守职业道德，忠于职守，为岗位、网店，甚至是社会负责。

课后练习

1. 选择题

（1）【单选】以下不属于淘宝商家常用的快递公司的是（　　）。

A. 顺丰　　B. 中通　　C. 京东　　D. 申通

（2）【单选】以下不属于选择快递公司时需要考虑的因素的是（　　）。

A. 快递安全　　B. 公司地址

C. 快递价格　　D. 服务质量

（3）【单选】以下可以作为数码产品中层包装材料的是（　　）。

A. 热收缩膜　　B. 报纸

C. 编织袋　　D. 气泡膜

2. 填空题

（1）商品入库一般包括________、________和________3个步骤。

（2）设置运费模板时，体积较大的商品的计价方式一般是________。

3. 简答题

（1）商品出库包含哪些工作？

____

（2）遇到包裹滞留的情况，商家应当如何处理？

____

4. 操作题

（1）通过千牛卖家中心开通服务商，要求开通对象为顺丰。

（2）通过千牛卖家中心为某水果网店的苹果商品设置运费模板，要求计价方式为“按重量”，并设置偏远地区不包邮，具体首重和续重价格参照已开通的服务商价目表。

拓展阅读

物流和仓储管理是网店运营中比较重要的部分，商家必须对其有大致的了解。下面主要对物流和仓储管理的一些疑难问题和解决方案进行介绍。

1. 不同类型商品的包装技巧

一般来说，不同类型商品的包装技巧也不同。下面分别介绍了不同类型的商品包装技巧。

- **服饰类商品**。一般情况下，服饰类商品在包装时需要折叠，多用包装袋进行包装。为了防止商品起皱，商家可用一些小别针固定服饰，或使用硬纸板进行支撑；为了防水，商家还可在服饰外包装一层塑料膜。
- **首饰类商品**。首饰类商品一般直接用大小合适的首饰盒进行包装。如果是易碎、易刮花的首饰，还应使用一些保护材料对首饰单独进行包裹。
- **液体类商品**。化妆品、酒水等液体类商品都属于易碎品，必须非常注意防震和防漏，并严格检查商品的包装质量。在包装这类商品时，可使用塑料袋或胶带封住瓶口防止液体泄漏，也可用气泡膜包裹液体瓶子或在瓶子与原包装之间进行填充，在外包装与商品的间隙中也需填充泡沫等材料。
- **数码类商品**。数码类商品大多价格较高，因此一定要注意包装安全，一般需要使用气泡膜、珍珠棉、海绵等对商品进行包裹，同时还需要使用抗压性较好的包装盒进行包装，避免商品在运输过程中被挤压损坏。商家可以对数码类商品进行保价，提醒消费者验货后再确认签收。
- **食品类商品**。包装食品类商品时必须注意包装材料的安全，即包装袋和包装盒必须清洁、干净、无毒。部分食品保质期较短，对温度要求也较高，包装这类商品时要注意包装的密封性等。商家收到订单后应尽快发货，尽量减少物流时间。
- **书籍类商品**。书籍类商品的防震性和防压性都比较好，但需注意防水、防潮的处理，一般可先使用包装袋或气泡袋进行封装，再使用牛皮纸或纸箱进行包装。

2. 贵重物品的配送技巧

通常贵重物品出现物流问题都会给商家带来很大的损失，因此，商家一定要格外注意贵重物品的配送。一般来说，配送贵重物品时需遵循以下几点。

- **挑选快递公司**。配送贵重物品应该挑选信誉较好、服务质量较好的快递公司，最好不选择知名快递公司的代理公司。
- **运单填写**。在填写贵重物品的快递单时，货物描述中不需要写货物的具体名称，如珠宝类商品，可以填写为饰品。
- **包装标识**。为了防止快递包装被私自拆开，可以在外包装上做一些标识，如在箱子底部贴一些与商品或网店有关的小贴士等。
- **包装**。贵重物品一定要注意防震、防刮、防水和防压。包装贵重物品时一般需要将包装盒中的空间填满，防止物品在运输过程中晃动，还可起到防震、防水的作用。
- **保价**。贵重物品一定要进行保价，保价时了解清楚保费、赔偿及保险公司等信息。
- **先验收再签字**。售出贵重物品时，商家一定要提醒消费者先验收再签字，否则如果出现商品损坏的情况，非常容易引起耗时耗力的纠纷。

第11章 网店客服与客户服务

本章引入

无论是实体店还是网店，都对客服质量有非常严格的要求。客服质量直接影响着客户的消费体验和消费行为，与网店的业绩和长远发展息息相关。为此，商家要明确客户服务的沟通原则，并做好网店客服分工，合理利用智能客服减轻客服人员的压力，积极做好客户和客服人员的管理工作。

学习目标

1. 熟悉客户服务的沟通原则和类型。
2. 掌握售前、售后服务的工作内容，以及智能客服的使用方法。
3. 掌握管理客户和客服人员的方法，学会使用千牛工作台等客户管理工具。

知识框架

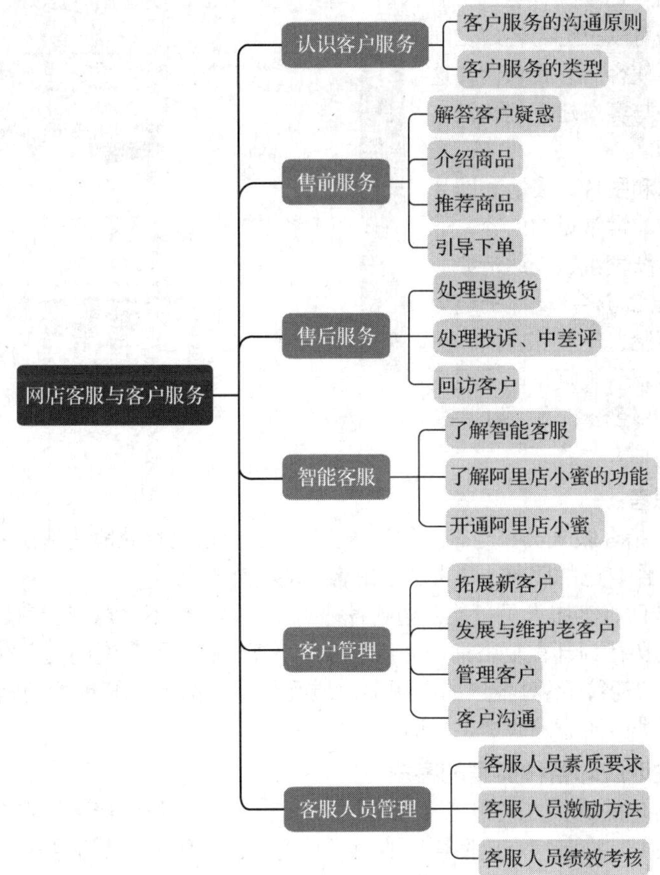

11.1 认识客户服务

作为销售过程中必不可少的一个环节，客户服务是网店利润的直接影响因素之一，且其权重也较高。因此，在网店运营过程中，商家必须对客户服务有一个充分的了解。

11.1.1 客户服务的沟通原则

虽然客户的类型多种多样，但客服人员在与不同类型的客户沟通时，需要遵循的一些基本沟通原则是类似的，下面介绍客户服务的几大沟通原则。

1. 礼貌热情

礼貌热情是客户服务的基本原则，而这一点主要体现在客服人员的用语和态度上。一个优秀的客服人员，应当让客户在交流过程中感受到良好的礼仪和热情的态度。

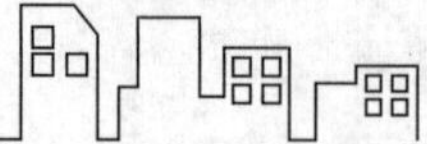

- **礼貌用语**。对于网店客服人员而言，礼貌的用语不仅是指语言上的温和、亲切和礼貌，还必须将热情的服务态度展现出来。一般在对待主动咨询的客户时，客服人员不宜采用“你要买什么”“什么事”等冷硬的用语，要善用“您好”“请”等常见礼貌用语可以拉近与客户之间的距离，使客户感到亲切，这样更容易与客户建立起和谐友好的氛围。
- **善用表情和图片**。表情和图片是聊天中非常常见的内容，非常利于活跃气氛、表达情绪。客服人员在与客户交流的过程中使用笑脸、玫瑰等表情，可以适当地调节气氛，让沟通变得更愉快轻松，如图11-1所示。

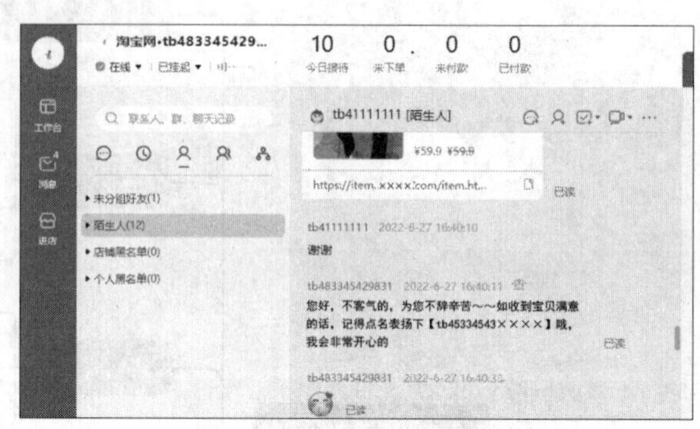

▲图11-1　善用表情

2. 换位思考

换位思考是指客服人员在与客户的沟通交流中，应该设身处地地站在客户的立场考虑问题，将客户当作自己的朋友，思考和理解客户的实际需求。

与客户交流时，客服人员可能会遇到各种问题，如客户不愿意查看商品描述而直接咨询，或者没有购买行为却重复咨询商品信息等。不管遇到任何咨询问题，客服人员都应该报以耐心宽容的态度，不对客户的问题提出质疑和存有偏见，简单的问题也需要认真解答，并表达自己非常乐意随时提供咨询服务的态度。

3. 技巧性地应对各种类型的客户

不同类型客户的购买方式和交流方式上都不同，客服人员要善于从客户的语言中推测其消费心理，根据其消费特点选择合适的沟通方式，从而促成交易的达成。

从心理学的角度出发，客户购买商品的心理需求主要包括求实、求美、求名、求速、求廉、求同、求惯和求安等方面。客服人员在与客户交流时，要根据客户的心理活动来调整沟通和营销方式，以便最大限度地满足客户的需求并售出商品。例如，对于求美的客户，在介绍商品时，客服人员可以突出介绍商品的外观；对于求同的客户，客服人员可以用商品的热销程度来说明购买人数很多，该商品值得信任。

4. 尊重与信任客户

一个合格的客服人员必须懂得基本的交谈礼仪，尊重客户是对客服人员的基本要求之一。客服人员要做到在与客户沟通时耐心等待，如果客户话未说完，不要急于去打断对方。对于客户的问题，客服人员要及时准确地回答，表现出对客户的充分尊重和重视，使客户产生好感，这样客户会更加愿意接纳客服人员的意见，也更容易被说服。

5. 倾听客户的问题和需求

倾听是沟通的基本条件之一。客服人员一定要善于倾听客户的问题和需求。在与客户交流时，客服人员要通过倾听分析客户心理，寻找与客户沟通中的关键词，抓住客户想表达的主旨，从而快速做出正确的反应，给出使客户满意的答复。同时，倾听也可以让客户感受到客服人员对话题很关注、重视，觉得网店值得信任。为了更加了解客户，在倾听的过程中，客服人员也可以查看客户的信用评价及发布的帖子，以此来了解客户的性格特征，从而准确抓住客户的购物心理，有针对性地做出反应并提供服务。

6. 保持理性

在客流量多的网店中，客服人员每天都要与各种各样的客户打交道。由于客户的性格、兴趣和素质等存在差异，导致有些沟通非常轻松，而有些沟通则显得烦琐。不管遇到什么样的客户，客服人员都应保持理性，快速妥善地解决问题。

- **善于控制自己的情绪。**当遇到挑剔、咄咄逼人的客户时，客服人员要保持理性与冷静，控制自己的情绪，切忌与客户争执。
- **积累交流技巧。**一个优秀的客服人员应该提前了解与不同客户的交流方法，多积累各种处理技巧，模拟面对不同客户时的处理方式，增强自己的承受能力和应变能力。
- **不要草率做出决定。**如果客户在交流的过程中情绪比较激动，客服人员不要草率地采取强硬的态度和手段来加剧彼此的矛盾，应该始终以心平气和的态度沟通，这样才有可能解除误会或者挽回错误。

7. 接受客户的观点

在交流的过程中，如果与客户存在不同的看法，客服人员可以委婉地解释和建议，尝试改变客户的想法，但不能将自己的建议强加给客户。当客户对商品的理解有误时，客服人员要温和地讲解，传达正确的观点。当客户对商品有不好的看法与感受时，客服人员依然要尊重客户的观点，尊重客户的想法，心平气和地解释；如果客户依然不接受，就要选择其他的途径来解决。如果双方意见出现分歧，客服人员不要和客户争论，应谨言慎行，不恶语伤人，勇于承认错误，努力弥补客户的损失。

11.1.2 客户服务的类型

客户服务是网店必须设置的一个岗位。大中型网店由于订单繁多、咨询量大、售后服务内容多，对客户服务的分工要求更加严格，因此通常有一个专门的流程化的客户服务系统和模式。一般来说，客户服务可以分为售前服务、售中服务和售后服务3种类型，如图11-2所示。由于售中服务的工作内容已在前面讲过，接下来将着重讲解售前服务和售后服务。

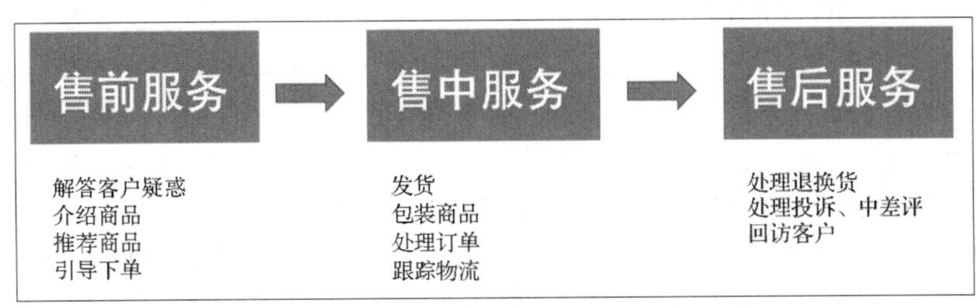

▲ 图11-2 客户服务的类型

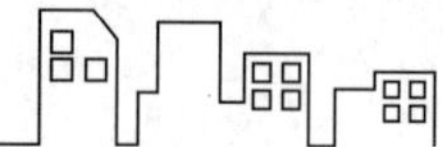

11.2　售前服务

网店客服的售前服务主要是一种引导性的服务，从客户进店到付款的整个过程都属于售前服务的范畴。在沟通的过程中，客服人员的工作内容主要包括以下 4 个方面。

11.2.1　解答客户疑惑

解答客户疑惑可能贯穿整个客服工作，客服人员应该做好随时为客户答疑的准备，并时刻保持热情、耐心、周到的服务态度。客户的疑惑大致分为两类：一类是对商品的疑惑，包括对价格、品质、使用功能等的疑惑，如“请问高个子可以穿这件衣服吗”；另一类是对促销活动的疑惑，如某商品开展了“购后返50元”的促销活动，要求客户须全款购买，待确认收货再联系客服退差价，但有的客户理解不透彻，就可能会询问客服人员。

在解答客户疑惑的过程中，客服人员要及时回应，切勿用冰冷的语言来回答客户，应尽量使用语气词来调动气氛。

11.2.2　介绍商品

一个专业的客服人员必须具有基本的专业性，即必须掌握商品专业知识和周边知识，了解同类商品信息和网店促销方案。

- **商品专业知识。**商品专业知识主要包括商品质量、商品性能、商品寿命、商品安全性、 商品尺寸规格、商品使用注意事项等内容。
- **商品周边知识。**商品周边知识主要是指与商品相关的其他信息，如与同类商品进行分辨的方法、商品的附加值和附加信息等，这类信息有利于提高商品的价值，使客户更加认可商品。
- **同类商品信息。**同类商品是指市场上性质相同、外观相似的商品。由于市场同质化现象十分严重，客户会面临很多相同的选择，但是质量是影响客户选择的重要因素，因此客服人员需要了解商品的劣势，突出商品的优势，以质量比较、货源比较、价格比较等方式稳定客户。
- **网店促销方案。**网店通常会推出很多促销方案，客服人员需要熟悉网店内的各种促销方案，了解每种促销方案所针对的客户群体，再根据客户的类型分别进行推荐。

11.2.3　推荐商品

客服人员在了解商品信息后，就可游刃有余地对商品进行推荐了。对于网店而言，商品推荐主要包括对商品本身的推荐和商品的搭配推荐两个方面。

- **对商品本身的推荐。**商品推荐应因人而异，客户的需求、使用对象、性格特点等不同，推荐的方式和类型就不一样。如果客户购买自用商品，则实用性、美观性和适用性等就是首要推荐点；如果客户购买商品是为了赠送他人，则商品的包装、商品的品牌、实用性和美观性等都需要同时考虑。
- **商品的搭配推荐。**商品的搭配主要包括色彩搭配、风格搭配和效果搭配等。在推荐商品搭配时，客服人员可以以店内模特、流行元素等进行举例。

11.2.4 引导下单

在与客户沟通的过程中，客服人员应该想尽办法让客户减少思考的时间，并引导其快速下单。如果客户对商品比较满意，却想待货比三家后再做决定，此时客服人员若能采用一定的技巧引导客户下单，就能大大提高网店的业绩。

- **利用“买一点儿试试”的心理。**当客户想要买某件商品，但又担心质量等问题时，客服人员可以建议客户先买一点儿试试，觉得商品好再来复购。很多时候，先买一点儿往往花不了多少钱，客户也不会觉得有很大风险，因此很容易下单。
- **强调商品的稀缺性。**大多数客户都有一种心理，越是得不到、买不到的商品，就越想得到它。而且商品卖得好，说明其品质受到众人的认可。因此，客服人员就可以告诉客户“商品库存有限，您心仪的这款小白鞋是季节限定款呢，卖完就不补货了哦”，让客户产生紧迫感，进而快速下单。
- **为客户提供选项。**当客户有购买商品的意向，但又拿不定主意时，客服人员可以尝试让客户“二选一”，将“买不买”转变成“买哪个”。这在一定程度上给了客户一种心理暗示，帮客户做了购买决定。例如，客服人员可以对客户说：“请问您是要粉色大衣还是要纯白色的大衣呢？”

11.3 售后服务

售后服务是指客户在签收商品之后，客服人员针对商品的使用、维护等进行的服务。售后服务的质量是网店服务质量中很重要的一个方面，好的售后服务不仅可以提高网店的DSR评分，还能吸引更多新客户，留住老客户。

11.3.1 处理退换货

退换货处理在网店中十分常见。当客户对商品不满意或者商品的尺码不合适时，客户往往会申请退换货服务，客服人员应该根据实际情况快速做出处理。一般来说，在客户申请退换货时，主要有退货、折价和换货3种处理方式。

- **退货。**在客户申请退货时，客服人员应该先了解退货原因，以及是否符合退货要求，确认之后再将退货地址告知客户并请客户告知物流凭证，收到商品后尽快给客户退款。目前，客户在淘宝网申请退货时，淘宝网会根据客户的信用等级判断是否直接退还货款。
- **折价。**客户在对商品不满意或商品存在细微瑕疵时，会向商家反映，此时客服人员可以要求客户以拍照的方式反馈商品问题，再根据商品的具体情况判断是否折价、折价多少等，选择折价后再退还相应款项即可。
- **换货。**客户在觉得商品尺码、颜色等不合适时，可能会申请换货，客服人员首先需要判断商品是否符合换货要求，如果符合换货要求，则告知客户换货地址并请客户告知物流凭证，收到商品后再换货发回。

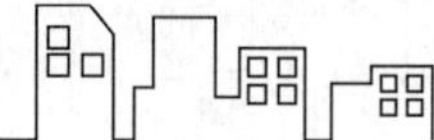

11.3.2　处理投诉、中差评

当网店的信用不断升级、规模不断扩大时，成交量也会随之增加，随之而来的投诉和中差评也可能会不断增加。投诉和中差评对网店的影响非常大，因此客服人员需要对二者进行妥善处理。

1. 应对投诉的方法

客户投诉是客服人员可能经常会遇到的一种问题，在应对客户投诉时，客服人员应该遵循一定的方法。

- **及时道歉**。当客户所投诉内容属实时，客服人员首先应该主动道歉，拿出诚恳的态度；若是客户投诉内容不属实，客服人员应该委婉温和地详细解释，消除误解。
- **耐心倾听**。当客户抱怨发泄时，客服人员要耐心倾听，保持良好态度，理解客户的抱怨，认真对待和判断客户的问题。
- **及时处理**。客户投诉一般都是想尽快解决问题，因此客服人员在处理投诉时要迅速，切忌拖延。
- **提出完善的解决方案**。客户投诉基本都是为了解决问题、挽回损失，客服人员应该针对客户的这种心理迅速提出让客户满意的解决方案，如换货、退货或给予补偿等。

2. 应对中差评的方法

商家在经营网店的过程中会遇到各种各样的客户，当遇到比较挑剔的客户时，很小的一个失误都可能造成中差评。客服人员不能对客户的中差评表达不满，而应该将中差评看作提升商品和服务质量的机会，认真对待，及时解决。

一般来说，造成中差评的原因主要有以下几种。

- 客户不满意物流速度，等待收货的时间较长。
- 客服人员未及时回答客户的问题或服务态度不够好，以及客户对售后服务不满意等。
- 客户对商品的颜色、质量、大小、外观、价格等不满意。
- 客户收到的商品有损坏。

商家遇到不同的问题，需要采用不同的解决方式，如客户对商品本身不满意的，可以为其提供退货或换货服务。

3. 避免中差评的方法

好评率对网店非常重要，会对客户的购买行为产生直接影响。中差评不仅会影响好评率，还会降低网店信用，因此商家要尽量避免中差评。而在避免中差评之前，商家应该先分析产生中差评的原因，并有针对性地解决问题。除了商家要把好商品质量关外，还需要客服人员做好相关工作。下面介绍一些常见的客服人员避免中差评的方法。

- **做好售前、售中的商品介绍**。客服人员在进行售前、售中的商品介绍时，要注意主动对一些重要问题和细节问题进行提醒，如商品尺码等，并说明原因，有特别需要注意的问题也要标识和说明。
- **解释色差**。色差是网店商品很难避免的一个问题，造成色差的原因有很多，如光线、显示器分辨率等，因此客服人员可以对色差问题做出适当的提醒。

- **完善的售后**。售后服务是避免和挽回中差评的关键，完善的售后服务甚至能弥补商品质量上的细小缺陷。
- **热情的服务**。服务质量在很大程度上决定着客户对整个网店的评价，如果客户对网店的印象好，进行中差评的概率就会很低。
- **诚恳地面对客户评价**。收到客户的中差评后，客服人员应该诚恳地面对客户评价，虚心接受客户的批评，表明自己立即更改的态度。

11.3.3 回访客户

客服人员首先应当充分了解客户的基本资料（如所在城市、喜好、购买习惯）、购买商品或服务的记录，做好充分的准备，然后选择适合的方式进行回访，如电话回访、短信回访、邮件回访、千牛工作台回访等。回访时要注意时间的选择，最好不要选择中午或凌晨等休息时间，同时态度一定要诚恳，语气尽量正式且温和。

回访过程中，客服人员还可以记录重点内容，以便后续分析总结。如果回访时遇到无法及时向客户解答的疑问，客服人员还应该记录并重点标注，之后与同事或领导一起讨论，争取制订一个详细的解决方案，为下一次回访做准备，以赢取客户的好感。

11.4 智能客服

近年来，为了减轻商家在客户服务方面的压力，淘宝网提供了一些智能客服工具。智能客服工具可以对消费者提出的问题智能匹配答案。阿里店小蜜便是淘宝网店常用的智能客服工具。

11.4.1 了解智能客服

智能客服是利用人工智能技术创造的智能服务的统称，能够自动辨别客户的显性需求和隐性需求，主动、高效、安全、绿色地满足客户需求。智能客服可以实现每天24小时的接待工作，且全年无休，能够轻松解决大量单一、重复的问题，可以有效降低网店的运营成本和人力成本。通常情况下，商家在使用智能客服之前，需要为智能客服匹配知识库。

就阿里店小蜜而言，商家要想使用该工具辅助客服工作，首先需要订购开通。其具体操作为：进入千牛卖家中心，在左侧的导航栏中单击“客服”选项卡，在“接待管理”栏中选择“接待工具”选项，在打开的页面中选择“机器人（即阿里店小蜜）”选项，如图11-3所示。

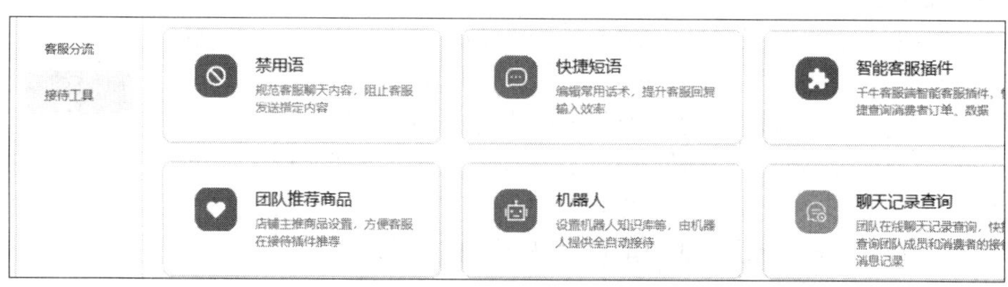

▲ 图11-3 选择“机器人”选项

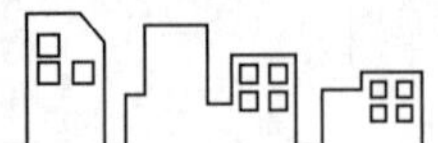

11.4.2　了解阿里店小蜜的功能

阿里店小蜜是阿里巴巴官方推出的商家版智能客服机器人，能够帮助商家优化客户的购物体验，促进转化，减少客服人员的工作量。对于淘宝商家而言，只要开启了阿里店小蜜功能，这个人工智能机器人就能每天24小时不停地工作。图11-4所示为阿里店小蜜首页。其特点主要体现在以下3个方面。

▲ 图11-4　阿里店小蜜首页

1. 接待能力

阿里店小蜜是帮助网店提升接待能力的重要工具，它能够每天24小时在线，具有智能预测、智能催拍、主动营销等功能，可以代替客服人员处理大量的咨询问题。

2. 响应时间

客户有任何问题，都可以随时随地点击阿里店小蜜，且阿里店小蜜能立即响应，并全程陪同购物，为客户提供咨询支持。阿里店小蜜可以为网店减少约40%的响应时间，并且阿里店小蜜的智能接待响应时间仅为1s，能够很好地抓住客户的“黄金6s”，有效避免客户流失。

3. 转化数据

除减少客服人员的工作量、响应快等优点外，阿里店小蜜所带来的转化率也是不错的。每10个客户在咨询阿里店小蜜之后，就会约有6个客户成交。使用阿里店小蜜服务不仅能够节省网店的运营成本，还能避免客户流失，提高咨询转化率。

另外，阿里店小蜜不会带着情绪工作，所以在回复问题时通常不会出现漏回客户问题或者倦怠的情况。什么时候发货、发什么快递、有没有优惠等通用型问题都可以放心地交给阿里店小蜜来回答，当阿里店小蜜有解决不了的问题时，再由网店的客服人员介入。

11.4.3 开通阿里店小蜜

阿里店小蜜是供商家使用的一款辅助工具，为了让它更好地为商家服务，提高转化率，商家在启用阿里店小蜜之前，还需要在千牛工作台进行一些相关设置，如设置客服子账号、客服分流等。

1. 开通阿里店小蜜前的准备工作

设置客服子账号和客服分流操作需要通过千牛工作台来完成。千牛工作台是淘宝商家与客户沟通的主要工具，主要由接待中心、消息中心、工作台和搜索4个板块组成（见图11-5）。其中，接待中心可以实时接收和查看客户消息、订单信息等，消息中心可查看和阅读系统消息和服务号消息，工作台的作用与千牛卖家中心相同，搜索板块主要用于插件的搜索。

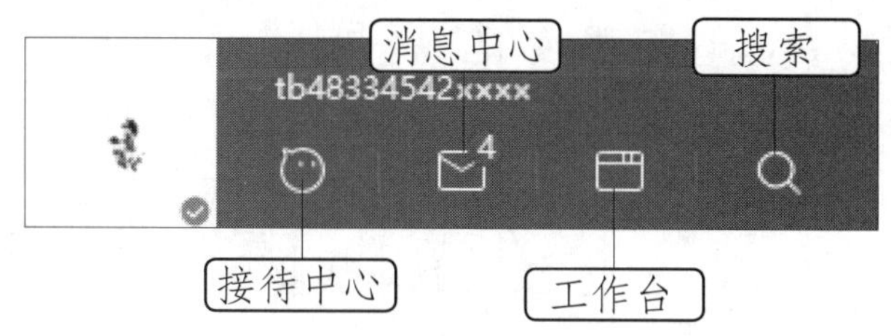

▲ 图11-5　千牛工作台的4个板块

现某网店准备通过千牛卖家中心下载千牛工作台，然后搜索子账号管理功能设置客服子账号，再搜索旺旺分流插件设置客服分流。其具体操作如下。

STEP 01 进入千牛卖家中心，在左侧的导航栏中单击“关于千牛”选项，在打开的列表中选择“千牛官网”选项，如图11-6所示。打开千牛首页，在页面顶部单击“下载千牛”超链接，下载Windows版千牛工作台。

STEP 02 登录千牛工作台，打开千牛工作台首页，在页面上方的搜索栏中输入“子账号管理”，然后在打开的搜索列表中选择“子账号管理”选项，如图11-7所示。

▲ 图11-6　选择“千牛官网”选项

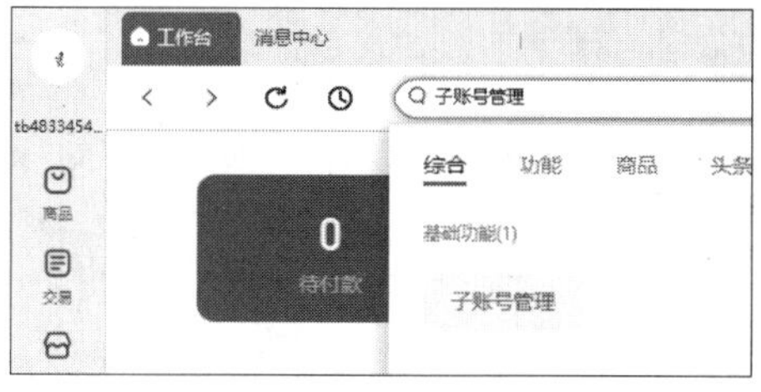

▲ 图11-7　选择“子账号管理”选项

STEP 03 打开“子账号管理”页面，单击新建子账号按钮，如图11-8所示。

STEP 04 在打开的页面中设置子账号基础信息，这里设置部门为“客服”，岗位为

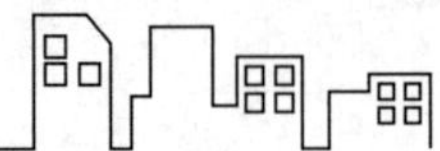

“客服”，所有信息设置完成后单击确认新建按钮，如图11-9所示。

STEP 05 返回千牛工作台首页，搜索“旺旺分流”。打开“旺旺分流”页面，在默认打开的“基础设置”选项卡中单击右侧的新增分组按钮。在新增的分组板块中单击“修改”超链接，如图11-10所示。

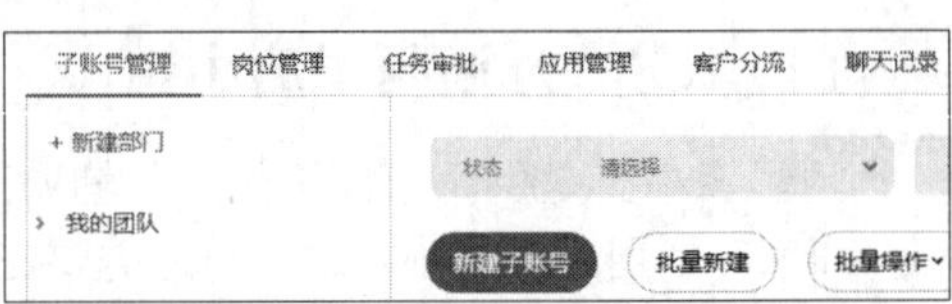

▲ 图11-8 单击“新建子账号”按钮

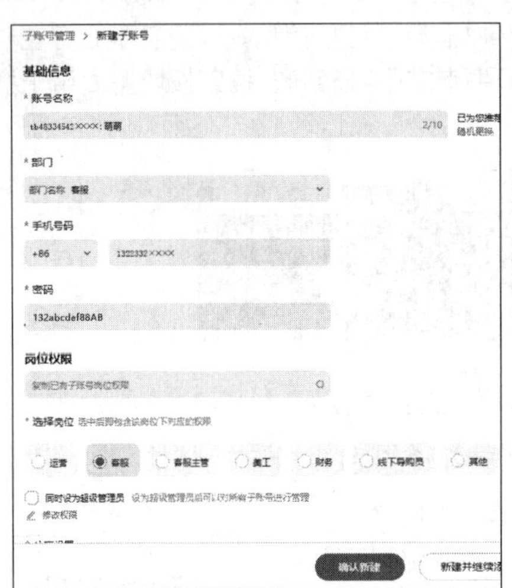

▲ 图11-9 设置客服子账号信息

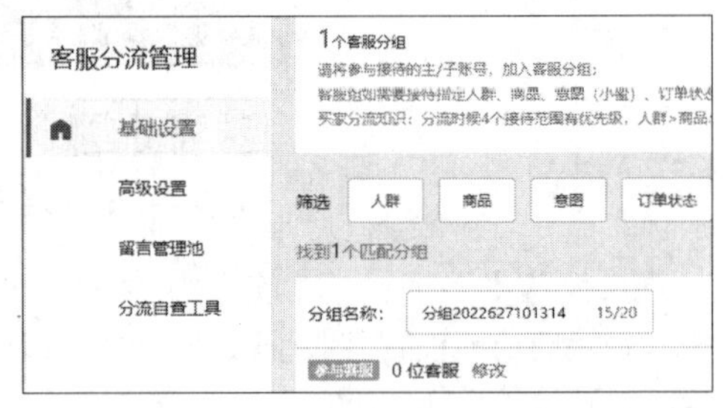

▲ 图11-10 单击“修改”超链接

STEP 06 在打开的页面中单击添加客服按钮，如图11-11所示。在此页面中还可以进行批量移除、批量移组等操作。

STEP 07 打开“添加客服”对话框，选中客服名字对应的复选框后，单击确认按钮，如图11-12所示。添加客服后将自动形成一个客服分组。

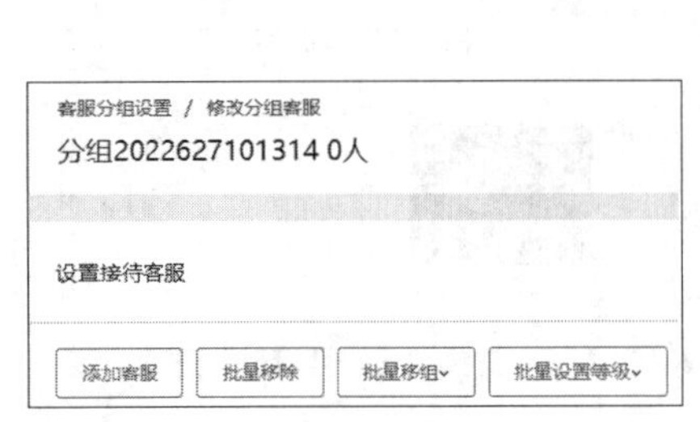

▲ 图11-11 单击“添加客服”按钮

▲ 图11-12 添加客服

STEP 08 返回“旺旺分流”页面，修改“分组名称”为“售前客服”。单击“添加接待范围”下拉列表，选择“接待指定订单状态”选项。打开“指定订单状态”对话框，选中“售前”复选框，单击确定按钮，如图11-13所示。

STEP 09 使用同样的方法添加售后客服，并将分组名称改为“售后客服”，设置指定订单状态为“售后”。

STEP 10 返回“旺旺分流”页面，单击“高级设置”选项卡，在“全店调度”选项卡下的“机器人配置”栏中设置机器人接待分流策略，如图11-14所示。然后单击保存按钮，完成客服分流设置。

▲ 图11-13　指定订单状态

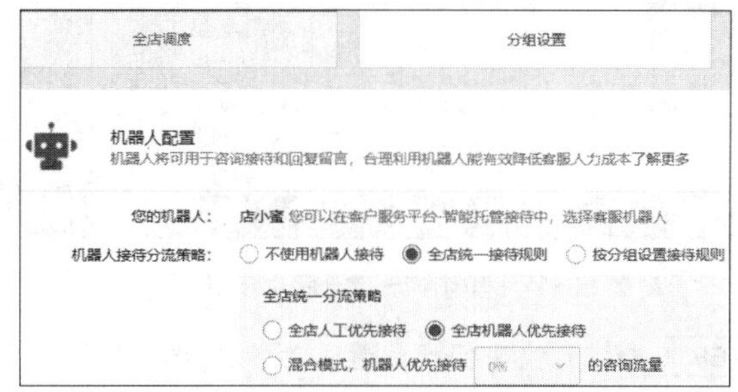

▲ 图11-14　设置机器人接待分流策略

2. 开启阿里店小蜜并配置高频问题

完成准备工作后，还需要开启阿里店小蜜，并完成相关配置。现网店决定开启阿里店小蜜，并为其配置网店高频问题，如发货问题等。其具体操作如下。

扫一扫

实例演示

STEP 01 登录千牛工作台首页后，在页面上方的搜索栏中输入关键字“阿里店小蜜”，然后在打开的搜索列表中选择“阿里店小蜜”选项。

STEP 02 打开阿里店小蜜首页，阅读阿里店小蜜使用授权协议，阅读完毕后勾选同意协议。然后在打开的页面中单击解锁机器人来解决您店铺的问题 >按钮，如图11-15所示。

STEP 03 在打开的页面中单击“用户协议”超链接，查看解锁机器人的协议。查看完毕后选中“我已阅读并同意以上协议”复选框，并单击确认按钮，如图11-16所示。

▲ 图11-15　单击“解锁机器人来解决您店铺的问题>”按钮

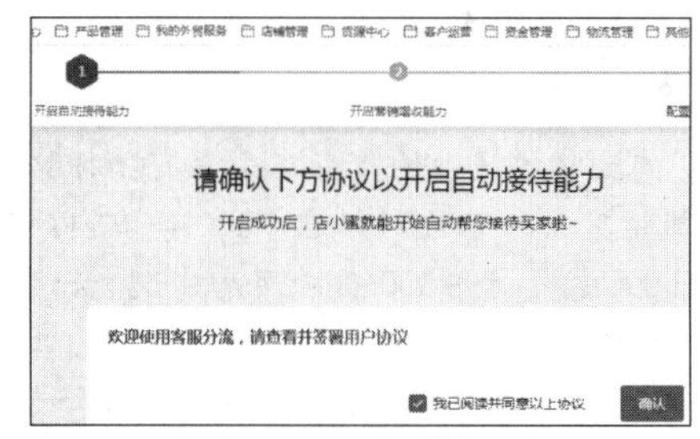

▲ 图11-16　解锁机器人

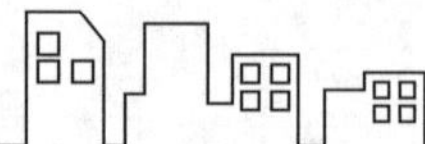

STEP 04 在打开的页面中，保持默认选择的所有选项，单击 一键开启 按钮，如图11-17所示。

STEP 05 打开发货问题配置页面，选择“16:00前下单当日发货”选项，单击 确认，下一个问题 按钮，如图11-18所示。

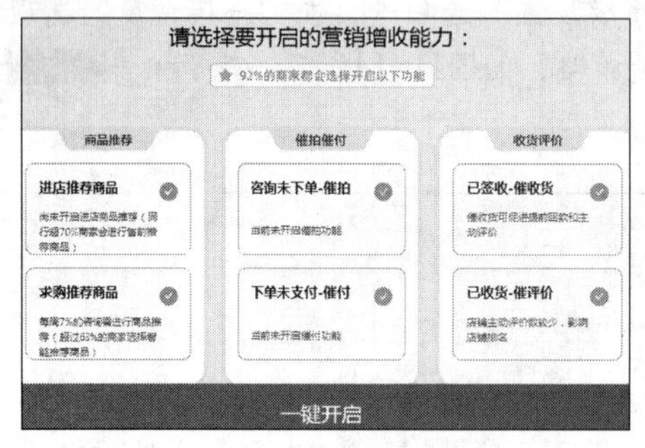

▲ 图11-17　单击“一键开启”按钮

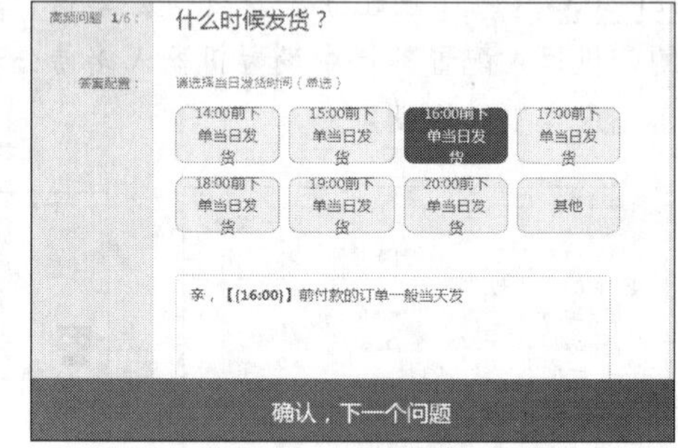

▲ 图11-18　配置发货问题

STEP 06 打开快递问题配置页面，选择“中通”选项，然后单击 确认，下一个问题 按钮，如图11-19所示。

STEP 07 继续配置其他问题，完成所有高频问题的配置后，单击 去工作台看看 按钮，如图11-20所示，即可使用阿里店小蜜。

▲ 图11-19　配置快递问题

▲ 图11-20　单击“去工作台看看”按钮

经验之谈

淘宝官方提供的阿里店小蜜有3种配置方式，分别是快捷配置、标准配置、高级配置。一般情况下，日均对话在1000条以内的网店建议选择“快捷配置”方式，日均对话大于1000条小于3000条的网店建议选择“标准配置”方式，流量非常大的网店建议选择“高级配置”方式。快捷配置方式下的阿里店小蜜有极速模式和标准模式两个版本。其中，极速模式的配置更为简单快捷；标准模式的配置更为复杂，但对客户咨询问题的命中率较高。

11.5 客户管理

客户管理是一个不断与客户交流，了解客户的需求，从而提供更完善的商品和服务的过程。客户管理不仅可以使商家更了解自己的客户群，制订出更合适的营销方案，还可以通过交流管理不断发展客户，提高客户的忠诚度。

11.5.1 拓展新客户

淘宝网上的网店数目非常多，要想让客户发现并成为忠实客户，商家需要投入大量的精力。一般来说，新客户的发展比老客户的维护更难，且需要花费更多的时间、金钱和精力等，但新客户是网店客户群中必须发展的对象，一个成功的网店必须懂得如何寻找和邀请新客户。

- **利用淘宝增值服务。**淘宝网提供了直通车、淘宝客和引力魔方等增值服务，可以帮助商家将客流量引导至网店，好好把握这些客流量，即可拓展新客户。
- **做好网店推广。**在电子商务时代，大部分信息传播都是通过网络进行的，商家可以好好利用社交媒体、网站等渠道宣传网店，吸引新客户。
- **选好关键词。**客户在淘宝网购物时，大多通过关键词搜索的方式寻找需要的商品，商家只有选好了商品关键词，才能让更多人找到网店。
- **打响网店名号。**知名的网店更容易吸引到新客户，商家可以通过与知名品牌、IP、达人等合作，增加网店名气。
- **美观的网店装修。**美观的网店装修更容易赢得新客户的青睐。

11.5.2 发展与维护老客户

网店的新客户来之不易，因此商家一定要做好新客户的发展工作，在将新客户发展为老客户之后，也要懂得维护老客户。

1. 老客户的发展

将新客户发展为老客户是很多商家都希望做好的一项工作。一般来说，想要更好地发展老客户，商家需要做到以下几点。

- **为客户着想。**做好售前、售中和售后服务，可以使客户对网店产生好感。而商家站在客户角度考虑问题，分析和考虑他们的需求并予以满足，可以让客户觉得商家值得信任，更容易交流，不仅可以减少交易纠纷，也可以让客户对网店的态度更宽容。
- **推荐合适的商品。**如果商家为客户推荐的商品不够好，则客户会对商家产生不信任感。如果商家为客户推荐的商品在质量、价格等方面都能使客户满意，就能使客户再次光顾网店。
- **建立客户的信任度。**客户在网上购物时，通常都希望获取的信息是真实准确的，因此商家如果证明了商品信息的真实性，就能在一定程度上获得客户的信任。高销售量、好评等都有利于网店获取客户信任。

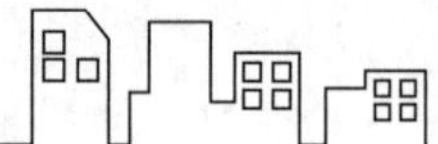

2. 老客户的维护

老客户的重复消费是网店中非要重要的一个销售数据，对店铺的影响很大。一个成功的网店必须懂得维护老客户的方法。下面介绍常用的老客户维护方法。

- **建立会员制度。**建立会员制度能帮助商家更好地维护老客户，防止客户流失。会员制度的消费奖励额度一般根据店内商品的价格而定，最好保持在既能抓住客户又能保证经济效益的水平上。会员包括不同的等级，如普通会员、高级会员、VIP会员等。商家应针对不同消费能力或消费总额的客户，给出对应的优惠。
- **定期举办促销活动。**目前各大网络购物平台以不同的名义衍生出了节日、店庆、回馈等各种促销活动，好的促销活动可以为网店带来较大的经济效益。商家需要提前对促销活动进行宣传。促销活动必须有时间限制，不然容易让客户产生倦怠感。促销活动推荐的商品一般为畅销商品，但是需要适当地搭配滞销商品，带动其他商品的销售量。
- **回馈老客户。**回馈老客户是一种比较常见的老客户维护方法，如果网店值得信任、商品性价比高、服务质量好，就很容易赢得回头客。通过用户中心，商家可以对已有客户进行分类，并通过海报、短信、消息等方式定期向老客户推荐促销活动，还可以分析客户以往的交易信息，针对不同的客户进行分层营销。

11.5.3　管理客户

管理好客户不仅可以拉近商家与客户之间的距离，还有助于商家更好地管理和运营网店。商家可以通过用户中心管理客户。在用户中心中，商家不仅可以实时了解网店客户运营核心数据，还可以根据新客户、老客户等不同客户群体的转化效果制订不同的营销计划，如设置复购提醒、设置会员等级、创建淘宝群等。

1. 了解客户运营核心数据

商家可以在用户中心了解实时的客户运营核心数据，包括新客数、老客数等，以及昨日新增客户数、客户触达转化人数等，并针对当前的客户数据提出运营策略。

商家可以通过千牛卖家中心进入用户中心，查看客户运营核心数据，如图11-21所示。其具体操作为：进入千牛卖家中心，在左侧的导航栏中单击“用户”选项卡，在打开的列表中选择“用户中心”选项，在“客户运营核心数据”栏中查看相关数据。

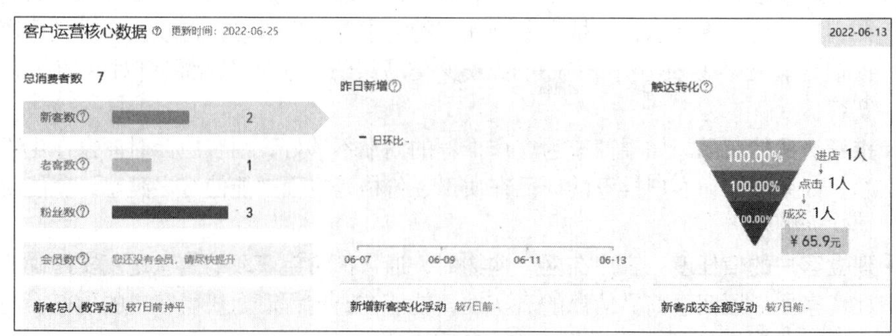

▲ 图11-21　客户运营核心数据

2. 新客触达

新客户主要分为有访问无支付、有下单两类。针对前者，商家可以通过设置网店首页优惠、发送推广短信的方式来转化这类客户。其具体操作为：单击“用户”选项卡，在打开的列表中选择“用户运营”栏中的“新客触达”选项，打开“新客触达”页面，在“新客首购”栏中选择合适的运营策略，如图11-22所示，然后单击去完成按钮，在打开的页面中进行相应的操作。针对后者，商家可以在商品包装里面放入网店宣传彩页，并赠送一些贴心的卡片、小礼品等。

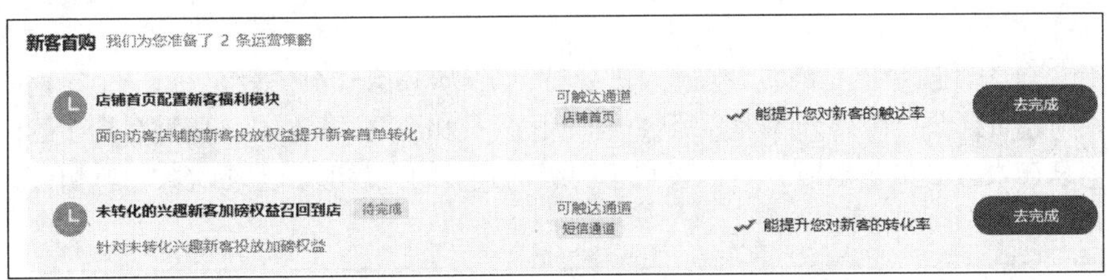

▲ 图11-22　新客触达

3. 老客复购

老客户是网店持久发展的重要基础。为了提高老客户的复购率，商家可以针对不同类型的老客户实施不同的运营策略。针对类目活跃老客户和店铺兴趣活跃老客户，商家可以通过提高复购权益来引导复购，设置专属优惠券，通过发送推广短信和智能海报的方式来唤醒老用户。其具体操作为：选择“用户运营”栏中的“老客复购”选项，打开“老客复购”页面，在“老客复购”栏中选择合适的运营策略，如图11-23所示，在打开的页面中进行相应的操作。

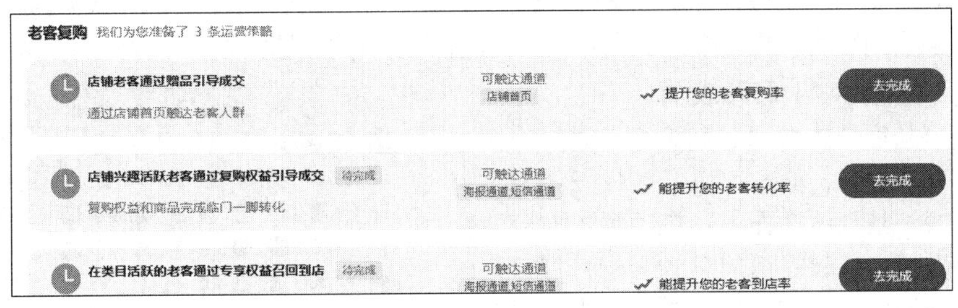

▲ 图11-23　老客复购

4. 设置会员等级

会员是网店客户中的一个特殊群体，其与网店的联系较其他客户更为紧密。商家可以针对不同会员设置会员专享权益，加深会员与网店之间的联系，并吸引更多客户入会。设置会员等级的具体操作为：在“会员运营”栏中选择“会员首页”选项，打开“会员首页”，查看会员开通流程，单击“去申请”超链接，如图11-24所示；打开“申请信息确认”对话框，单击“商家类型”下拉按钮，在打开的列表中选择“淘宝”选项，确认所属行业，单击确定按钮，如图11-25所示；然后根据流程完成会员的开通和会员等级的设置。

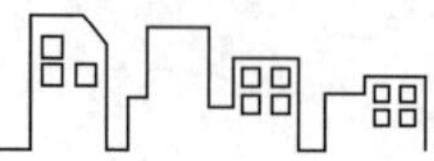

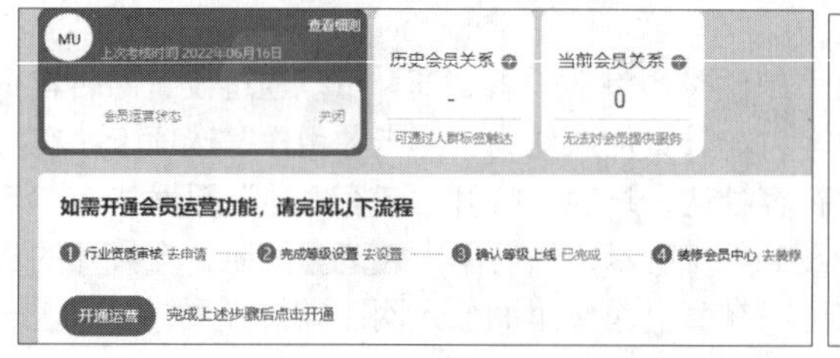

▲ 图11-24　单击“去申请”超链接

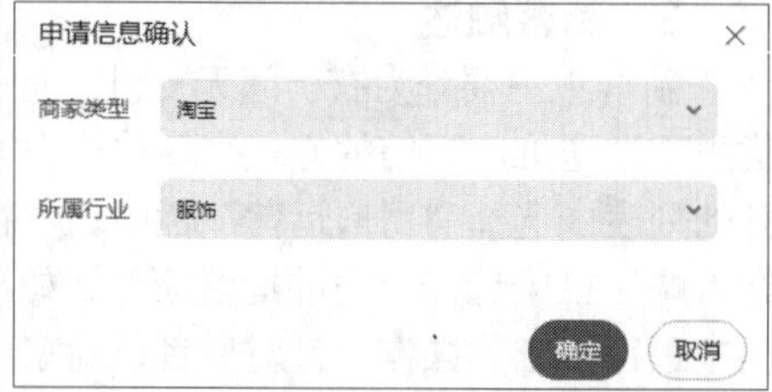

▲ 图11-25　申请信息确认

会员分为普通会员、高级会员、VIP会员、至尊VIP会员4个等级，每一个级别的会员要求不同，普通会员想要升级为高级会员、VIP会员和至尊VIP会员，要满足指定的消费条件。商家在设置会员等级时，可以设置不同级别会员的交易额、交易次数、折扣等，如图11-26所示。

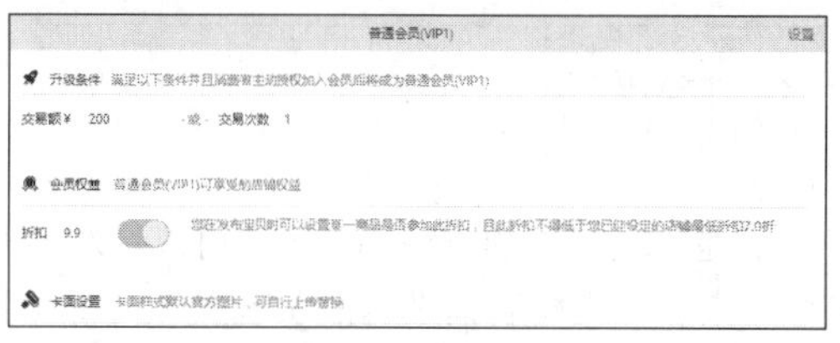

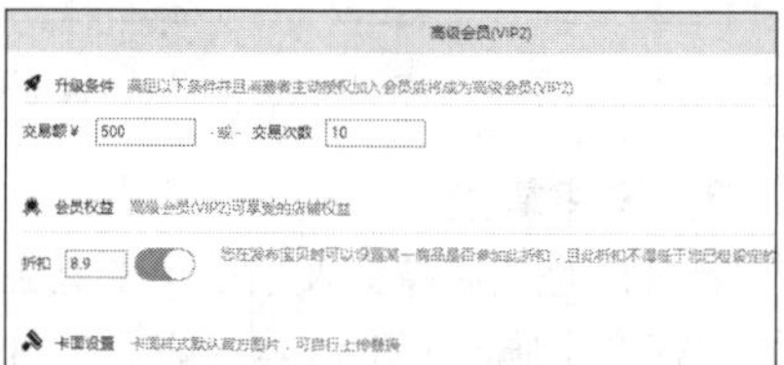

▲ 图11-26　会员等级

11.5.4　客户沟通

加强与客户的沟通可以拉近网店与客户的关系，为网店发展更多的忠实客户和老客户，提高网店的回购率。商家可以使用千牛工作台与客户沟通。

1. 发送文字消息和表情

商家与客户主要通过聊天窗口进行交流。在千牛工作台中，商家可以向客户发送文字消息和表情。其具体操作为：在千牛工作台的接待中心界面中查看发送信息的客户，打开与该客户的聊天界面，在下方的输入框中输入文字信息，单击聊天窗口中的“表情”按钮，在打开的列表中选择表情，如图11-27所示，完成后单击发送按钮发送消息。发送成功后，在上方的聊天内容显示框中可以查看发送的消息。

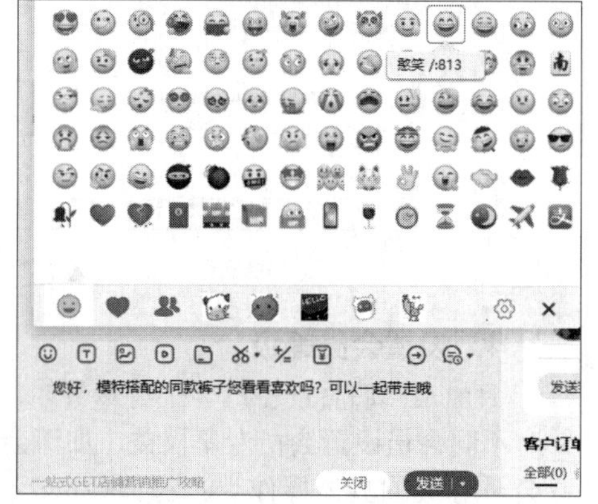

▲ 图11-27　发送文字消息和表情

2. 发送商品图片

在与客户交流的过程中，为了增大商品推荐成功的概率，商家还可以向客户发送商品图片。其具体操作为：在聊天界面右侧单击“推荐”选项卡，选择推荐商品，这里选择第一个商品，如图11-28所示；打开“商品预览”对话框，单击发送宝贝按钮，单击发送按钮发送商品图片，发送商品图片后的效果如图11-29所示。

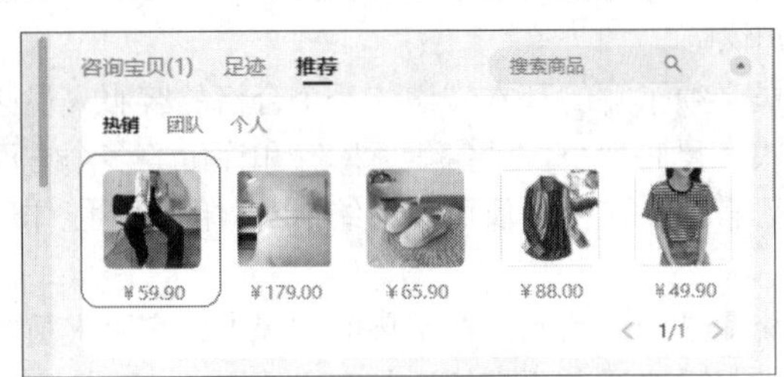

▲ 图11-28 选择推荐商品

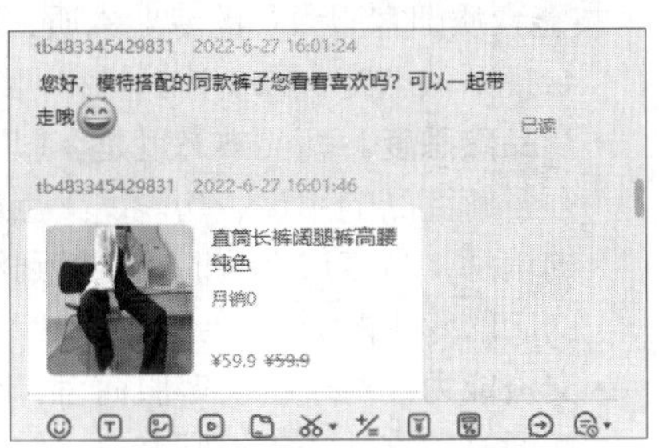

▲ 图11-29 发送商品图片后的效果

为方便与客户交流，商家可以添加客户为好友，在聊天界面中单击“加我为好友”按钮即可；也可以对好友进行分组，在“未分组好友”名称上单击鼠标右键，在打开的列表中选择“添加组”选项设置分组。

11.6 客服人员管理

客服人员对网店非常重要，网店要想获得良好的发展，就要对客服人员的数量和质量有一定的要求，因此商家需要了解客服人员的招聘和管理方法。

11.6.1 客服人员素质要求

客服是网店职能部门中非常重要的一个组成部分。一个合格的客服人员必须在心理素质和技能素质方面都均衡达标。

1. 心理素质

由于客户的类型多种多样，在客户服务的过程中，客服人员会承受各种压力，因此必须具备良好的心理素质，具体内容如下。

- **处变不惊**。不管遇到任何问题，客服人员都要稳定沉着地安抚客户的情绪，不能自乱阵脚。
- **承受能力**。当面对客户的责问和埋怨时，客服人员要有良好的心态，虚心接受并积极处理客户的问题，不与客户发生争执。
- **情绪的自我调节**。当客服人员在与客户的沟通中产生负面情绪时，要学会及时调整情绪，增强抗挫折打击的能力。
- **真诚付出的心态**。客服人员在对待客户时不仅要热情真诚还要敬业负责。
- **积极进取**。客服人员的能力直接与网店的销售额有关，为了提高网店的销售额，客服人员应该积极进取，努力增强自己的业务能力。

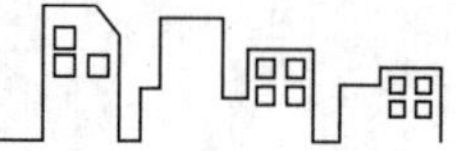

2. 技能素质

技能素质即客服人员的专业素质，主要包括商品熟悉度、交流能力、客户心理分析能力、平台规则熟悉度，以及计算机和网络知识等。

- **商品熟悉度**。商品熟悉度是客服人员必须了解的基本知识。一个合格的客服人员必须了解商品的用途、功能、颜色款式、尺码大小、销售量、库存和评价等多个方面的信息，当客户询问时才能做到游刃有余，这样不仅可以节约销售时间，还能体现网店的专业性。
- **交流能力**。对于售前客服而言，交流即是一种话术。在销售的过程中，客服人员需要通过销售技巧来说服客户。售后客服需要通过语言拉近与客户的距离，安抚客户的情绪，赢得客户的好感。
- **客户心理分析能力**。在网店销售中，客户的需求一般都是通过文字反映出来的，因此客服人员必须在文字中寻找和分析客户的需求，从而投其所好。
- **平台规则熟悉度**。每个电子商务平台都制定了相关规则，对买卖双方的交易行为、交易程序等进行了规范，客服人员需要站在商家的立场上详细了解这些规则，把握交易尺度。除此之外，当客户不了解规则时，客服人员需要进行一定的指导。
- **计算机和网络知识**。电子商务建立于网络之上，依靠网络开始和发展，因此客服人员必须了解基本的计算机和网络知识，了解收发文件、资料的上传和下载、浏览器的使用，以及办公软件的使用等知识，且应具备较快的打字速度。此外，客服人员还需熟悉淘宝网的基本操作。

11.6.2　客服人员激励方法

为了使客服人员保持积极向上的工作态度，使客服团队实现良性的可持续发展，商家必须对客服人员进行必要的激励。常用的客服人员激励方法主要有奖惩激励、晋升激励、竞争激励和监督激励等。

1. 奖惩激励

奖惩激励是指通过制定奖励和惩罚条款激励客服团队，鞭策和鼓励整个客服团队向更好的方向发展。

（1）奖励机制

网店一般可以采取精神奖励和物质奖励两种方式来激励客服人员。网店实施奖励机制，可以有效地调动客服人员的积极性，优化整个客服团队的风气。

- **精神奖励**。精神奖励是一种以满足精神需要为主的奖励形式，可以激发客服人员的荣誉感、进取心和责任心。网店可以根据实际情况来制定精神奖励的标准，将奖项设置为新人奖、季度优秀服务奖、年度优秀服务奖，或C级服务奖、B级服务奖、A级服务奖等，并为不同等级的客服人员颁发相应的荣誉勋章等。
- **物质奖励**。物质奖励主要表现为薪资福利奖励，对调动客服人员的服务积极性非常有效。网店可以根据实际的要求和标准制定不同的奖励等级，为满足标准的客服人员发放相应奖励。

（2）惩罚机制

惩罚机制是指网店制定专门的惩罚条例，对表现不好、不合格或犯错违规的客服人员进行相应的惩罚，主要目的是鞭策客服人员积极向上，保持客服团队的专业性和责任感，是对客服人员行为的一种规范。惩罚形式一般以警告、批评、扣除奖金为主，情节严重者也可进行淘汰。

2. 晋升激励

晋升激励是指为客服部门划分不同的层级职位，对客服人员的工作能力进行考察，能力优秀者可获得晋升的平台和空间。晋升激励可以充分调动客服人员的主动性和积极性，打造和谐、卓越的客服团队，同时为每个客服人员实现自我价值提供机会。

一般来说，客服部门的职位可以划分为客服人员、客服组长、客服主管和客服经理等层级，但在使用晋升机制激励员工的同时，网店必须为客服人员制订相应的培训计划及选拔和任用制度，树立客服人员学习的标杆，引导其他客服人员不断学习和改进，才可使晋升机制真正发挥出良好的效果。

3. 竞争激励

营造积极良性的竞争氛围是商家科学管理客服团队的有效手段，良性竞争不仅可以促使客服人员之间互相学习，发现并弥补自身的不足，还可以使整个客服团队在一种积极向上的环境里持续提高。

科学良性的竞争机制一般可以借助数据作为支撑，清晰明确的数据可以让客服人员清楚地看到自身的不足及竞争对手的优点，从而不断督促自己做出更好的成绩。

4. 监督激励

监督激励是指管理人员对客服人员的工作态度、工作成绩、客户满意度和员工认可度等进行跟踪、监督、管理，使其工作效果达到预期目标。此外，通过对客服工作进行监督，管理人员还可以评估客服人员的工作效率，并将其作为客服人员绩效考核的指标之一。监督方式主要包括管理人员评价、问卷调查等。

11.6.3 客服人员绩效考核

网店的客服人员绩效考核一般以关键绩效指标（Key Performance Indicator,KPI）考核法为主，即将客服人员需要完成的工作标准以指标的形式罗列出来，根据指标评价客服人员，引导客服人员关注网店整体绩效指标和主要考核方向，不断完善和提升自己。表11-1所示为某网店的客服人员绩效考核表。

表 11-1 某网店的客服人员绩效考核表

被考核人： 考核人： 考核时间： 年 月 日

序号	考核指标	权重	详细描述	量化标准	分值	得分
1	及时响应时间	20%	客服人员回应消费者的时间	＜ 10s	100	
				10s~ ＜ 19s	80	
				20s~ ＜ 29s	50	
				≥ 30s	20	

续表

序号	考核指标	权重	详细描述	量化标准	分值	得分
2	接待客户数量	20%	客户服务人员接待的客户数量	≥ 40 人	100	
				30~ < 40 人	90	
				20~ < 30 人	80	
				10~ < 20 人	70	
				< 10 人	60	
3	咨询转换率	20%	客户咨询下单的比率	≥ 50%	100	
				40% ≤ ~ < 50%	90	
				30% ≤ ~ < 40%	80	
				20%~ < 30%	70	
				10%~ < 20%	20	
				< 10%	0	
4	成交额转换率	15%	客服人员个人成交的比率	≥ 40%	100	
				30%~ < 40%	90	
				20%~ < 30%	80	
				< 20%	70	
5	退货 / 换货次数	15%	因客服人员描述不清导致退货 / 换货的次数	0 次	100	
				1 次	90	
				1 次以上	30	
			因客服人员服务态度不好导致退货 / 换货的次数	0 次	100	
				1 次	90	
				1 次以上	30	
6	客户评价	10%	客户对服务质量的评价	非常满意	100	
				很满意	90	
				满意	80	
				一般	70	
				不满意	0	
7	总得分					

素养课堂：提升职业素养，培养服务精神

客服工作涉及的内容繁多，非常考验客服人员的耐心和心理承受能力，因此，客服人员需要具备良好的职业素养。同时，职业素养也是服务精神的一部分，提升职业素养不仅有利于提高客服人员的服务水平，还有利于彰显客服人员的服务精神，为网店树立更好的形象。一般来说，客服人员的职业素养包括以下几项。

- **平等待人**。客服人员在与客户沟通时，要使用同一标准对待客户，绝对不能因为客户信息所透露出的客户身份而差别待人，人为地区分“三六九等”。例如，某网店客服人员总是根据订单的金额大小区别对待客户，客户多次投诉其服务态度不好，给网店带来了一些中差评，经商家多次警告、劝说不改后，该客服人员被辞退。
- **恪尽职守**。客服人员要始终坚守本职工作，并兢兢业业地做好每一项工作，绝不越线做事，绝不承诺不确定的事，不使用“肯定、保证、绝对”等字样。例如，某网店客服人员老是把自己的部分工作推给新来的客服人员做，但享受该部分工作的工资，被发现后，该客服人员被开除了。
- **有良好的心理素质**。客服人员会遇到各种类型的客户，这时候十分考验客服人员的心理素质。当遇到突发事件或与客户发生冲突时，客服人员一定要保持冷静，客观有效地控制事件的发展。例如，某零食网店的一名客户由于收到的零食包装有破损，且不满意网店给予的补偿措施，便破口大骂。在沟通过程中，为了挽回事态，客服人员一直冷静地和该客户交流，并商量解决措施，最终妥善解决，并收获了该客户的好评。

总结：客服人员应努力提升自身的职业素养，不断培养自身的服务精神，努力为客户提供更好的服务。

课后练习

1. 选择题

（1）【单选】以下关于客户沟通原则的描述，错误的是（　　）。

A. 礼貌热情　　B. 换位思考

C. 尊重与信任客户　　D. 无条件接受客户的观点

（2）【单选】以下属于售前服务工作内容的是（　　）。

A. 介绍商品　　B. 发货

C. 处理中差评　　D. 回访客户

（3）【多选】维护老客户的方法有（　　）。

A. 建立会员制度　　B. 定期举办促销活动

C. 回馈老客户　　D. 打响网店名声

2. 填空题

（1）智能客服是________________，能够________________，主动、高效、安全、绿色地满足客户需求。

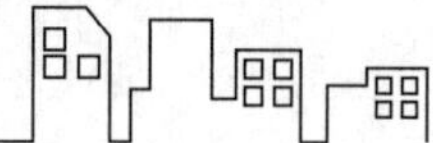

（2）技能素质即客服人员的专业素质，主要包括________________。

3. 简答题

（1）客户服务的类型有哪些？

____

（2）客服人员的激励方法有哪些？

____

4. 操作题

（1）为网店设置客服分流，要求设置两个客服子账号，并设置售前和售后客服分组、机器人分流策略。

（2）为网店开通阿里店小蜜并完成网店所有高频问题的配置。

（3）使用千牛工作台接待中心与客户交流，并发送文字消息和表情。

（4）使用千牛工作台接待中心向客户推荐商品，并发送商品图片。

拓展阅读

客服工作是一项需要长期实践和总结，并不断完善的工作。下面对客服人员服务过程中的一些疑难问题进行简单解答。

1. 消除客户疑虑的技巧

在网店中购买商品，客户可能经常会对商品的品牌、材质和价格等产生疑虑。客服人员要想打消客户的疑虑，需要思考客户产生疑虑的原因。一般来说，客户最容易对商品的真伪、质量和颜色等产生疑虑，因此客服人员在向客户介绍商品时，应客观详细地向客户解释并做出推荐，突出商品的优点，侧重介绍商品的价值，展示商品的性价比，耐心、真心、诚心、热心地为客户服务，用自己的专业性让客户放心。

2. 客服人员了解商品信息的渠道

在向客户介绍商品前，客服人员必须详细了解商品信息，做好充分的准备。客服人员了解商品信息的渠道主要有查看已有的商品资料、询问厂商和批发商处的营业人员或资深人员、阅读报纸和专业杂志等资料、在网络媒体上搜索等。

3. 与不同类型客户沟通的技巧

客户的类型各种各样，其要求也不一而足。在与对价格要求不同的客户交流时，如果是爽快直接的客户，客服人员可以适当表达感谢或赠送一些小礼品，让客户感觉物超所值，培养客户的忠诚度；如果是讨价还价的客户，客服人员可以提供适当优惠或者温和诚恳地表示已经是物超所值了，也可以推荐他看一下其他价格的商品。在与对商品质量要求不同的客户交流时，如果是对质量要求严格的客户，客服人员需要实事求是地介绍商品，把可能存在的问题都说出来，让客户对商品质量有一个清晰的认识，或者推荐其购买质量更好的商品。